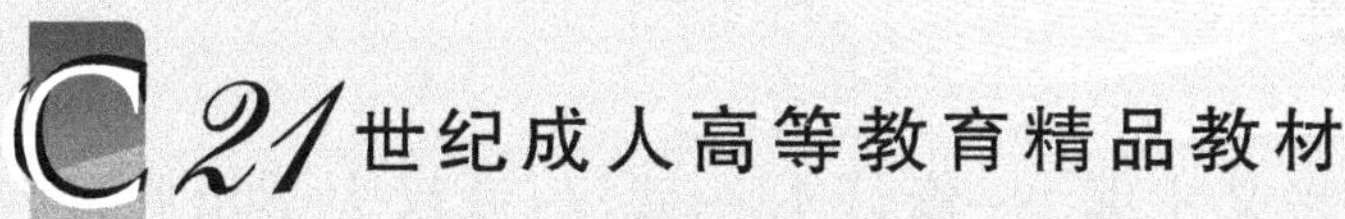

21世纪成人高等教育精品教材

新编应用写作教程

（修订版）

主　编　顾兴义
副主编　彭　康　邱奇志
参编者　帅宝春　郑周明

XINBIAN YINGYONG XIEZUO JIAOCHENG

WUHAN UNIVERSITY PRESS
武汉大学出版社

图书在版编目(CIP)数据

新编应用写作教程/顾兴义主编 .—修订本.—武汉:武汉大学出版社,
2016.12(2025.3 重印)
21 世纪成人高等教育精品教材
ISBN 978-7-307-19006-1

Ⅰ.新… Ⅱ.顾… Ⅲ. 汉语—应用文—写作—成人高等教育—教材
Ⅳ.H52.3

中国版本图书馆 CIP 数据核字(2016)第 315767 号

责任编辑:郭 静 荣 虹　　　责任校对:李孟潇　　　版式设计:马 佳

出版发行:**武汉大学出版社**　(430072 武昌 珞珈山)
(电子邮箱:cbs22@ whu.edu.cn 网址:www.wdp.com.cn)
印刷:武汉邮科印务有限公司
开本:787×1092 1/16　印张:18.25　字数:428 千字
版次:2016 年 12 月第 1 版　2025 年 3 月第 4 次印刷
ISBN 978-7-307-19006-1　定价:46.00 元

前　言

俗话说：“写得一手好文章，走到哪里都吃香。”特别是写好应用性的文章。因为这类文章，越来越成为人们生活中不可缺少的工具。在现今社会，熟练掌握这种文体的写作，已成为一个人工作质量、工作水平和工作能力的重要标准。在就业形势十分严峻的今天，掌握好这种文体的写作还是重要的谋生手段，更是在今后谋取发展的重要能力。

因此，西方国家现在都非常重视对应用文体的研究。西方不少高等学校，不管是文科还是理科，都普遍开设这门课程，培养专门人才。

在我国古代，也十分重视应用文的写作。在古文论经典《文心雕龙》中，对实用文的研究占较大的份量。全书共 50 章，研究文体的有 21 章，这 21 章中，研究实用文体的占了 17 章。

我们在编写这本教材时，紧密结合专科层次的实际需要，突出重点，加强训练，并结合实际增加一些现实生活中早已存在或新涌现的文体，如标语告示、短信等，以适应实际需要。考虑到应用文写作中存在的大量语言表达问题，本书设专章探讨应用文语言表达的基本要求。在编写体例上，按文体分节，每节分为“文体概说”“文体结构与写法”“文体写作要求”“例文阅读与评析”“思考与练习”五部分，将写作理论和例文分析有机地结合起来，力求理论与实际相结合。

本教材由顾兴义、彭康、邱奇志、郑周明、帅宝春等合作编写完成。顾兴义负责全书的策划和审定，并编写第一章、第二章、第十章及第五章第三节“短信”、第八章第五节“标语告示”；彭康负责全书的统稿和校对，并编写第四章、第五章、第八章；邱奇志编写第三章、第四章第七节“纪要”、第五章第五节“竞聘词”、第七章第五节“启事”及整理附录；帅宝春编写第六章、第七章；郑周明编写第九章。

本书的出版得到了广州大学继续教育学院教材出版基金的资助，广州大学领导和武汉大学出版社为本书的出版给予了大力支持与帮助，在此一并表示感谢。

由于时间仓促，水平有限，我们虽力求完美，但书中可能还有许多不足之处，请同行专家和社会各界人士批评指正。

编　者

2016 年 8 月

目　　录

第一章　应用文概说

第一节　什么是应用文

应用文是来自生活，用于实务的一种实用性文体。“应”是“适应”，适用于公私事务，这是从使用的范围来说。“用”是实用，用于处理实务，即为解决实际问题而写，这是从其功用来说。“文”是指文体，是国家机关、企业事业单位、社会团体以及社会成员在日常工作、生产和生活等领域中办理公私事务时使用的具有直接实用价值和惯用格式的文体。它广泛用于社会生活的各个方面，与政治、军事、经济、文化、法律、外交以及日常生活都有着密切的关系。

写文章最初是为了应用。随着社会的发展和进步，文章才渐渐分成艺术、哲理、实用这几类。文章写作也就分成基础写作、应用写作、文学创作等几类。大学的写作课，过去把应用写作归属基础写作，后来为适应形势的需要，才把应用写作从基础写作中分离出来，成为一门独立的课程，也成为专科层次的必修课程。

为什么要加强应用写作教学呢？一是同学们现在和将来工作、学习、生活的需要。叶圣陶先生说过，大学毕业生可以不会写文学作品，但不能不会写实用文章。国外很重视应用写作教学，如美国的文理科大学都开设这门课，而且都作为必修课。他们编写的应用写作教程很详细，连“结婚祝词”都有专门章节讲。二是当前在大学生及社会成员中应用文写作确实存在很多问题，如思想不重视、写出来的应用文不实用、格式不对、语言表达不当等。

第二节　应用文的种类及特点

一、种类

应用文根据适用范围可以分成以下 6 类。

（一）公务文书

用于处理公务的文书。公务文书又可分为行政公文、党的机关公文等。行政公文分成 13 种：命令（令）、决定、公告、通告、通知、通报、议案、报告、请示、批复、意见、函、会议纪要。根据专科教学的实际需要，本书只选学其中常用的几种。

（二）事务文书

用于处理公私事务的文书。可以分为常用事务书信（证明信、介绍信、表扬信、感谢信、慰问信、贺信、倡议书、申请书等），常用事务文书（计划、总结、调查报告、述职报告、会议记录、简报等）。

（三）宣传文书

用于宣传发动的文书。可分为新闻、通讯、广播稿、演讲稿、标语口号等。

（四）经济文书

用于经济活动的文书。可分为经济合同、劳动合同、产品说明书、商业广告、市场预测报告、项目可行性报告、经济活动分析报告等。

（五）涉外文书

在涉外经济活动和其他涉外事务中使用的文书。可分为涉外函电、涉外项目建设书、涉外经济合同等。

（六）公关文书

在开展公关活动时使用的文书。可分为书信、短信、求职信、个人简历、请柬、祝词、欢迎词、开幕词、闭幕词、讣告、悼词等。

二、特点

由于应用文的适用范围是公私事务，其功用是处理实际事务，这就决定它具有以下特点。

（一）实用性

什么是实用性？首先，内容必须符合实际、真实可靠，来不得半点虚构；其次，语言讲究准确、明白、朴实，不能卖弄词语；再次，格式必须约定俗成，不能自己搞一套。不实用是应试教育造成的弊端，只考虑考试的需要，不考虑社会实际需要。学生只能搞花拳绣腿，写出的文章离实用很远。如体式使用不当，不能准确选用文种，往往是张冠李戴，该用“请示”却用了“报告”；用抒情性、形象性的语言来写实用性文书等。

（二）政策性

公文类的实用文书具有很强的政策性，因此内容不能违反党和国家的方针政策。如有的企业制订的《规定》，居然有“不准谈恋爱”“女工不准生小孩”等条文，与党和国家的法律法规是相抵触的。

（三）程式性

应用文各种文体都有相对固定的格式，这是在长期的写作实践中形成的，目的是为了便于写作，便于阅读，便于归档。这些格式是不能随便更改的。一般文章忌规格化、标准化，而应用文却讲究规格化、标准化。当然，格式不是一成不变的，但它具有稳定性。创新必须在继承的基础上，而且创新应得到社会的认可。

第三节　应用文的作用

一、法规作用

应用文中一部分文体，如命令（令）、通告、公告、法规文书等，是法律规范的体现形式，具有明显的强制性。法律是人们行为的规范，它对于正常的社会秩序和社会生活、保障人们的合法权利有极其重要的作用，是人们进行各项工作和各种活动的规范和准绳。它们一经制定和颁布，就必须执行、遵守，不得违反。

二、指导作用

应用文的另一些文体，如意见、决定、批复等具有明显的指导性，它是上级对下级进行领导与指导的工具。领导机关经常通过制发这种文书来传达工作部署、意见和决策。对全局或局部的工作做宏观或微观的指导，使各项工作能顺利协调地进行。

三、商洽作用

应用文的一些文体，如函、通知、请示、报告、书信、短信等，常用于机关之间、社会成员之间商洽和联系工作、沟通情况、互通信息，具有明显的交际性。一个机关往往会与上下左右的机关发生工作关系，有时须向上级领导机关请示问题、报告工作情况；有时须与有关机关就一般业务问题进行商洽、联系、交流情况等。应用文的不少文体在上下级机关、平级机关、不相隶属的机关和个人之间起沟通情况、商洽工作、处理工作问题的作用。

四、宣传作用

应用文的一些文体，如新闻、通讯、广告、标语告示、广播稿、演讲稿等，常常能及时宣传党的路线、方针和政策，宣传新生事物、新经验、新人物、新风尚，具有明显的鼓动性，起着重要的舆论导向作用。广告则能在生产和消费之间架起桥梁，起促进消费、扩大内需的作用。标语告示、广播稿、演讲稿则能起宣传群众、发动群众的作用。

五、公关作用

应用文还有一些文体，如书信、短信、求职信、请柬、祝词等则是开展公关活动的工具，既互通信息，又联络感情，推销自己，树立自己的良好形象，以得到朋友和公众的认同，把自己成功地推销出去。

六、凭据作用

应用文中其他的一些文体，如会议记录、会议纪要、协议、合同等，是公私事务的文字记录，具有凭据作用和信用作用。这类文体往往是经过会议或双方协商签订，可以证明彼此的承诺和责任、义务、权利，可以作为日后督促、检查、交涉、诉讼的依据。

第四节　怎样写好应用文

有人认为，应用文不登大雅之堂，应用文写作是“雕虫小技”“小儿科”，这是认识上的偏差。其实，要写好应用文并不容易，它涉及行政管理学、秘书学、社会学、社会心理学、公关学、法学、语体学、语言学等学科的知识，要学好应用文写作，必须从多方面努力才行。根据成功者的经验，要写好应用文，必须从以下几方面下工夫。

一、要不断提高自己的思想理论修养

应用文特别是公文，是政治性、政策性很强的文体，思想理论修养不高是绝对写不好的。像上面提到的那个《规定》出的毛病，就是作者的思想理论修养不高造成的。那么怎样提高自己的思想理论修养呢？平时要注意认真学习党和国家的方针政策文件、中央领导的重要讲话、报纸杂志的理论文章等，并结合国内外的新形势进行学习。只有提高自己的思想理论修养，对问题才能作正确的分析和判断，才能写出观点正确、鲜明的文章来，对实际工作有指导意义，文章才有社会价值和实用价值。

二、要多读、多行、多练

学习应用文写作，与学习其他文体写作有共同之处，就是多读、多行、多练。而且这"三多"，比学习其他文体写作要求更高。

（一）多读

多读既是获取经验的需要，又是借鉴别人成功的写作方法技巧的需要。应用文写作绝不是雕虫小技，前人总结出来的经验，今人达到的新水平，值得我们认真学习、借鉴和研究。如果不多读，视野就不开阔，水平就很难提高。多读还要多积累，养成做读书笔记的习惯。读书笔记包括摘录笔记、心得笔记、索引笔记、眉批笔记等。有条件的可以做剪报，或上网下载有关资料，建立一个属于自己的信息资料库。这样，你既有一个"内脑"又有一个"外脑"，给你学习、研究、写作提供极大的便利，让你在激烈的竞争中立于不败之地。

（二）多行

多行就是多实践，多钻研业务。叶圣陶先生认为，文章不是吃饱饭没事做，写来作为消遣的。那不是恐怕被人家认作呆子痴汉，不得不找几句话来说，然后勉勉强强动笔的。凡是好的文章必然有不得不写的缘故。自己有一种经验，一个意思，觉得它跟寻常的经验和意思有些不同，或者比较新鲜，或者特别深切，或者由于彼此之间的关系，必须把经验和意思向他们倾诉。为了这个缘故，作者就提起笔来写文章。（《文章例话·序》）写一般文章如此，写应用文也如此。应用文是研究问题、处理工作、沟通信息的工具，不认真学习和工作，缺乏事业心，做一天和尚撞一天钟，就没有什么内容可写，或者根本不想写。

（三）多练

只有多练才能把写作理论知识转化成技能。作为初学者应通过多练尽快过好写作的基本训练关。基本训练包括文字书写规范、语句通顺、行文格式准确、标点正确等。这些问题如不认真解决，而奢谈什么提高写作水平，那是不可能的。

三、认真提高语言表达能力

有人以为知道一点应用文的格式，就会写应用文。这个观点是不对的。其实知道一点格式并不难，难的是根据不同的文体、行文的性质对象、行文的关系、行文的目的等，准确无误地表情达意。这就要学点语言学的知识，特别要学点语体学的知识。我们将在第二章中专门探讨这个问题。

思　考　题

一、什么是应用文？

二、应用文分成哪几类？

三、应用文有哪些特点？试举例说明。

四、学好应用文写作应该从哪几方面下工夫？

五、下面这篇应用文存在什么毛病？试加以改正。

建立知识分子工作信息交流横向联系单

广州市委知识分子工作领导小组：

在这金光灿灿，步履辉辉的改革年代，为保持知识分子工作旺盛的生命力，以适应新时期“四化”建设的需要，我们愿迎八方宾客，交四面友人，鸟瞰三江情报，瞬敏四海信息，取他山之石，鞭挞自己，为此，特与你们建立长期信息横向交流，抛我之砖，引你金玉。希望你们竭诚相助。现寄来联系单一式两份，望迄在下面“乙方处”签名盖章后，回寄我们一份，结成并蒂莲，携手共进！

顺致

敬礼

甲方：	乙方：
中共××省××市委知识分子工作	
领导小组办公室	
×年×月×日	×年×月×日

第二章　应用文语言表达的基本要求

应用文在内容上有个显著的特点就是真实性，它与新闻的真实性要求相同，与文学的真实性不同。文学的真实性是艺术的真实，虚构的真实，典型化了的真实。高尔基说文学的真实是“撒谎但使人相信”。而应用文写的必须是真人真事，必须完全符合客观实际情况，不允许有任何失实和虚构，哪怕是一个细节、一个数字都必须准确无误。它在功用上有两个显著的特点：一是实用性，它是用来处理实务的；二是时效性，即保证所传达的信息在一定时间内有效。

由于应用文是处理实务、解决实际问题、讲究实效的文体，因此就决定它在语言运用上必须以实用为准则，以提高效率为目的；在语言表达上以说明为主，兼用记叙和议论，一般不用描写和抒情。它的修辞基本要求是：明确性、简要性、平易性、文明性和程式性。

第一节　明　确　性

明确性是应用文的功能所决定的。首先，明确便于理解执行。如果含糊其辞、模棱两可、隐晦曲折，就会让人摸不着头脑、无所适从，不但谈不上高效率，还会贻误工作。其次，明确才能避免费时误事，因为像公文、书信、短信等往往是长距离传递，如果不明确，由于受时空限制，不能及时面对面询问就会费时误事。所以，明确是应用文在语言表达上最基本、最重要的要求。这就要求做到以下几方面。

一、文种选用准确

由于内容不同、行文关系不同、制发机关不同、阅读范围和秘密程度不同而产生不同的文种，该用什么文种应该对号入座，不能张冠李戴。选错文种，就会使人觉得不伦不类，而且影响了表意的明确性。如某单位要求增加基建拨款，本来应该用“请示”行文，却用了“报告”，结果久久未能得到上级答复，因为“报告”上级是无须答复的。又如某招待所维修洗手间，为告诉大家洗手间暂时停止使用，出了个“通告”。“通告”除了周知性之外，还有法规性，用在这里是小题大做。

二、语气运用准确

语气是语言交际不可缺少的辅助手段，它对表意起辅助作用。如：① 你去。② 你去？③ 你去！由于语气不同，表达的意思各异。只有选用恰当的语气，才能明确地传情达意。语气一般有四种：①陈述语气；② 疑问语气；③ 祈使语气；④ 感叹语气。在语气使用上必须注意以下几点。

（1）语气要与文种相吻合。不同的文种、不同的行文关系制约语气的选用。在“指示”“命令”一类文种中，多用陈述语气；在“函”“书信”一类文种中多用祈使语气。

（2）语气使用必须注意对象。有个单位给上级写请示，上级答复延迟了，就写了个函去催：“我们的请示已送去一个多月了，你们为什么迟迟不批?”这是责问、质问的语气，对上级是不尊重的。

（3）同一段文字中，语气使用必须协调一致。有这么一则告示：

专用设备
严禁张贴
违者必究
多谢合作

这则告示前三句语气比较严厉，最后一句语气比较和缓，前后显得不够协调。这就影响表达的明确性和鲜明性。

三、用词妥当准确

准确是明确的前提，不准确就谈不上明确。比如有张请假条称呼写“各级领导”就不准确，因为请假一般是向直接主管申请，称“各级领导”，到底向谁请假就不明确。应用文极其注意用词的准确性和稳妥性。如果稍有疏忽，一个词或一个数字用得不准确、不妥当，就会造成不良的后果，甚至是重大灾难性的后果，这些后果可能是政治的、经济的、军事的等。下面举一个案例：

一字之差，伤亡十余万

1930年5月，蒋、冯、阎三派军阀混战中原，冯、阎预定在豫晋交界的沁阳会师，聚歼在河南的蒋介石部队。可是冯玉祥的参谋长在拟发作战命令时，错将“沁阳”写成“泌阳”，结果让冯军南辕北辙，急急赶到豫南，误入绝地，孤军作战，伤亡十万余人，导致冯、阎联合倒蒋的战事失败。一字之差，让冯玉祥部队遭到惨重损失。①

由此可见，应用文用词准确妥当很重要，切不可掉以轻心。在一般文章中出一点小纰漏、小差错，问题不是很大，但在应用文中即使出一点小纰漏、小差错也会造成不可挽回的严重的损失，因此写这类文章，得养成严谨的文风才行。那么怎样做到用词准确妥当呢？

① 出自百度

（一）恰当地选用近义词

汉语中的近义词特别丰富，这是汉语高度发达的标志，也是其他语种无法比拟的。英语中只有“丝织品”一词，汉语却有：绢、绸、缎、绮、缟、帛等之别。最为典型的是汉语中关于“死”这个表示生命终结的词，竟有近200个之多，略举例如下：

逝世、辞世、故世、去世、过世、谢世、疾终、寿终、长逝、命绝、倒下了、咽气了、闭了眼、断了气、蹬了腿、爬大烟囱、活得不耐烦、老了、走了、不行了、大行、大限、百年、身后、上天堂、厌世、永别、永诀、长眠、长别、长辞、安息、停止思想、离开人间、回老家、魂断、撒手尘寰、寿终正寝、上八宝山、回归大自然、作古、心脏停止跳动、牺牲、捐躯、舍身、献身、就义、殉节、殉国、成仁、一命呜呼、完蛋、伏法、遇难、丧生、夭折、客死……

这些近义词意义既有相同之处，又有细微差别。应用文为了准确地表情达意，十分注意近义词的选用，常常根据对象、年龄、性别、身份、职业、原因等不同，或采用的文种不同，或选用不同的近义词，力求做到准确妥当。

（二）使用不会产生歧义的词语

歧义是指一个语言结构可以做不止一种的解释和理解。产生歧义有下列几种情况。

（1）词语本身具有模糊性。如：

早上来的同学

货到全付款

（2）用了骑马词。如：

人和狼犬杂交基地

全校性卫生大检查

（3）未加标点。如：

遗产全予吾儿女婿他人不得染指

（4）词序不当。如：

四个三峡历史之谜被破译

（5）语境不明。如：

开刀的是他父亲

（6）回文现象。如：

包不脱毛——毛脱不包

可以清心也——心也可以清

（7）分行不当。如：

一款：汉堡包、三文治、热

狗任选一种配

（8）结构不当。如：

销售女强人

应用文中所使用的词语不能产生歧义，因为一旦产生歧义，不但影响理解执行，而且可能因为一个词的歧义引起一场官司。因此，应用文中使用的词语要保证意义的确定性、稳固性，即在特定的环境中表示出独一无二的意义。消除歧义的方法：一是注意标点；二是使用精确的词语；三是以不同的字体显示字的界限。

（三）必须确切理解词义

要正确运用词语，必须确切理解词义。如果对词义不求甚解，或望文生义，就会张冠李戴，错用了词语，造成文意表达不清，甚至闹出笑话来。如：“小书摊摆着的杂志，不少是低级庸俗的小说，实属不刊之论。”“不刊之论”是比喻“不能改动或不可磨灭的言论”，显然这里是把褒词贬用了。经常用错的词还有：差强人意、空穴来风、大相径庭、七月流火、始作俑者、效尤等。

（四）必须使用规范化词语

从传播学的原理来看，运用语言文字作为信息的载体，语言文字越规范、越标准，传播的效果就越好，就越容易被受众所接受，否则就可能造成交际的障碍。为了保证交际的成功，交际双方必须保持代码（语言文字）的一致性。这就是明确性与规范化的因果关系。特别是已经进入信息时代的今天，对规范化的要求越来越高。全民语言文字运用的规范化水平，是一个国家文明发达程度的重要标志。目前，语言文字使用的不规范现象仍大量存在，这与我国社会经济大发展是不相称的。应用文为了明白无误、通俗易懂地表情达意，必须严格使用规范化词语。具体要求如下：

（1）使用普通话词汇。在应用文中方言词语应限制使用，一些较为通俗易懂的，可以适当用一些，如“死火”“生仔”“炒鱿鱼”“买单”等。但应掌握一个度，不能用得太多太滥，特别是一些对于其他方言区的人较为生僻的词语不宜使用，如：“打醒精神”“劳气”“执笠”“流野”等。这些方言词语不过是给不懂广州话的人设置阅读障碍罢了，无任何修辞效果。

（2）正确对待外来词语。任何一种语言都不可能在完全封闭的状态下发展，各种语言交流和融汇的现象一直存在，汉语也应吸收其他语言有益的成分来丰富和发展自己。但对外语词汇的引进也应有个度，可以根据交际的需要，适当引进，但不可重复引进。“干部”“的士”“托福”“拖拉机”“卡车”“劳动”“保险”“社会”等都是从外语引进的。但汉语中已经有的词语，就不宜再引进，如汉语中已有“球”这个词，就不宜再引进“波”。

还有一种语言现象，就是中外夹杂，或者是粤语、普通话、外语三种词语夹杂，如“今日睇真 d”、“人造景点这个 bb 怎么生”，这是一种语言怪胎。国学大师钱钟书曾对这种语言现象做这样的讽刺：“喜欢在中国话里夹杂无谓的英文字，好比牙缝里嵌着肉屑，表示饭菜吃得好，此外全无用处。”

（3）不可乱改词语。有一段时间，乱改词语，特别是乱改成语成为一种时尚，如：百衣百顺、一明惊人、无胃不治、开门见衫、红颜知机、不可言喘等。这种做法不利于汉语的健康纯洁，流传在社会上以讹传讹，误人子弟。

还有一种现象，就是在一些双音节单纯词中插入其他成分，如“服了务”“努了力”“幽了一默”等说法，也属“违规操作”，是不可取的。

（4）杜绝带有黑话色彩的俗语，限制行话。近年来一些带有黑话色彩的词语沉渣泛起，如用“分”“挺”代替“钱”；“分挺”（有钱），“挺分”（出钱），“进分”（赚钱），“坏分”（亏本），“输血”（出钱），“出血”（花钱），“没电了”（没意思了），“傍大款”

（陪伴有钱人的娱乐女子），“泡妞”（与三陪小姐鬼混）等，应杜绝使用。

行话是指在某行业小范围内流传、行外人不易理解的词语。如“走穴”（加班赚钱），“火穴”（上座率好），反之叫“泥穴”“水穴”，“穴头”（演出的负责人），这些行话，不加解释是不好懂的。

（5）网络词语限制使用。网络词语也只是在小范围流传，如：“霉女”“菌男”“超级双频”“烧饼”“油条”“东方不败”等，这些词语一般人不一定懂，正式场合不宜使用。

（6）用字要规范化。近年来，用字出现了一些反规范的现象，其主要表现是：一是繁体字大回潮。有的人弄不清艺术与实用的不同，以为书法艺术上可写繁体字，实用也可写繁体字，这是认识上的错误。二是生造简化字。这是用字的另一个弊端。如“平果”“香交”之类这种莫名其妙的简化字，是一种文字垃圾。三是写异体字。如把“村”写作“邨”，把“考”写作“攷”等。这些现象，都是违反《中华人民共和国国家通用语言文字法》的。

（7）不能生造词语。生造就是放弃现成的词语不用，自己捏造一些令人费解的词语。高尔基称之为“一生下来就死了的婴儿”，如：纯坚、雅俏、弃幻、瞬敏等之类。

（8）要使用规范化的简称。应用文中使用简称应遵循简而明的原则，一是使用通用的、约定俗成的简称，如：“中共中央”“中央军委”“中纪委”“中顾委”“全国政协”“全国人大”，不能自己“创造”一些谁也不懂、稀奇古怪的简称，如：“食进”“轻出”“上无”“人流”（人才交流）“上吊”（上海吊车厂）“怀胎”（怀化轮胎厂）“天拖”“朝柴”等，让人莫名其妙。二是使用简称不能产生歧义。如“人皮包”既可理解为“人造革皮包”，也可理解为“人皮做的包”。有人把“下岗分流办公室”简称为“下流办”，就很不雅了。

（五）正确使用词的转义

词有基本义和转义之分。基本义是词的最常见的意义，转义是从基本义转化而来的意义。比如“死”，基本义是“生命终结”的意思，但在“地板脏死了”“他高兴死了”“他睡得太死了”这几句话中用的是词的转义，前两个“死”有“极”的意思，后一个“死”有“沉”的意思。在用词的转义时应注意不要令人费解，如果用词的转义不明确，那就要用基本义。

（六）注意词的文化含义

词的文化含义包括词的象征义、感情义、地域义、风俗义、比喻义等。词语除了基本义之外，还有文化含义，不懂得词的文化含义，就不能准确地理解和运用词语，就会造成交际的障碍。外国人由于对汉民族的文化了解不多，因此，对汉语的一些词汇的理解常出偏差。如认为“小老婆”是“年轻漂亮的妻子”，“好汉”是“相貌好看的男人”。在应用文中，特别是在涉外文书中，要顾及外国和其他地区的文化差别，尽量选用一些不会引起误解的词语，以保障交流的顺利进行。

（七）使用精确词语

当客观事物有确定的量，而且需要精确表达时，应使用精确词语。特别是一些法规性文书，为便于按章办事，用词切忌含糊不清，使人捉摸不定，无所适从。否则，文书就失去了实用的价值。在公文一类文书中，目前“模糊风”甚盛，什么“情况基本属实”“基本完成”“据不完全统计”“据说”“大概”“最近”等，都是含糊不清的词语，说明为官者情况不明，心中无数。

在契约性的文书中，常有因语义不精确而造成表意疏漏，结果被人钻了空子，使自身的权益蒙受损失的事情发生。有这么一个案例：某县有个果农，向该县林业局承包了一个果园，签了个协议。关于承包期作这样的表述：“承包期为八年。如政策允许可以延长至十五年。”果农经过八年辛勤劳动，果树开始挂果了，林业局说期限到了，要把果园收回去，果农说期限未到，双方为此打官司，结果果农败诉。这就是因为承包期未精确表述造成的严重后果。

（八）恰当使用模糊词语

所谓模糊词语是指语义不确定的词语，当客观事物没有确定的量，无法精确表达时，或者客观事物虽有确定的量，但不宜精确表述时，往往要用模糊词语。具体来说以下情况常用模糊词语：

（1）客观事物本身就具有模糊性。如一个人的政治思想表现、工作态度、认识水平、性格特点等，很难用量化的概念来表述。评语鉴定一类，就常用模糊词语：“思想比较落后”“学习不够认真”“工作态度较端正”等。

（2）需要对客观事物进行高度概括。如《保密法》对“绝密”作这样的界定：国家特别重要的秘密，泄漏会使国家的利益受到特别严重的损失。用“特别重要”和“特别严重”这两个模糊词语来概括什么是“绝密”。

（3）对一些问题的规定须留有余地。如《中华人民共和国宪法》第三十一条：“国家在必要时设立特别行政区。在特别行政区内实行的制度按具体情况由全国人民代表大会以法律形式规定。”“必要时”“按具体情况”就是模糊词语。

（4）避免刺激。如用“弱智”“失聪”“眼睛不方便”等，来指称“残疾人”，就顾及对方的心理。

（5）外交和政治斗争策略需要。如“感到遗憾”“严重关注”“我方对事件保留进一步反应的权利”，给自己留有余地，也给对方造成心理压力。

（6）对某些事情不想言明。如：“考虑考虑”“由于种种原因”“由于众所周知的原因”等。

四、句式明确严密

（一）恰当使用复杂单句

应用文，特别是公文要表述的概念和事理往往比较复杂，而复杂单句具有叙述具体、说理严密的功能，因而被大量运用。单句的复杂化，主要表现在句子成分的扩大化，而句子成分的扩大化又主要表现在句子附加成分——定语和状语的扩大化和复杂化。句子附加成分往往起限制和修饰作用，使表意更加明确。例如：“中华人民共和国是工人阶级领导的、以工农联盟为基础的、人民民主专政的社会主义国家。”这个句子的中心词“国家”之前有一个长达30多字的多层次定语，从“领导”“基础”“性质”几方面对“国家”进行修饰，使人们对我国的国家性质有明确的认识。

应用文中复杂状语使用也较普遍。例如："在外交事务属中央政府管理的原则下，澳门特别行政区可以以'中国澳门'名义，在经济、贸易、金融、航运、通讯、旅游、文化、科技、体育等领域，单独同世界各国、各地区及有关国际性或地区性组织进行交往。"这个句子中几个状语分别从原则、名义、范围、方式及对象等方面对澳门的对外关系作了限定，意思相当明确。

（二）准确使用插入语

插入语，又称插说成分，是在句子中插入某些成分，使意思更加明确、具体、周密。应用文中的插入语常见的有注释性的、例举性的、范围性的、强调性的。

（1）注释性插入语。这种插入语是对前文的说明和解释，如："中华人民共和国政府和葡萄牙共和国政府声明：澳门地区（包括澳门半岛、凼仔岛和路环岛，以下简称澳门）是中国的领土，中华人民共和国政府将于 1999 年 12 月 20 日对澳门恢复行使主权。"（《中华人民共和国政府和葡萄牙共和国政府关于澳门问题的联合声明》）句中括号内就是对"澳门地区"的说明和解释。

（2）例举性插入语。这种插入语是对前文提到的事物举例加以说明，如："生产周期长的开发性项目，如果树、林木、荒山、荒地等，承包期应当更长一些。"（中共中央［1984］1 号文件）句中"如果树、林木、荒山、荒地等"是举例说明什么是"生产周期长的开发性项目"。

（3）范围性插入语。这种插入语是对前文提到的问题范围加以限定，如："现役军人和预备役人员，必须遵守宪法和法律，履行公民的义务……由于服兵役而产生的权利和义务，除本法的规定外，另由军事条令规定。"（《中华人民共和国义务兵役法》）句中"由于服兵役而产生的权利和义务，除本法的规定外，另由军事条令规定"，是对现役军人和预备役人员遵纪守法的范围加以限定。

（4）强调性插入语。这种插入语是对前文提到的问题加以强调，如："所以，增强企业的活力，特别是增强全民所有制的大、中型企业的活力，是以城市为重点的整个经济体制改革的中心环节。"（《中共中央关于经济体制改革的决定》）"特别是增强全民所有制的大、中型企业的活力"，是对"增强企业的活力"的强调。

思 考 题

一、应用文为什么要特别注意用词准确妥当？试举例说明。

二、什么是歧义？产生歧义有哪几种情况？

三、使用规范化词语与明确性有什么关系？对词语规范性要求有哪些？

四、什么是词的转义？什么是词的文化含义？试举例说明。

五、什么是模糊词语？在什么情况下要使用模糊词语？

六、插入语有哪几种？其作用是什么？

七、做一次小型社会调查，看看社会用语、用字还存在哪些不规范的问题。

第二节 简 要 性

简要，就是简洁扼要。简洁就是所用的文字虽简，但传递的信息不少，即用尽可能少的载体传递尽可能多的信息。扼要，就是摒弃无用的信息。这是应用文语言表达的另一个重要要求。叶圣陶先生曾指出："为节省看公文人的精力和时间，公文就应该写得简而得要。"（《公文写得含糊草率的现象应当改变》）从信息语的角度看，人们利用语言文字进行交际要达到最佳的效果，就必须把最重要的、有用的信息，通过最少的语言文字传达出去。用于处理实务的应用文更应注意这点。

当然，"简"应以"明"为前提，简而不明，一味求简，以致因"简"而令人费解，或因"简"而引起误会，就是一种文病了，称为"苟简""简古"。苟简就是不该简而简，刻意求简；简古就是文白夹杂，半文言半白话。这些都是要不得的。

为了做到简要，应用文常采用以下修辞手段。

一、词语简略

（一）大量采用缩略语

缩略语是"把必要的信息压缩为语言符号"（陈原《社会语言学》）。它是为适应现代生活的节奏和其他现代社会条件的需要而产生的。应用文大量使用缩略语，能省时省力，提高工作效率。缩略语常见的构成方式有：

（1）缩合。压缩原语，把保留部分凝合，例如：非典、个税、政协、人大、中大、广大（广州大学）、公交、劳模、女排、奥运、科技、作协、广交会等。

（2）节略。截取原称的一部分，代替原称，不需要凝合，例如：复旦、南开、同济、清华、王府井、白天鹅、《说文》、《三国》、《水浒》、《红楼》、解放军、三中、"九一八""一二·九"等。

（3）简代。与原称无直接变换关系，用"甲"来代替"乙"，例如：穗（广州）、沪（上海）、湘（湖南）、粤（广东）等。

（4）统括。将原语中共有的成分抽取出来，再在它们前面标上相等的项数。例如：五爱（爱祖国、爱人民、爱劳动、爱科学、爱社会主义）。此外"四有""三个代表""三大作风""三峡""三通""三军""双百方针""三民主义""四化"等。

从以上列举的缩略语的构成方式可以看出缩略语的特点：一是保持原词语表意的主要成分；二是尽量与原词语保持构成方式和语序的一致性；三是保持原词语的信息内容，略而不变其意，达到方便交流的目的。

但缩略语不可滥造滥用。使用缩略语必须遵循三条原则：一是在不必要的场合不要勉强生造一个缩略语；二是在不可能浓缩或浓缩后会引起歧义时，不要硬造一个缩略语；三是缩略语要浓缩得合情合理，合乎心理习惯，容易记，容易上口。陈原认为："缩略语的生成，首先要符合社会交际的需要，在压缩时应经过深思熟虑，使用后又要经过一定时期的实践检验，这才叫'约定俗成'，才能有生命力。"（陈原《社会语言学》）

（二）适当使用文言词语

文言词语有许多单音节词，如“生”，到了现代，就变成“生命”“生活”“生气”“学生”等双音节词。文言有简要的表达效果，所以在应用文，特别是在公文中，为使语言简洁，常适当使用一些浅近的文言词语，如：兹、兹因、奉、查、据、希、希即、可否、当否、基于、鉴于、为此、为荷、为感、此复、此令等。

（三）使用富有概括力的成语、熟语

成语、熟语由于流传久远，既家喻户晓，又有丰富的内涵，所以使用起来可收到言简意赅、概括力强的效果。例如：“这就造成企业缺乏应有的自主权，企业吃国家的‘大锅饭’、职工吃企业的‘大锅饭’的局面……”（《中共中央关于经济体制改革的决定》）“大锅饭”比喻那种干多干少一个样、干好干坏一个样、干不干一个样的平均主义分配方式，如果不用这个熟语，就要费不少笔墨。

成语是典故、传说、寓言等的概括。在应用文，特别是公文中经常使用成语，如：守株待兔、拔苗助长、廉洁奉公、舍己为人、身先士卒、夜以继日、废寝忘食、文山会海、公而忘私、公报私仇、各行其是、高风亮节、高歌猛进、肝胆相照、富国强兵、扶危济困、奋发图强、自强不息、地利人和等。

（四）使用具有概括性的抽象词语

所谓概括性的抽象词语，是表示集合概念的词语。如“人”就是一个抽象词语，它概括了：男人、女人、老人、中年人、青年人、少年人、儿童、婴儿、中国人、外国人、城市人、乡下人、黄种人、白种人、黑种人、汉族人、少数民族人等。应用文有时为了对事物进行概括，常使用抽象词语。如：

全路段机动车辆不准通行

工厂重地，闲人免进

这两则标语告示中的“机动车辆”“闲人”就是抽象词语。“机动车辆”概括了大小客车、大小货车、摩托车等各种机动车；“闲人”概括了与工厂无关的一切人。这些抽象词语，可以节省语言材料，增强表达的概括性。

（五）借用数学符号

数学符号，比文字更为简洁易懂，为了使表述更加简要，有时可借用一些数学符号。如：

正局—正处≥200 万元（《中国青年报》1989 年 2 月 7 日）

1 >10 的联想（《信息时报》1991 年 5 月 9 日）

借用数学符号可以节省很多文字。

二、句式简略

（一）大量使用成分共用句

成分共用句是句式简洁的重要手段。如：“要在总结整党经验的基础上，努力建立、健全和改革党内生活的种种必要的制度。”这是宾语的共用，动词“建立”“健全”“改革”共用宾语“制度”，使句子结构紧凑，语言简洁。

（二）使用成分省略句

把一些不言自明的或常识性的东西省去，以免累赘。如：“中国各族人民共同创造了光辉灿烂的文化，具有光荣的革命传统。”后一分句承前省去主语“中国各族人民”。

（三）使用“的”字短语

“的”字短语是应用文常用的使语言简洁的重要手段。如《中华人民共和国继承法》：

> 第七条 继承人有下列行为之一的，丧失继承权：
> （一）故意杀害被继承人的；
> （二）为争夺遗产而杀害其他继承人的；
> ……

以上例句中省去中心词“人”，既简洁又明确。

三、内容单一、纲目分明

内容单一，指一文一事，主题单一集中。现行公文制度规定公文“一般应一文一事”。一文一事，可以简约篇幅，突出重点，便于写作，便于答复，便于归档，避免扯皮，从而提高工作效率。例如：请示、报告、公告、通告、通知、通报、函等一般都是一文一事，主题单一明确。

为了使观点明确，让读者便于掌握文件的中心意思和发文目的，应用文常采用开门见山的写法，在开头就把主要观点亮出来，把写作目的讲清楚。如《国家行政机关公文处理办法》第一章第一条：“为做好国家行政机关公文处理工作，加强管理，使之规范化、制度化，特制订本办法。”一开头就把制订办法的目的要求提出来，对全文起提纲挈领的作用。

一些内容较多的文书，为醒目起见，常分段写，每段加小标题。或者不加小标题，采用起句立意法（也称“首句标目法”）来写，即每段开头，先用一句话概括本段的主旨，然后再具体阐述。开头这句话，称为“段眼”或“段旨”。这是应用文，特别是公文写作的一大法则，是衡量公文写作是否入门的重要标准，务必认真掌握。

思 考 题

一、为什么应用文语言表达必须做到简要？
二、什么是缩略语？其构成方式有哪几种？每种试举几例。
三、为什么使用成语、熟语可以收到简要的表达效果？
四、什么是抽象词语？它的修辞功能是什么？
五、什么是成分共用句？它有什么作用？
六、什么是起句立意法？为什么它是公文写作的一大法则？
七、下面这个句子采用了什么句式？有什么作用？

全国各族人民、一切国家机关和武装力量、各政党和各社会团体、各企业事业单位，都必须以宪法为根本的活动准则，并且负有维护宪法尊严、保证宪法实施的职责。

第三节　平　易　性

平，就是平实朴素；易，就是通俗易懂。难懂是文章最大的不足，对于应用文来说更是如此。应用文多用于处理实务和沟通信息，因此不但要用尽可能少的语言文字来传达尽可能多的信息，而且要求将信息传达得明白易懂，让人读得快，理解得快，接受得快，处理得快。

但是要真正做到平易是很困难的。因为这是作者的思想作风、观念在文字表达上的表现，而要改变思想观念不是轻而易举的。从古到今一直存在两种文风的斗争。在文字表达上，“玄”与“炫”不正之风由来已久。“玄”就是故弄玄虚，故作艰深，晦涩难懂。“炫”就是无实事求是之意，有哗众取宠之心，喜欢装腔作势，卖弄词藻。“玄”往往是为了“炫”，故弄玄虚、故作艰深的目的是为了炫耀自己的学识渊博，显示自己的“高雅”和“高深”。据说宋朝的宋祈与欧阳修合修《新唐书》，宋祈喜欢用艰深生僻的字眼来表达平常的事理，采用化易为难的办法来显示自己的高雅和高深。例如《李靖传》中原稿有一句话是“迅雷不及掩耳”，通俗易懂，宋祈却把它改为“震霆无暇掩聪”，使这个句子顿时变得晦涩难懂起来。这种化易为难的做法，除了给读者设置障碍之外，没有任何好处。因此，欧阳修对此很是反感。为使宋祈醒悟过来，他写了“宵寐匪祯，札闼洪庥”八个字给宋祈看，问他这是什么意思。宋祈看来看去看不懂，问欧阳修这两句话出自哪本书。欧阳修说，这就是你修《新唐书》的笔法，其实这两句话只不过是说“夜梦不祥，书门大吉”罢了。宋祈听后恍然大悟。

可是，今天像宋祈这种故弄玄虚、化易为难的文风，并没有销声匿迹，有一段时间这种文风在文坛竟成为一种时髦，诗歌、小说、歌词、评论，甚至儿童读物都“玄”风浩荡，学界普遍感到读书难。这种歪风理所当然地受到舆论的批评。“玄”和“炫”是形式主义、官僚主义在文风上的表现，我们必须旗帜鲜明地加以反对。青年学生切不可沾染上这种不良的文风。

应用文语言表达的平易性，就是要求在语言运用上不能过分形容渲染，不使用曲笔，不能有弦外之音，不要使用生僻难懂的字词，少用或不用修辞手法。为收平易之效，应用文在语言运用上必须做到以下几点：

一、尽可能采用常用的词语

应用文与文学的区别在于其功用的不同，文学作品是供欣赏的，应用文是用来处理实务的，它除了要求简要之外，还要力求浅显易懂，尽量减少读者理解上的困难。那么，通俗易懂的评判准则是什么？一是词语的因素；二是句式的因素。早在9世纪犹太人就知道统计文章中所用的词类，并以文章中所含的常用词的多寡来评定文章难易的程度。近年来，由于电子计算机的运用，对各种文体的使用词语作定量分析，更准确地揭示了词语运用与可懂性的密切关系。不管从定量还是定性的角度来看，词语运用与可懂性密切相关，常用词的多寡与可懂性成正比。鲁迅先生曾举例说，记叙秦始皇焚书坑儒这件事，如将它写成“政俶燔典”，要看懂它，必须作这样的注释：政，指秦始皇嬴政；俶，开始；燔，焚烧；典，古籍。“俶”和“燔”是生僻词，“政”和“典”虽不十分生僻，但不是常见用法。从定性的角度看，是使用了生僻词；从定量的角度看，四个词的词义都是难懂的，难懂的词占100%。爱用生僻字或词，只能造成阅读的障碍。例如：

（1）我年事已高而学识谫陋。

（2）罗斯福总统故居竟如此湫隘，出乎我意料。

（3）众多的朋友为他祝五十大寿，我曾以诗祝嘏。

以上几例中的“谫陋”“湫隘”“祝嘏”均是生僻字，即使具有一定文化程度的人，也不一定能懂，何况广大民众？以上几例均摘自作为大众传媒的报纸文章，作者和编者的读者易读易懂观念是需要加强的。

二、尽可能采用词的常义组合

词的组合有常义组合与非常义组合之分，在一般情况下，常义组合比非常义组合容易理解。比如“吃饭”是常义组合，“吃”与“饭”都是常见词，其组合也是合乎常规的组合。而“吃床板”，虽然“吃”和“床板”是常见词，但不是合乎常规的组合，“床板”怎么能“吃”？这就需要在特定的语境下才可以理解了。原来“吃床板”是一种不正之风，指出差人员加大住宿费，从中捞取个人的好处。

现在有一些流行说法，如：看医生、恢复疲劳、打扫卫生、救灾、成就你我等，这些是词的非常义组合，但已被人们所接受。而有些广告语，像什么“皮肤好心情”之类，就令人费解了。在应用文中，我们主张尽量采用词的常义组合。

三、讲究句型的运用

句型有结构句型与功能句型之分。从结构来看，句子有长与短之分、简单与复杂之分、完整与省略之分，一般来说前者比后者容易理解。从功能来看，句子有主动句与被动句之分，陈述句与疑问句、肯定句与否定句之分，一般也是前者比后者容易理解。

应用文在语言表达上为收平易之效，在句式运用上应注意以下几个问题。

（一）尽量用短句

旧《婚姻法》中有这样一条规定：“夫对其妻所抚养与前夫所生子女或妻对其夫所抚养与前妻所生的子女，不得虐待或歧视。”由于句子太长，读起来像绕口令，新《婚姻法》第二十一条将其改为：“继父母与继子女之间，不得虐待与歧视。”句子大大缩短了，而表意更加完整严密了，也更加易懂了。原句只有上对下，没有下对上，改动之后，两方面的意思都有了。

（二）不宜使用外语句法

某公文中有这样一句话：“作为公安部门，对于盗版行为必须予以打击。”这是英语的句法，是欧化的中国话，不符合中国人的阅读习惯。按纯正的中国话来说，应该是：“公安部门必须打击盗版行为。”这既简洁又易懂。

（三）尽量少用长定语句子

有一讣告，全文是：

中国共产党党员、××大学教授、××省统计学会副会长、中华学术研究会副会长、××省国际综观经济研究会副会长、××省社科联委员、中国统计学会1—3届常务理事、享受国务院特殊津贴待遇的我国著名统计学家××同志，因病于本月10日在广州不幸逝世，享年70岁。

这篇讣告的定语太长了，共冠以9个头衔，90个字，读了后面忘了前面，这种老习惯应该改变一下。可采用开门见山的写法，将其改为："我国著名统计学专家××同志，因病于×月×日逝世，享年70岁。他生前是中国共产党党员……"这就易读易懂了。

在功能句型的运用上，要尽量采用直陈句、主动句、肯定句。

四、少用或不用描绘手段

应用文一般只是叙事说理，不必塑造形象，不必抒发作者的感情（个别的例外，如抒情书信），因此一般不宜使用描绘类的修辞手法和各种艺术性的描绘手段，否则会弄巧成拙。

当然，这是从宏观上来说的，至于某篇文书的某个局部，有时为了表达的需要，可能会适当采用一些形象化的表现手法，其目的是为了把道理说得深入浅出。例如："实行经济责任制，目前还处在探索阶段，各地区、各部门要加强领导，要摸着石头过河，水深水浅还不清楚，要走一步看一步，两只脚走得平衡一点，走错了收回来重新走，不要摔到水里去。"（《国务院批转国家经济委员会、国务院体制改革办公室〈关于实行工业生产经济责任制若干问题的意见〉的通知》）这段文字采用了比喻的修辞手法，把经济体制改革的复杂性、改革要慎重稳妥、要善于总结经验、及时改正错误、避免犯大错误等道理形象化，把道理讲得通俗易懂。这种恰到好处的比喻，可以增强语言的生动性和可读性。但这种比喻与文学作品中的比喻还是有些不同。

思　考　题

一、应用文语言的平易性要求指什么？

二、影响平易性的因素是什么？

三、什么是词语的常义组合和非常义组合？试举例说明。

四、句型有哪几种？为了平易必须采用什么句型？

五、为什么应用文必须少用或不用描绘手段？

六、某报有一篇新闻的标题是这样：

广东肇庆，有这么个大贪污犯（引题）
疏不义之财（正题）
得财疏义疏

你读得懂这个标题吗？这个标题在语言表达上存在什么毛病？

第四节　文　明　性

应用文是直接为交流服务的。语言文明是处理好人际关系的一项重要内容。而讲礼仪、重礼貌是语言文明的具体表现。古代著名思想家荀子说："人无礼则不生，事无礼则不成，国无礼则不宁。"（《荀子·修身》）意思是说，人如果不依礼行事，就不能在社会上生存和立足；办事不讲礼就办不成；一个国家不讲礼就不得安宁。古人还说："有礼则安，无礼则危。"（《礼记·曲衣上》）"不学礼，无以立。"（《论语·季民》）古代的"礼"，泛指道德规范和礼仪礼貌，认为不管是人、事、国家，不依礼行事，就会招致失败。古人还特别强调语言在交际中的作用，认为"一言可以兴邦，一言可以丧邦。"这有点夸张。但"良言一句三冬暖，恶语伤人六月寒"则是毫不夸张的。

语言文明是人际关系的润滑剂，是建立和谐、融洽的人际关系不可缺少的素质。为了取得良好的交际效果，应用文必须注意语言的文明性。在应用文中为达到表意文明的效果，常采用以下的语言手段。

一、采用礼貌词语

我国素有"文明古国""礼仪之邦"的美称。敬老扶幼、尊师爱生、礼貌待人是我们的优良传统。可是在文化大革命期间，却把"讲礼貌，重礼仪"当作"四旧"加以批判，结果造成一代人乃至几代人的礼仪礼貌观念淡薄。一些青少年是"狼奶"养大的，他们连礼貌的基本常识都不懂。有个青年人写信给著名的科学家苏步青先生，在信封上写着："苏步青先生敬启"，"敬启"就是"恭恭敬敬地打开"的意思，要一个八十多岁、德高望重的长者恭恭敬敬打开你的信来读，这不是有失礼貌吗？

今天，在改革开放的年代，随着对内对外交往的日益频繁，对交际的质量要求也逐渐提高，因为这是关系到国家的软实力的问题。因此，大力普及礼貌用语，是社会主义精神文明建设的重要内容之一。下面着重讲讲在称呼方面的礼貌用语。

（一）谦称

对自己表示谦和诚挚的称呼。如：

愚——愚兄、愚弟、愚意、愚见等。

鄙——鄙人、鄙见、鄙意等。

敝——敝人、敝姓、敝处、敝校、敝公司等。

小——小子、小弟、小女、小媳、小婿等。

贱——贱子、贱体、贱内等。

拙——拙内、拙文、拙作等。

家——家父、家母、家兄、家姐等。

舍——舍弟、舍妹、舍侄等。

先——先父、先母等（用于已去世的长辈）。

朽——老朽（老年人的谦称）。

舍——寒舍、舍下、茅舍（对自己住处的谦称）。

学生（对有名望、有学问的人的谦称）。

（二）敬称（尊称）

对人表示尊敬的称呼。如：

您（没有复数）——您俩、您三位等。

尊——尊翁、尊夫人、尊兄等。

大——大人、大爷、大伯、大叔、大妈、大姐等。

贤——贤弟、贤侄、贤内助等。

恩——恩师、恩人等。

贵——贵客、贵国、贵姓、贵公司等。

高——高见、高人、高手等。

令——令尊、令堂、令室、令郎、令爱等。

公——廖公、苏公等。

老——郭老、陈望老、老总等。

位——列位、诸位、各位等。

兄——仁兄（不分年龄）、学兄（不分性别）、恩兄、师兄等。

台——兄台、叔台等。

下——陛下、阁下等。

（三）雅称

文雅、典雅的称呼，在高层次交际圈内和外交场合使用。如：

伉俪——夫妻的雅称。

下榻——住宿的雅称。

芳名——姓名的雅称。

芳龄——女子年龄的雅称。

佳丽——美貌女子的雅称。

（四）代称

用美好的事物代替本体。如：

桑榆——代替老人。

手足——代替兄弟姐妹。

金兰——代替结拜兄弟。

粉黛——代替美貌女子。

泰山——代替岳父。

高足——代替高才生。

桃李——代替学生。

（五）美称

对交际对象表示赞美的称呼。如：

白衣天使——对护士的美称。

马路天使——对马路清洁工人的美称。

人类灵魂工程师——对教师的美称。

诗仙——对李白的美称。
诗圣——对杜甫的美称。
新郎、新娘——对新婚夫妇的美称。

（六）爱称

表示对人喜爱的称呼。如：
亲爱的——夫妻、恋人之间互相称呼。
小乖乖、小宝贝、心肝——长辈称儿孙。
子弟兵——称解放军。

（七）昵称

表示对交际对象亲近的称呼。如：
老爸、老妈——称父母。
阿哥、阿嫂——称兄嫂。
老伴——配偶之间互称。
老公——妻子称丈夫。

以上是具有民族特色的称呼，如果能根据不同的对象、场合准确得体地使用，就会给人彬彬有礼的感觉。

当然，称呼还有戏称、贬称和鄙称等。在较亲近的人之间，以开玩笑的口气称呼，如称恋人、丈夫为“对头”“冤家”“狠心贼”，下级称上级为“老板”等为戏称；称驾车新手为“马路杀手”是贬称。鄙称则是对人表示蔑视、轻视、鄙视的称呼，如：跛佬、盲佬、搏佬（广州方言，称农民）、日本仔、扫街婆、鬼妹、狗腿子、鬼子、汉奸、卖国贼、色狼、车匪、路霸等。使用这些称呼要看对象，要符合语境，同时，要体现新的历史时期的价值观及道德标准。如将马路清洁工人称为“扫街婆”是不合适的，今天马路清洁工应得到尊重；知识分子是民族的精英，绝不能称“臭老九”。

二、采用“软性”词语

词语的表达功能有软硬之分，“禁止”为“硬”，“规劝”“疏导”为“软”；“警告”为“硬”，“体贴”“关心”为“软”；“命令”为“硬”，“邀请”为“软”。从大众心理来看，人们比较容易接受“软”，讨厌反感“硬”。人们呼唤文明，但必须用文明的方式去创造文明。改革开放以来沿海不少开放城市，在文明建设方面走在前面。如深圳、珠海、厦门、大连等沿海城市，不少标语告示已很少用“硬”性词语，更多的是采用“软”性词语，如：

（1）绿草如茵，足下留情。（深圳）
（2）艺草莳花非易事，欺红侮绿是何心。（同上）
（3）小草在生长，请爱护绿色生命。（厦门）
（4）小草在生长，请勿打扰。（大连）

这些标语告示，口气文明和善，很有人情味，以和风细雨般的语言，去唤起人们的良知和爱心，去消除不文明的行为。在精神文明建设中起到“随风潜入夜，润物细无声”的潜移默化的作用。

三、适当使用幽默词语

幽默是一种善意的批评，它可以化干戈为玉帛，缓和紧张的人际关系，使人们乐于接受批评和劝告。国外不少标语告示就采用幽默词语。如：

（1）请勿在床上吸烟，否则落地的灰烬可能就是你自己。（美国一旅馆房间的告示）

（2）如果你的汽车会游泳的话，请照直开，不必刹车。（美国西海岸一条公路急转弯处的告示）

（3）凡向鳄鱼池内掷物者须自己下池拾回。（肯尼亚天然动物园的告示）

四、注意词语的风格色彩

词语的风格色彩有精俗与文雅、随便与庄重之分。以下两组词，虽然各自指称的事物相同，但其风格色彩是不同的：

（1）洗手间——厕所——大小便处——茅坑——屎坑

（2）夫人——太太——妻子——老婆——我女人——孩子他妈——我屋里的——我做饭的

两组词从左至右，其文明程度是递减的。在正式场合、公务场合、外交场合，应使用文雅的、庄重的词语。

五、注意词语的感情色彩

词语的感情色彩，有褒义、贬义、中性之分，对待特定的对象，该用褒义词时，就不宜用贬义词。反之亦然，否则，会给人不文明、不礼貌的感觉。有人写信给一位全国劳动模范，信中写道：“报上最近大肆宣传你的事迹，使我感动得神魂颠倒。”“大肆”是“不顾一切任意妄为”的意思，是贬义。“神魂颠倒”是“心神不定、失去常态”的意思，也带有贬义，用在这里也是不恰当的。

用褒义词还是用贬义词还要根据不同对象和不同的政治气候来决定。1988 年 1 月 13 日台湾国民党主席蒋经国先生去世，中共中央发出的唁电中有“惊悉中国国民党主席蒋经国先生不幸逝世”之句，而蒋经国之父蒋介石 1975 年 4 月去世时，报纸的新闻标题是《蒋介石死了》，用直言其事的中性词“死”，这既是对象不同，也是十一届三中全会以后我们对台政策的调整。

六、适当采用委婉词语

在某些场合不宜直接言明的事物，就换个说法，委婉地表达出来，这既能让人明白，又使人觉得文雅。应用文在特定的语境，为避免令人不快、不好意思或对人不尊重，常采用委婉词语。

（一）不便言明的事物

中国人对“性”及与“性”有关的事物讳莫如深，直接言明不好意思，或怕被人认为不正经，因此常用委婉词语。如：

男女生殖器——下身、下部、阴部、祸根、那个东西等。

女性乳房——上身、胸部等。

（二）对有所顾忌的事物

人们普遍存在求吉避凶、求富怕贫、求美怕丑、求升怕降、求雅避俗的心理，因此，在应用文中，特别是在公关、宣传、信函等文书中，应尽量使用一些吉祥、中听、文雅、美好的词语。如：

生病——欠佳、欠安、违和、小恙、小疾、不适、不舒服等。

受伤——挂花、挂彩等。

失业——下岗、分流、待岗、优化组合等。

免职——卸任、换届、退居二线等。

犯罪——失足、触犯刑律等。

离婚——分手、离异、分开过等。

（三）对有生理缺陷的人

为表示对有生理缺陷的人的尊重，对其生理缺陷常采用委婉词语。如：

独眼——眼睛不方便。

耳聋——耳背、听力差、耳朵不灵光等。

跛脚——腿不方便、脚不好使等。

白痴——弱智、低智、智障等。

秃顶——谢顶、头发不多等。

长暗疮——青春痘。

（四）对不雅事物

大小便急——内急。

屙尿——小便。

拉屎——大便。

七、采用健康词语

有一些商家为追求商业利益而制作的广告、海报，常常把低俗当有趣，使用一些低级庸俗的词语。如《男人来自火星女人来自金星》是一本美国学者论述爱情心理的书，但海报却这样介绍书的内容：“你想知道又不好意思向别人打听的，全书都有！”有的海报，故意用一些低俗的词语刺激读者的感官。有一则海报这样介绍一本爱情小说：“第一个丈夫诱奸了她，第二个丈夫背叛了她，第三个丈夫……性爱描写最细腻，最真切，最袒露，最放肆！”

还有的广告故意写上“儿童不宜”等字眼。以这种故弄玄虚、哗众取宠的手法来招睐观众或读者，这是有悖于职业道德的。

思　考　题

一、应用文为什么在语言表达上必须注意文明性？
二、在称呼方面的礼貌词语有哪些？举例说明。
三、什么是“软”性词语？其功能是什么？
四、什么是词的风格色彩？试举例说明。
五、什么是词的感情色彩？为什么必须注意词的感情色彩？
六、在什么情况下要采用委婉词语？
七、试用幽默的笔调写一则标语告示。

第五节　程　式　性

程式性是应用文区别于其他文体的一种独特的修辞要求。一般文章，特别是文学作品是最忌规格化、程式化的，所以有“文无定法”之说。而应用文却要讲究规格化和程式化。这是由应用文的功用决定的。因为应用文主要是用来处理公私事务和传递信息的，为了便于公私事务处理者的撰写和审阅，便于文秘人员的管理，在长期使用的过程中，应用文形成了相对固定的格式。这主要表现在以下几个方面。

一、相对固定的体式

应用文一般都有相对固定的体式，对“体”和“式”都有明确的规定和要求。“体”包括语体和文体。语体方面要求用语体文即白话文来写。文体方面要求以叙述、说明、议论为主要表达方式。“式”主要是指格式，如公文的格式要求就特别严格，一篇公文一般由文头、正文、文尾三部分构成，其具体项目在《国家行政机关公文处理办法》中有明确的规定。如关于公文的标题写法，有这样的规定：“公文标题，应当准确地概括公文的主要内容，一般应有发文机关和公文种类；除批转法规文件外，一般不加书名号。”例如：《中共中央关于经济体制改革的决定》，“中共中央”是发文机关，“关于经济体制改革”是主要内容，“决定”是文种。其他如“秘密等级”“缓急程度”“发文字号”“主送机关”“抄送机关”“主题词”“发文时间”等项目，都有明确规定，作者必须按照规定来撰写，不得擅自改动，以保证格式的规范化。

二、相对稳定的结构方式

应用文为了便于写作和阅读，还有相对稳定的结构方式。如公文在章法上有个显著的特点就是“起句立意法”，这可以说是公文结构上的一大法则。在《中央纠正电报、报告、请示、决定等文字缺点的指示》中，就强调这种方法：“一切较长的电文均应开门见山，首先提出要点，先用极简短的文句，说明全文的目的或结论（现在新闻学称为导语，亦即中国古人所谓‘立片言以居要，乃一篇之警策’）唤起读者的注意，使读者脑子里先有一个总概念，后决定是否看下去；然后作出必要的解释。长的文电分段时，每段也应用此法。”

公文的正文，一般可分为开头、主体、结语三部分，各部分承担的主要任务是：开头——叙事或提出问题；主体——说理或分析问题；结语——作结论或提出解决问题的办法。

法律文书常分为总则、分则、附则等部分。

台湾的公文，其主体部分规定为三部分：① 主旨；② 依据；③ 办法。并将格式印成表格，每个文种均有固定的表格，文秘人员可以照填，写起来更省事、更快。这种表格化的做法，使公文的程式化、规格化的程度更高，值得借鉴。

三、相对稳定的习惯用语

应用文在长期的写作实践中，形成一套相对稳定的习惯用语。公文就有以下习惯用语。

（一）经办用语

说明公文处理情况时用的，如：经、业经、已经、现将、责成、试行、执行、办理、贯彻执行、研究执行、参照执行、切实执行、酌情、酌办、酌定等。

（二）开端用语

用于开头，表示行文的目的、依据、原因、伴随情况等，如：据、根据、按照、遵照、依照、为了、由于、关于、随着、奉、查、兹等。

（三）综合用语

用于从分叙到总叙，从分析到综合，如：为此、据此、对此、鉴于、鉴此、一言以蔽之、综上所述等。

（四）祈请用语

用于表示某种祈望或请求，如：请、希、望、盼、拟请、切请、提请、报请等。

（五）称呼用语

用于对单位或个人的称呼，如：本（局）、我（局）、你（局）、贵（局）、该（局、同志、人）等。

（六）承启用语

用于承上启下，如：为此……根据……特作如下通知（决定、规定）；为此，特提出如下意见；为了……拟采取如下措施等。

（七）批转用语

用于上级对下级来文的批示意见，或向下级转发文件，如：批示、审批、阅批、批转、下发、转发、颁发等。

（八）表态用语

用于表明发文机关的意见和态度，如：应、应该、应当、应予、应即、同意、不同意、批准、遵照执行、似应、拟同意、原则上同意、原则上批准等。

（九）征询用语

用于征询受文机关对有关事项的意见和态度，如：当否、可否、妥否、是否妥当、是否可行、是否同意、如无不当、如无不同意见、如无不妥、如果可行、意见如何等。

（十）祈复用语

用于要求上级答复问题的，如：请批示、请批准、请批复、请指示、请速复等。

（十一）引叙用语

用于引用来文的，如：前接、近接、现接、收悉、收妥等。

（十二）结束用语

用于结束全文的用语，如：为要、为荷、为感、为谢、特此通知、特此通告、特此报告、此致、此复、此令、此据等。

在外交文书、书信、司法文书中也有一套习惯用语。这些习惯用语，一方面反映了文书的内容和行文关系，另一方面也能引起读者的注意，使文书便于阅读和处理。

思 考 题

一、为什么应用文语言表达要讲究程式性？

二、应用文的程式性主要表现在哪些方面？

第三章　党政机关公文概述

第一节　党政机关公文的概念与特点

一、党政机关公文的概念

公文，也称为公务文书，是党政机关、企事业单位、社会团体用来处理公务的应用文书。为了提高公文处理的效率和质量，使公文处理工作更加规范化、制度化、科学化，2012 年中共中央办公厅、国务院办公厅印发了《党政机关公文处理工作条例》（以下简称《条例》），同时废止了 1996 年中办印发的《中国共产党机关公文处理条例》和 2000 年国务院印发的《国家行政机关公文处理办法》。

《条例》指出："党政机关公文是党政机关实施领导、履行职能、处理公务的具有特定效力和规范体式的文书，是传达贯彻党和国家方针政策，公布法规和规章，指导、布置和商洽工作，请示和答复问题，报告、通报和交流情况等的重要工具。"

我们可以从党政机关的执法主体、制发目的、体式、效用等方面去理解这一概念的内涵。各级党政机关、社会团体、企事业单位是党政机关公文的执法主体；实施领导、履行职能、处理公务是公文制发的目的；党政机关公文具有规范的体式，其文种、格式、行文规则和处理程序等都有统一规范和标准；党政机关公文体现着国家政策和法规，具有法定的效力和特定的权威性。

二、党政机关公文的特点

（一）权威性

党政机关、企事业单位、社会团体制发的公文，是党和政府管理党和国家、治理社会、进行公务活动的重要工具。公文的权威性体现为一种强制性和约束性。上级机关发送的公文具有指挥权，下级机关发送的请示具有要求答复的权力。这种权威性要求收文机关及其有关人员对公文必须遵照执行，否则就意味着失职或渎职。

（二）政策性

党政机关公文的一项主要任务是传达、贯彻党和国家的方针、政策，发布行政法规和规章。公文的内容与党和国家的政治和政策密切相关。党和国家在每个历史时期制订的路线、方针、政策，都以公文的形式发布下去，是各级机关组织开展工作的依据；请示和答复问题，指导和商洽工作，都要贯彻和体现党和国家的方针、政策。

（三）规范性

党政机关公文具有法定的规范体式，这也是公文区别于其他应用文体的显著标志。新《条例》对党政机关公文的格式作了统一规定，包括书写格式、公文用纸、装订等都有特定的规范标准。同时，公文的制发和办理也必须经过规定的处理程序。新的《条例》规定，"公文处理工作是指公文拟制、办理、管理等一系列相互关联、衔接有序的工作。"其中，公文拟制包括起草、审核、签发3个环节。

与以前相比，公文拟制更加强调程序规范。在"起草"环节强调："一切从实际出发，分析问题实事求是，所提政策措施和办法切实可行"；"深入调查研究，充分进行论证，广泛听取意见"；"机关负责人应当主持、指导重要公文起草工作"。在"审核"环节强调："需要发文机关审议的重要公文文稿，审议前由发文机关办公厅（室）进行初审"；在"签发"环节强调："重要公文和上行文由机关主要负责人签发"。

思 考 题

一、怎样理解党政机关公文的定义？

二、党政机关公文有什么特点？

第二节 党政机关公文的种类

划分行政公文种类的常用方法有两种。

一、依据文体的性质、作用划分

《条例》规定的公文主要文种有15个，即决议、决定、命令（令）、公报、公告、通告、意见、通知、通报、报告、请示、批复、议案、函、纪要。《条例》中列入的15个公文文种大多是党政机关互相适用。

（一）决议

决议是指党的领导机关就重要事项，经会议讨论通过其决策，并要求进行贯彻执行的重要指导性公文。决议的形成，按照一定的组织程序，它所要贯彻的决策事项，必须经过集体讨论和表决通过后形成，以会议名义发布。总体上看，决议一般是党委机关使用的文种，在日常工作中行政机关是不使用这种文种的。

（二）决定

决定是党政机关、社会团体、企事业单位对重大事项或重大行政公务做出安排而制定的一种指挥性公文，属于下行文种。上至党和国家的重大决策和战略部署，下至基层单位的奖惩事宜均可使用。

（三）命令（令）

适用于公布行政法规和规章、宣布施行重大强制性措施、批准授予和晋升衔级、嘉奖有关单位和人员。

（四）公报

公报也称新闻公报，是党政机关和人民团体公开发布重大事件或重要决定事项的报道性公文，党政机关通用。

（五）公告

适用于向国内外宣布重要事项或者法定事项。重要事项是指有关国家政治、经济、文化、军事、科技、人事、外交等方面的大事；法定事项是指由国家权力机关、行政机关等依据法律法规和法定程序公开的事项。

（六）通告

适用于在一定范围内公布应当遵守或者周知的事项。

（七）意见

适用于对重要问题提出见解和处理办法。意见可以作为下行文，也可以作为上行文或平行文。分为三种类型：一是要求下级机关贯彻执行的意见；二是请示上级机关批转或转发的意见；三是平级或不相隶属机关参考的意见。

（八）通知

适用于发布、传达要求下级机关执行和有关单位周知或者执行的事项，批转、转发公文。

（九）通报

适用于表彰先进，批评错误，传达重要精神或者情况。

（十）报告

适用于向上级机关汇报工作，反映情况，答复上级机关的询问。

（十一）请示

适用于向上级机关请求指示、批准。

（十二）批复

适用于答复下级机关的请示事项。

（十三）议案

适用于各级政府按照法律程序向同级人民代表大会提请审议的事项。这个文种是专门由政府对人大用的，比如市政府有些条例，在地方属于法规类的，需要向人大提请审议，用议案这个文种。

（十四）函

适用于不相隶属机关之间商洽工作，询问和答复问题，请求批准和答复审批事项。

（十五）纪要

适用于记载会议主要情况和议定事项。

二、依据文体的行文方向划分

按照文体的行文方向，公文可以分为上行文、下行文、平行文三类。

（一）上行文

上行文是下级机关按照隶属关系向上级机关的行文，如报告、请示等。上行文的主要作用是向上级机关汇报情况，反映问题，请求批准，为上级机关决策和更有针对性地指导下级机关的工作提供依据。

（二）下行文

下行文是上级机关按照隶属关系向下级机关、单位的行文，如命令、指示、决定、决议、批复等。下行文的主要作用是传达领导的意图、部署安排公务活动，让下属机关单位遵照执行。

（三）平行文

平行文是平行机关、单位之间或不相隶属的机关、单位之间的来往行文，如函。平行文的主要作用是沟通情况，联系公务，配合工作。

在写作行政公文的时候，具体用到何种文种，既要考虑行文方向，也要考虑文种的性质、作用，不能随意撰写。

思　考　题

一、《党政机关公文处理工作条例》对行政公文种类划分的依据是什么？

二、依照行文方向划分，命令、请示、报告、决定、函分别是哪一类？

第三节　党政机关公文的规范格式

《党政机关公文版面样式》（GB/T 9704—2012），是按照《党政机关公文处理工作条例》的有关规定，结合这些年来党政机关公文格式的实际应用，由国家质量监督检验检疫总局、国家标准化管理委员会发布的公文国家标准。该标准对于公文用纸、印刷装订、格式要素、式样等作出了具体规定。特别是将党政机关公文用纸统一为国际标准 A4 型，首次统一了党政机关公文格式要素的编排规则，使党政机关公文的表现形式更加规范。标准适用于各级党政机关制发的公文，其他机关和单位的公文可以参照执行。严格按照公文的格式行文，能够确保公文的合法性、完整性和有效性，有利于公文处理的规范化和科学化。

党政机关公文文面样式请见本书附录二《党政机关公文版面样式》里的图示。

一、党政机关公文的格式

《条例》规定："公文一般由份号、密级和保密期限、紧急程度、发文机关标志、发文字号、签发人、标题、主送机关、正文、附件说明、发文机关署名、成文日期、印章、附注、附件、抄送机关、印发机关和印发日期、页码等组成。"

（一）文头

文头是文件头的简称，位于首页上方，占首页的 1/3~2/5，由公文份数序号、秘密等级和保密期限、紧急程度、发文机关标识、发文字号、签发人等要素组成。

1. 公文份数序号

公文份数序号是指将同一文稿印制若干份时每份公文的顺序编号。编制份数序号的目的是准确掌握公文的印制份数、分发范围和对象。当文件需要收回保管或销毁时，可以对照份数序号掌握其是否有遗漏或丢失。

并非所有公文都必须编制份数序号。《条例》规定涉密公文应当标注份号，其他公文根据需要标识。如需标注份号，一般用6位3号阿拉伯数字，顶格编排在版心左上角第一行。如“1”编为“000001”。

2. 秘密等级和保密期限

秘密等级，简称密级，是标识公文保密程度的一种标志，根据《条例》规定，对涉及党和国家秘密的公文应按照国家秘密及其密级具体范围的规定分别标明“绝密”“机密”“秘密”。保密期限是对公文密级的时效加以规定的说明。

如需标注密级和保密期限，一般用3号黑体字，顶格编排在版心左上角第二行；保密期限中的数字用阿拉伯数字标注。

如果同时标识秘密等级和保密期限，秘密等级两字之间不空1字，密级与保密期限中间用“★”隔开，如“绝密★30年”“机密★20年”“秘密★10年”。

公文内容涉及党和国家的秘密，阅读要受到时间和范围的限制，因此划分密级、注明公文密级有着重要的政治意义。发文机关应根据实际需要慎重、准确划分密级。若划分过严，提高了密级，就会妨碍文件精神的贯彻执行；若划分过宽，就容易泄密，给党和国家带来不应有的损失。

涉及国家秘密的公文，如果有具体保密期限，应当明确标注；否则按《国家秘密保密期限的规定》（国家保密局1990年第2号令）第九条执行，即“凡未标明或者未通知保密期限的国家秘密事项，其保密期限按照绝密级事项三十年、机密级事项二十年、秘密级事项十年认定”。

3. 紧急程度

紧急程度是对公文送达和办理的时限要求，又称缓急时限或处理时限。根据紧急程度，紧急公文应当分别标注“特急”“加急”，电报应当分别标注“特提”“特急”“加急”“平急”。公文的紧急程度要根据具体情况标注，不可滥标“加急”或随意升格紧急程度。

如需标注紧急程度，一般用3号黑体字，顶格编排在版心左上角；如需同时标注份号、密级和保密期限、紧急程度，按照份号、密级和保密期限、紧急程度的顺序自上而下分行排列。

4. 发文机关标识

由发文机关全称或者规范化简称加“文件”二字组成，也可以使用发文机关全称或者规范化简称。

发文机关标志居中排布，上边缘至版心上边缘为35毫米，推荐使用小标宋体字，颜色为红色，以醒目、美观、庄重为原则。

联合行文时，如需同时标注联署发文机关名称，一般应当将主办机关名称排列在前；如有“文件”二字，应当置于发文机关名称右侧，以联署发文机关名称为准上下居中排布。

5. 发文字号

发文字号是发文机关按照行文时间先后顺序编排的公文代号，其主要作用：一是统计发文的数量，便于管理；二是在查找和引用时可作为文件代号使用。

发文字号由发文机关代字、年份和序号组成，三者缺一不可。编排在发文机关标志下空二行位置，居中排布。年份、发文顺序号用阿拉伯数字标注；年份应标全称，用六角括号“〔〕”括入；发文顺序号不加“第”字，不编虚位（即1不编为01），在阿拉伯数字后加“号”字。上行文的发文字号居左空一字编排，与最后一个签发人姓名处在同一行。

机关代字是机关名称最具特征、最精炼的概括，往往取自机关或机关部门名称中最有代表性的字。机关代字一般由两个层次组成，第一个层次是发文机关代字，第二个层次是发文机关主办文件的部门的代字。年份和序号用阿拉伯数码，年份使用全称并用六角括号“〔 〕”括入，序号不编虚位（即1不编为01），不加“第”字。如“国办发〔2008〕24号”，“国办发”是机关代字，代表国务院办公厅；“2008”是年份；“24号”是发文序号，表示这份文件是国务院办公厅2008年下发的第24号文件。联合行文时，只标明主办机关的发文字号。

发文字号位于发文机关标识下空2行，用3号仿宋体字标识居中排布，发文字号之下4毫米处印一条与版心等宽的红色反线。

6. 签发人

签发人是公文事项的责任者，签发是机关或部门领导履行职权的一种形式。《条例》规定，上行文应当标注签发人姓名。

由“签发人”三字加全角冒号和签发人姓名组成，居右空一字，编排在发文机关标志下空二行位置。“签发人”三字用3号仿宋体字，签发人姓名用3号楷体字。

如有多个签发人，签发人姓名按照发文机关的排列顺序从左到右、自上而下依次均匀编排，一般每行排两个姓名，回行时与上一行第一个签发人姓名对齐。

（二）主体

公文的主体部分由公文标题、主送机关、正文、附件、成文日期、公文生效标识、附注等要素组成。

1. 公文标题

公文标题是一份具体公文的名称，它应当准确简要地概括公文的主要内容。公文标题一般标明发文机关、主题、文种，例如：《中共中央关于推进农村改革发展若干重大问题的决定》。有些公文已在眉首标明发文机关名称，所以标题省略发文机关名称，采用“公文主题+公文文种”的形式。有些普发性公文的标题只写发文机关名称+文种，或只写文种。

公文标题中除法规、规章名称加书名号外，一般不加标点符号。一般用2号小标宋体字，编排于红色分隔线下空二行位置，分一行或多行居中排布；回行时，要做到词意完整，排列对称，长短适宜，间距恰当，标题排列应当使用梯形或菱形。

2. 主送机关

主送机关指公文的主要受理机关，应当使用全称或者规范化简称、统称。

除了决定、公告、通告、会议纪要等公文文种以外，公文一般都应写明主送机关。上行的公文一般只写一个主送机关；受双重领导的下级机关，上行公文时，主送一个上级机关，抄送另一个上级机关；下行的公文可以有若干个主送机关。主送机关名称过多时，一般按系统和级别分开。在同一系统内的单位之间用顿号表示并列，在不同系统的单位之间用逗号表示并列，例如“各省、自治区、直辖市人民政府，国务院各部委、各直属机构”。如果主送机关很多，还可以用统称或泛称，例如“各有关单位”。

编排于标题下空一行位置，居左顶格，回行时仍顶格，最后一个机关名称后标全角冒号。如主送机关名称过多导致公文首页不能显示正文时，应当将主送机关名称移至版记。如需把主送机关移至版记，除将“抄送”二字改为“主送”外，编排方法同抄送机关。既有主送机关又有抄送机关时，应当将主送机关置于抄送机关之上一行，之间不加分隔线。

3. 公文正文

公文正文是行政公文的核心部分。公文首页必须显示正文。一般用 3 号仿宋体字，编排于主送机关名称下一行，每个自然段左空二字，回行顶格。文中结构层次序数依次可以用“一、”“（一）”“1.”“（1）”。

公文正文内容一般包括发文缘由、事项、结尾三项，通常按这三项内容分三大部分，每部分之间用过渡语明显提示。发文缘由部分可长可短，视实际需要撰写。事项部分常常采用分条列项方式，以便阅读者一目了然。结尾部分用习惯性结语。例如：工作报告、情况报告，结尾语可写：“以上报告，请审查”“以上请予审定”等。又如函，如果是主动行文，结尾语用“特此函达”“特此函达，请复”；如是答复来文，则用“特此函复”。公文正文原则上要求简明扼要，层次清楚，切忌花里胡哨，故弄玄虚。

4. 附件

公文附件是对正文内容的补充说明，是正文内容的组成部分，与公文正文具有同等效力。一般有图表、目录、名单、规定等材料。

如有附件，在正文下空一行左空二字编排“附件”二字，后标全角冒号和附件名称。如有多个附件，使用阿拉伯数字标注附件顺序号（如“附件：1. XXXXX”）；附件名称后不加标点符号。附件名称较长需回行时，应当与上一行附件名称的首字对齐。

附件材料应与公文一起装订，并在附件左上角第 1 行顶格标识“附件”，有序号时标识序号；正文后的附件标识应与附件材料的标识前后一致。如附件与公文不能一起装订，应在附件左上角第 1 行顶格标识所属公文的发文字号并在其后标识“附件”（或带序号）。

5. 发文机关署名

发文机关署名是在正文的右下角署明制发文件的组织机构名称，一般用 3 号仿宋体。署名时要使用全称或者规范化简称。

6. 成文日期

成文日期是公文生效的法定时间，是公文的一项重要内容。没有生效时间的公文，在某种意义上说就是一纸空文。

成文日期以负责人签发的日期为准，联合行文以最后签发机关负责人的签发日期为准。电报以发出日期为准。

成文日期标识在正文下方，右空 4 字用阿拉伯数字将年、月、日标全，年份应标全称，月、日不编虚位（即 1 不编为 01），如“2016 年 9 月 2 日”。

7. 印章

印章即公文最后生效标识。公文中有发文机关署名的，应当加盖发文机关印章，并与署名机关相符。有特定发文机关标志的普发性公文和电报可以不加盖印章。

（1）加盖印章的公文

成文日期一般右空四字编排，印章用红色，不得出现空白印章。

单一机关行文时，一般在成文日期之上、以成文日期为准居中编排发文机关署名，印章端正、居中下压发文机关署名和成文日期，使发文机关署名和成文日期居印章中心偏下位置，印章顶端应当上距正文（或附件说明）一行之内。

联合行文时，一般将各发文机关署名按照发文机关顺序整齐排列在相应位置，并将印章一一对应、端正、居中下压发文机关署名，最后一个印章端正、居中下压发文机关署名和成文日期，印章之间排列整齐、互不相交或相切，每排印章两端不得超出版心，首排印章顶端应当上距正文（或附件说明）一行之内。

（2）不加盖印章的公文

单一机关行文时，在正文（或附件说明）下空一行右空二字编排发文机关署名，在发文机关署名下一行编排成文日期，首字比发文机关署名首字右移二字，如成文日期长于发文机关署名，应当使成文日期右空二字编排，并相应增加发文机关署名右空字数。

联合行文时，应当先编排主办机关署名，其余发文机关署名依次向下编排。

8. 附注

附注一般是用于对公文的发放范围、使用时需注意事项加以说明，如："此件发至县团级""此件可见报"等。根据《办法》规定，"请示"应当在附注处注明联系人的姓名和电话。

如有附注，居左空二字加圆括号编排在成文日期下一行。

（三）版记

版记也称文尾，包括抄送机关、印发机关和印发日期等要素，各要素之下均加一条反线，宽度同版心。

版记应置于公文最后一面，版记的最后一个要素置于最后一行。

1. 抄送机关

抄送机关指除主送机关外需要执行或知晓公文的其他机关。抄送机关应当使用全称或规范化简称。如有抄送机关，一般用 4 号仿宋体字，在印发机关和印发日期之上一行、左右各空一字编排。"抄送"二字后加全角冒号和抄送机关名称，回行时与冒号后的首字对齐。抄送机关之间用逗号隔开，回行时与冒号后的抄送机关对齐；最后一个抄送机关后标句号。例如："抄送：市建委，市国土房管局，市规划局，市交委。"

如需把主送机关移至版记，除将"抄送"二字改为"主送"外，编排方法同抄送机关。既有主送机关又有抄送机关时，应当将主送机关置于抄送机关之上一行，之间不加分隔线。

2. 印发机关和印发时间

印发机关是指公文的印刷主管部门，一般应是各机关的办公厅（室）或文秘部门。有的发文机关没有专门的办公厅（室）或文秘部门，也可标识发文机关。印发机关不是指公文的发文机关，发文机关已有明显的"红头"标识或在公文标题中显示。

印发日期是指公文的付印日期。一般来说，公文在领导签字之后即生效之后，还需经过打字、校对、复核等环节。通过印发日期，了解生效时间与印发时间之间的时间差，发文机关可以掌握制发公文的效率，收文机关可以掌握公文的传递时间，有利于公文的办理。

印发机关和印发日期一般用 4 号仿宋体字，编排在末条分隔线之上，印发机关左空一字，印发日期右空一字，用阿拉伯数字将年、月、日标全，年份应标全称，月、日不编虚位（即 1 不编为 01），后加“印发”二字。

版记中如有其他要素，应当将其与印发机关和印发日期用一条细分隔线隔开。

3. 页码

一般用 4 号半角宋体阿拉伯数字，编排在公文版心下边缘之下，数字左右各放一条一字线；一字线上距版心下边缘 7 mm。单页码居右空一字，双页码居左空一字。公文的版记页前有空白页的，空白页和版记页均不编排页码。公文的附件与正文一起装订时，页码应当连续编排。

二、党政机关公文的其他格式规定

（一）公文用纸

采用国际标准 A4 型纸，210mm×297mm

公文页边与版心尺寸为：公文用纸天头 37mm，公文用纸订口 28mm，版心尺寸 156mm×225mm（不含页码）。

发文机关标识上边缘至版心上边缘为 25mm。对于上报的公文，发文机关标识上边缘至版心上边缘为 80mm。

（二）公文书写形式

从左至右横排、横写。其标识第一层为“一、”，第二层为（一），第三层为“1.”，第四层为（1）。

（三）字体字号

发文机关标识使用 2 号小标宋体字，红色标识；秘密等级、保密期限、紧急程度用 3 号黑体字；发文字号、签发人、主送机关、附注、抄送机关、印发机关、印发时间用 3 号仿宋体字；签发人姓名用 3 号楷体字；正文以 3 号仿宋体字，一般每面排 22 行，每行排 28 字，正文中如有小标题可用 3 号小标宋体字或黑体字。

（四）公文中的横排表格

在实际工作中，有些公文需要附带表格。如果是竖排表格，与一般文字无异。如果是横排表格，为了与一般页码位置一致，页码应放在横表的左侧，单页码在表的左下角，双页码在表的左上角。对于横表的表头，单页码放在订口一侧，双页码放在切口一侧。这样编排可保证连续横排表格可以依次顺序向下看。与公文一起装订时，横排表格的页码按照正文编排要求标注。

公文必须严格遵守规范格式，各要素的位置关系不能随意颠倒，否则就会影响公文的完整性和严肃性，甚至影响公文的权威性和效力。

思　考　题

1. 公文的一般格式分为哪三个部分？它们各自包含哪些内容？
2. 讲究公文格式规范化有何意义？包括哪些具体内容？

第四节　党政机关公文的行文关系

作为一种特殊的实用性文体，公文的写作应当考虑到行文关系和行文方式，遵守必要的行文规则。

一、行文关系

行文关系是指发文机关与收文机关之间的公文往来关系，是机关单位之间的组织关系在公文运行中的体现。行文关系是党和政府机构组织关系在公文处理和传递中的体现。

根据《条例》规定，行文关系应根据隶属关系和职权范围确定。

（一）隶属关系

1. 上下级关系

上下级关系是在同一垂直系统内存在直接职能往来的上级机构与下级机构之间的关系。上下级关系有两种情况，一是领导和被领导的关系，即在同一组织系统中的上下级机关之间的领导和被领导的关系。例如：国务院和各省人民政府之间的关系；各省人民政府与所属的各市人民政府之间的关系；各市人民政府与所属的各区、县人民政府之间的关系。二是指导与被指导关系，指的是在同一业务系统中上级业务主管部门与下级业务部门之间的指导与被指导的关系。例如：教育部与各省教育厅（局）之间的关系；各市教育局与所属的各区、县教育局之间的关系。

2. 平级关系

平级关系即同等级别的关系，指在同一组织系统中同等级别的机关或者部门、单位之间的关系。如：国务院各部、委之间的关系；教育部直属的各高等院校之间的关系。

3. 非隶属关系

非隶属关系是指不在同一组织系统内也不在同一业务系统机关之间的关系，如：省环保局与市民政局之间的关系；市教育局与县公安局之间的关系。它们既不是上下级之间领导与被领导关系或指导与被指导关系，也不是平级之间的关系，所以统称为非隶属关系。

（二）职权范围

党委、政府的权力机构和业务部门有各自的职权范围，只有在职权范围内行文才有公文效力。《条例》指出，党委、政府的部门在各自职权范围内可以向下级党委、政府的相关部门行文。同时，《条例》第十七条规定：“属于党委、政府各自职权范围内的工作，不得联合行文。”

二、行文方式

行文方式是指公文以发文机关为立足点向不同机关运行的去向。与上述行文关系相联系，根据不同的行文对象、行文方向和工作需要，可以采取不同的行文方式。

（一）上行文

上行文是下级机关向上级机关的行文。公文的上行文有报告、请示等，但有的下行文如通知、通报等也可以在一定情况下上行。上行文通常有逐级上行文、多级同时上行文和越级上行文三种方式。

1. 逐级上行文

这是下级机关向直接上级机关请示问题、报告工作的行文，是最基本和最常用的上行文方式。

2. 多级同时上行文

这是下级机关同时向直接上级机关和更高级别层次的机关行文。这种行文方式一般适用于遇到突发事件或遭受自然灾害等情况，为便于更高级别领导机关及时了解情况，更快地给予恰当的处置，在上报直接上级机关的同时报告更高一级领导机关直至中央。

3. 越级上行文

这是下级机关越过直接上级机关向更高层级机关直至中央行文。这种行文方式主要用于：情况特别紧急，逐级上报会延误时机，造成损失；问题经多次请示直接上级机关而未得到解决；上级机关指定越级上报的事项；检举控告直接上级；与直接上级机关存在争议须请有关方面仲裁的问题。必须越级行文时，应当同时抄送被越过的上级机关。

（二）下行文

下行文是上级机关向下级机关、单位的行文。下行的公文较多，如命令、指示、决定、决议、批复等。根据公文内容和工作需要，一般采用逐级下行文和多级下行文（包括直贯到底的行文）的方式。

1. 逐级下行文

这是指上级机关对直接下级机关行文，再由直接下级机关向其所属单位行文。例如：国务院对省人民政府请示的批复；国务院文件发至各省人民政府，各省人民政府再逐级传达至基层组织，以利于各级机关结合本地实际制订具体实施办法。

2. 多级下行文

这是指上级机关同时行文到下属几级机关。例如，国务院将文件直接发到省、市、县政府；在报纸上公布国家重大法规性、政策性文件。

（三）平行文

平行文是平行机关、单位之间或不相隶属的机关、单位之间的相互行文，其代表性文种是函，有的通知也可以当作平行文来使用。平行文的主要作用是沟通情况，联系公务，配合工作。

（四）联合行文

联合行文是两个以上平级机关之间就同一事项联合发文。联合行文必须从实际和工作需要出发，避免过多过滥。

三、行文规则

行文规则是党政机关行文必须遵守的具体规定或准则。《条例》第四章第十三条至第十七条规定了公文的写作和处理应遵循的一些行文规则，主要有以下几个方面。

（一）“必要”和“效用”规则

《条例》第十三条规定：“行文应当确有必要，讲求实效，注重针对性和可操作性。”这是公文处理基本原则在行文中的具体体现，也是党政机关行文的总原则。发文要坚持实事求是的原则，注重实效，切实解决实际问题，坚持少而精，没有必要的公文坚决不发。这样才能保证发文机关的权威性，提高机关单位的办事效率。

（二）行文根据规则

《条例》第十四条规定：“行文关系根据隶属关系和职权范围确定。一般不得越级行文，特殊情况需要越级行文的，应当同时抄送被越过的机关。”这是确保行政公文行文秩序的基本原则。

（三）部门行文规则

《条例》第十五条、第十六条、第十七条对部门行文有明确规定。根据以上规定，我们要把握好以下几方面内容。

1. 党委、政府的部门向上级主管部门请示、报告重大事项，应当经本级党委、政府同意或者授权；属于部门职权范围内的事项应当直接报送上级主管部门。

2. 同级机关或部门可以联合行文

《条例》第十七条关于联合行文的规定强调了联合行文的前提是同级。联合行文的机关及部门、单位必须是平级的，还要经过协商并取得一致意见。在公务中联合行文避免了各自分头行文的不一致问题，增强了行文的权威性和约束力，减少了公文数量。如某省《关于党政群机关工作人员参加成人教育有关问题的通知》，由省委组织部、省教委、省人事厅、省财政厅联合下发。这是由于通知的内容涉及组织、人事、教育及经费开支等方面。联合行文，应将相对应的机关都列为主送机关，以便于共同处理。如上文的主送机关为“各地、市、州、县委，各市、州、县人民政府，省委各部委，省级国家机关各委办厅局，各人民团体，各大专院校”。

《条例》第十七条同时规定：“属于党委、政府各自职权范围内的工作，不得联合行文。”

3. 部门内设机构除办公厅（室）外不得对外正式行文

《条例》第十七条规定：“党委、政府的部门依据职权可以相互行文。部门内设机构除办公厅（室）外不得对外正式行文。”

4. 部门之间对有关问题应协商一致后再向下行文

《条例》第十六条第四款规定：“涉及多个部门职权范围内的事务，部门之间未协商一致的，不得向下行文；擅自行文的，上级机关应当责令其纠正或者撤销。”对与各部门都有关系的问题，如果没有协商一致而各自向下行文，自行其是，就会在大的范围中出现严重的问题。因此，各部门必须在发文之前取得共识，主办单位一定要和其他单位主动协商。如果多次协商仍然存在分歧，而问题的解决又不允许再拖延下去，应当请示上级协调或者直接处理。如擅自行文，上级有权责令纠正或撤销。

（四）抄送规则

《条例》第十六条第一款规定："主送受理机关，根据需要抄送相关机关。重要行文应当同时抄送发文机关的直接上级机关。"重要行文，往往是在决定、通知和批复等文种中关于重要公务或者重大问题如撤换下级主要领导人、增设重要机构、审批大型项目、进行重要涉外活动的公文。将这类重要公文同时抄送直接上级，对发文机关和下级机关来说，便于上级监督，避免出现重大差错；对上级机关来说，便于了解和掌握情况，统一管理。

《条例》第十五条第六款规定："受双重领导的机关向一个上级机关行文，必要时抄送另一个上级机关。"《条例》第十六条第五款规定："上级机关向受双重领导的下级机关行文，必要时抄送该下级机关的另一个上级机关。"这就便于协调工作，防止出现矛盾问题。如某市公安局办一件公务，既需要直接上级机关的审批，又需要业务指导，这就要将请示主送市政府，抄送省公安厅。而市政府下发批复批准该项目给这个公安局时，要抄送省公安厅。

思　考　题

一、公文的行文关系有哪几种？

二、联合行文的前提是什么？

三、为什么部门之间对有关问题应协商一致后再向下行文？

四、根据《党政机关公文处理工作条例》，公文写作和处理应遵循哪些行文规则？

第四章　常用行政公文的写法

第一节　通　　告

一、通告概说

（一）含义

通告是一种适用于在一定范围内公布应当遵守或者周知的事项的公文。

（二）特点

1. 法规性

通告常用来颁布地方性的法规，这些法规一经颁布，特定范围内的部门、单位和民众都必须遵守、执行。例如，《××省无线电管理委员会办公室关于清理整顿无线电通信秩序的通告》，对有关事宜作了八条规定；《××市人民政府关于坚决清理非法占道经营的通告》，为改善交通秩序和市容环境，作了五条规定。

2. 周知性

通告的内容，要求在一定范围内的人们或特定的人群普遍知晓，以使他们了解有关政策法令，遵守某些规定事项，共同维护社会公务管理秩序。

3. 务实性

所有的公文都是实用文，从根本性质上说都应该是务实的，但它们之间还是有一些区别。有的公文只是告知某事，或者宣传某些思想、政策，并不指向具体事务。通告则是一种直接指向某项事务的文种，务实性比较突出。

4. 行业性

不少通告都具有鲜明的行业性特点，如税务局关于征税的通告，机动车管理部门关于机动车辆年度检验的通告，银行关于发行新版人民币的通告，国土房管局关于对商品房销售面积进行检查的通告等，都是针对所负责的业务或技术事务发出的通告。因此，通告行文中要时常引用本行业的法规、规章，也免不了使用本行业的术语、行话。

（三）种类

按公布的内容和性质，通告可分为法规性通告和知照性通告。

1. 法规性通告

主要用于在一定的范围内公布政府的法规、政策，要求下级单位和个人遵照执行。这类通告的约束力较强，例如《关于坚决清理非法占道经营的通告》，强制性措施较多，是法规性通告。

2. 知照性通告

主要用于在一定范围内公布的需要周知或办理的事项。这类通告的约束力不强，只要求达到知晓、遵守即可，如关于因施工停水、停电的通告，主要起通知事项的作用，没有强制性措施，是知照性通告。

（四）通告和公告的异同

通告和公告二者都具有晓谕性和公布性，即：内容都是知照性的，发布范围都是面向全社会。二者之间的区别主要在以下 4 个方面：

1. 内容的重要程度不同

公告是用来发布重要事项和法定事项的，涉及内容多是国家大事或省市级的行政大事，或者履行法律规定必须遵循的程序。小的局部性事项和非法定的事项，不能采用公告的形式公布。

2. 对发文机关的级别限制不同

公告是一种高级别的文体，只有涉及全局性的重大事项或法定事项时，才能由高级别的行政部门发布。通告是一种高级机关和基层单位都可使用的文体，不仅行政机关可以制发，社会团体、企事业单位在自己的职权范围内也可以制发。

3. 发布范围不同

公告是向国内外发布重要事项和法定事项采用的文种，它的发布范围比较大，面向全国，有时面向全世界，遍示天下，一体周知，接受的人越多越好。通告虽然也是面向社会发布的，但多是限定在一个特定的社区范围内，而且内容也多是指向一个特定的人群，要求这一社区的某一类特定人群遵守或周知。

4. 发布方式不同

公告常通过电视、广播等大众传媒发布或在报刊上刊登，一般不用红头文件的方式下发，也不能印成布告的形式公开张贴。通告可以在新闻媒体上刊登，也可以用红头文件的形式下发，还可以公开张贴。

二、通告的结构与写法

通告的结构包括标题、正文和签署三部分。

（一）标题

通告的标题主要有两种写法。一是完全式标题，也就是公文标题的常规写法，由发文机关、事由、文种三者构成，如《河南省地方税务局关于认真落实〈事业单位、社会团体、民办非企业单位企业所得税征收管理办法〉的通告》《广西工商行政管理局广西国有资产管理局关于办理××××年度企业法人年检及国有资产产权登记的通告》等。二是省略式标题，由发文机关、文种组成。如《中华人民共和国公安部通告》《××市国土房管局通告》等。

通告的标题也可以由主要内容和文种构成，如《关于机动车辆年度检测的通告》；还有的通告标题只有文种“通告”两字。通告标题还有一种特殊的写法，将标题分为两个部分，第一部分是发文机关加文种，即“××××通告”，第二部分是通告的主要内容，如《中国人民银行通告明日起发行 1990 年版壹圆券人民币》。

（二）正文

通告的正文采用公文通用结构模式撰写，包括开头、主体和结尾三部分。

1. 开头

这是通告的缘由，主要用来说明发布通告的背景、根据、目的、意义，多用概括性语句。如："近期以来，我市清理非法占道经营，经过几次集中整治，取得了一定效果，但在一些主干道上仍有反复，禁而不止，影响交通和市容环境，群众反映强烈。为推进'讲文明、树新风'活动和精神文明建设八大工程的深入开展，市政府决定，集中一段时间，加大工作力度，实行综合整治，坚决彻底清理非法占道经营，让路于车，还道于民，改善交通秩序和市容环境。现通告如下：……"这份通告的开头部分主要说明发布通告的背景、根据和目的。

2. 主体

这是通告的事项，文字最多，内容最复杂。常采用分条列项的写法，以做到条理分明，层次清晰。如果内容比较单一，也可采用贯通式写法。

通告的事项部分，因种类不同语言的表达也有所不同。法规性通告所公布的是要求有关单位或个人应当遵守的事项，语气比较严肃、果断，如"依法从重处罚""依法予以取缔""严格执行""不得""制止"等，充分体现了通告的权威性；而知照性通告的语气则比较平和、客气，如"不便之处，敬请谅解"等。

3. 结尾

通告的结尾部分写法比较简单，多采用"本通告自发布之日起实施"或"特此通告"等模式化结语。

（三）签署

通告是张贴公布、内容明确的法规性公文，所以一定要有签署。在正文右下方标注成文日期，并加盖发文机关公章。

三、通告的写作要求

（一）语言简洁客观

通告的用语以叙述为主，简洁客观。由于具有法规性，语气较为果断。

（二）注意甄选适合使用通告的事项

通告是公布性的下行文，它不是上级机关向下级机关行文时使用的普发性下行文，它主要面向某一特定范围内的部门、单位和民众颁布区域性、行业性或暂时性的要求或规定，这些要求或规定通常都涉及具体的事务，一经颁布都必须遵守、执行，所以在陈述时应清晰明确限制和规定的界限。

四、例文阅读与评析

【例文】

关于广州白云国际机场征地拆迁的通告

为确保广州白云国际机场于2001年建成并投入使用，现将广州白云机场项目在白云区范围内征地、拆迁工作的有关事项通告如下：

一、征用白云区人和镇和花都市交界处地段共 14 393 300m^2（折合 21 590 亩，1 亩=666.67 平方米，其中在白云区人和镇需征用约 8 450 亩）土地，作为建设广州白云国际机场项目用地。具体范围以广州市规划局核发的《建设用地规划许可证》（穗规地字〔1998〕第 99 号），以及广州市国土局核发的《建设用地通知书》（穗国土建用通字〔1998〕149 号）划定的范围为准。

二、上述广州白云国际机场建设用地，由白云区人民政府按确定的资金总额总承包该区范围内的征地拆迁工作。白云区人民政府、被征用（收回）土地的所有权人和使用权人应按照广州市国土局房地产管理局颁发的广州市国土局房地产管理局征用土地通告（穗国土征通字〔1998〕112 号）的有关规定执行。

三、被征收（收回）土地的所有权人、使用权人应于 1998 年 9 月 30 日前与白云区人民政府签订征地拆迁补偿协议。逾期未达成协议的，由协议双方核实征用（收回）土地或被征地拆迁建筑物的面积、构造、质量或管线规格等资料，提交有关部门裁决后再办理补偿手续。在解决纠纷期间，可实行先拆迁后解决纠纷的办法，先腾出土地，以保证工程按期施工。先行拆迁的，应做好前期的测绘、拍照、估价等证据保全工作。

四、征地范围内的单位和个人，应顾全大局，积极支持配合国家建设，不得以任何借口阻挠、破坏征地拆迁工作和施工建设的进行。

五、有下列行为之一的，由当地公安部门依照《治安管理处罚条例》进行处罚；涉嫌犯罪的，由司法机关依法追究刑事责任：

（一）阻挠国家工作人员依法执行公务的；

（二）干扰征地拆迁工作或工程施工正常进行的；

（三）造谣惑众、煽动闹事的；

（四）结伙斗殴、寻衅滋事的；

（五）偷窃、抢夺、破坏公共财物的。

六、本通告自颁布之日起施行。

广州市人民政府

一九九八年八月二十日

【评析】

这是一份法规性通告。通告是广州市政府发布的、要求各有关部门配合执行白云国际机场征地拆迁工作的相关规定。

通告的标题由事由加文种的形式组成。正文的开头以一句话简单说明发布通告的目的并以“现将广州白云机场项目在白云区范围内征地、拆迁工作的有关事项通告如下”直接转入对具体告知事项的表述。主体部分明确征地范围内各有关单位和个人应尽的职责，并以强制性的语气规定遵照执行；具体事项采用分条列项的写法，条理分明，层次清晰。结尾部分以“本通告自发布之日起施行”的模式化语句作结，简单明了，又透出一股强制力。行文客观、简洁、果断，是一份典型的法规性通告。

思　考　题

一、什么是通告？它有哪些特点？
二、通告和公告的主要区别是什么？
三、请指出下面通告的主要毛病并进行修改。

关于加强市区犬类管理的通告

（×府告〔2003〕5号）

2003年2月25日

为了预防和控制狂犬病，保障人民群众人身安全，维护社会秩序，保证市区清洁卫生，根据创建省卫生城市的标准要求和《广东省犬类管理规定》（粤府〔1992〕111号），经市政府研究，现就加强市区犬类管理工作通告如下：

一、从2002年12月19日起，严禁一切犬类在市区内大街小巷、公共场所走动，应依规办理有关手续后，在室内圈（栓）养。

二、严格犬类的粪便管理，禁止犬类在室外拉粪便。

三、犬类咬人致伤、致死，除责令立即捕杀外，犬主要按有关规定承担相关责任。

四、要加强对饲养犬类的管理，凡发现犬类上街、到公共场所走动或乱拉犬粪的，公安等有关部门应按有关规定没收该犬或对犬主予以处罚。

××市人民政府
2003年2月25日

第二节　通　　知

一、通知概说

（一）含义

通知适用于发布、传达要求下级机关执行和有关单位周知或者执行的事项，批转、转发公文，任免人员。

（二）特点

1. 适用广泛

通知是使用频率最高的文种之一。它的适用范围非常广泛，无论国家大事或是单位内部的具体事务，都可以通知的形式发布；无论是国家最高领导机关还是基层行政单位，都可根据需要灵活使用。

2. 具有知照性、指令性

通知可用来传达具体事项，使人了解有关情况，起知照作用；也可用于对某些重要工作作指导，使人“知”，且教人“做”；还可用于对下级提出要求，使之贯彻执行。

3. 双重行文方向

在多数情况下，通知是由上级机关发给下级机关，属下行文，但也可以作为平行文发给同级或不相隶属单位。平行文的通知不能带有指令性，只能传达知照性事项。

（三）种类

根据内容和具体目的不同，通知可分为以下三种：

1. 告知性通知

主要用于告知事项、传递信息，具有知照作用。告知性通知又分为事项性通知和会议通知。前者常用于传达有关机构设置与变更、人事任免、印章启用与废除、单位更名等；后者用于召开会议前向有关单位或个人发文。

2. 布置性通知

用于向有关单位下达指示或布置工作。布置性通知可分作两类：一类着重阐明有关事项的指导原则和方针政策，政策性较强；一类偏重于交代具体的工作任务、步骤、办法、要求，有较强的安排性。

3. 发布性通知

用于发布文件或批转、转发公文。这些文件既可以是本机关的，也可以是上级机关、同级机关、下级机关和不相隶属机关的。由于发文单位的不同，此类通知的表现形式也有差别。本机关的文件，可用“颁发”“发布”或“印发”行文，内容较重要的用“颁发”或“发布”，其他用“印发”，上级机关的用“转发”。

二、通知的结构与写法

通知由标题、主送机关、正文、签署四部分构成。

（一）标题

一般情况下，通知的标题有两种形式，一种是完全式，由发文单位、事由、文种三部分构成，使人对通知所涉及的事项或要求有个大致的了解，如《国务院办公厅关于加强对外商投资企业升挂和使用国旗管理的通知》；一种是不完全式，由事由和文种构成，如《关于国庆放假的通知》。若通知的事项须让受文单位尽快知道，可在文种前加“紧急”二字，如：《国务院办公厅关于切实做好灾区救灾防病工作的紧急通知》。

发布性通知的标题比较特别，一般由发文机关、发文方式（颁布、批转、转发）、被发文件标题、文种组成。若被发的是法规性文件，还应给原文件标题加上书名号。被层层转发的公文，标题难免显得冗长、拗口，如《××县人民政府关于转发〈市人民政府关于转发〈省人民政府关于转发〈国务院人事部关于为×××同志恢复名誉的通知〉的通知〉的通知〉的通知》。为使标题简洁、醒目，可对标题进行简化。通常的做法是：①删去前面的“关于”，保留最后一个“关于”；② 转发的文件是通知，要同时删去前面的

“的通知”及书名号，保留后面的文种部分；转发的文件不是通知，删去第一个文种前的“的”，保留原文种；③ 多层转发的公文，可省掉中间过渡的机关，直接转最上级机关的原文。据此，上例标题可简化为《××县人民政府转发国务院人事部关于为×××同志恢复名誉的通知》。

（二）主送机关

主送单位即受文对象，可以是一个或几个甚至所有的有关单位。根据实际情况，可单一称、泛称、递降称。普发性通知可省去主送单位名称。

（三）正文

通知结构较为灵活，可根据内容的不同合理安排，或篇段合一，或分条列项。前者适用于内容单纯的通知，内容较复杂时选用后者。

正文通常由发文缘由、具体事项、执行要求三部分组成。

1. 发文缘由

包括发文的原因、根据和目的。发文原因一般来自两方面：一是上级或本单位领导部门的指示或决定，常见句式有“根据……文件精神”“经……批准”“经……研究决定”等，如本节中第四部分的例文二。二是工作中出现的情况。两者既可单独构成发文原因，也可联合组成发文原因。发文目的一般由“为了……”引出。通知的发文缘由部分一般先写原因、后写目的，对于内容单纯的通知，可略去发文缘由，直接写目的，如本节中第四部分的例文三。发文缘由必须写得简明扼要。

从缘由到具体事项，一般有过渡语，如：“现通知如下”“特作如下通知”等。若文字不多，不需分条列项，也可不用过渡语。

2. 具体事项

这是正文的主体部分，应紧扣缘由写，内容必须明确、具体，切实可行，不可模棱两可，含混不清。事项较多，内容较复杂时，就需分条列项，逐段写出。

3. 执行要求

大多写在结尾处，除篇段合一的通知外，一般要求另起一段写，也可作为具体事项的最后一项单独列项写明。

发布性通知的正文一般由发布语和批示语构成。发布语主要交代文件名称，表明态度，提出要求。如《国务院批转公安部关于解决当前户口管理工作中几个突出问题意见的通知》，第一段：“国务院同意公安部《关于解决当前户口管理工作中几个突出问题的意见》，现转发给你们，请认真研究落实。”这是发布语。明确交代所发布文件的名称，提出了“请认真研究落实”的要求。批示语主要用来强调文件内容的重要性，指导受文单位正确理解和执行。批示语要求紧扣内容，有现实针对性，突出文件主要精神，简明扼要，有分寸。上文的第二段：“解决当前户口管理工作中的突出问题，是密切党和政府与人民群众的关系，维护人民群众切身利益、促进社会稳定的一项重要工作。各级人民政府要高度重视，加强领导，结合本地实际，积极稳妥地把这项工作做好。”这是批示语。进一步强调解决当前户口管理工作中的几个突出问题的重要意义，从工作态度、工作作风等方面对受文单位进行指导。

（四）签署

写发文单位、发文日期并加盖公章。

三、通知的写作要求

（一）明确行文目的

要分清所写的是哪一类通知，准确选用行文格式。以文件格式发通知，只能发给有隶属关系的下级机关。给平级机关或不相隶属机关以通知行文，需用函件格式。如果是机关内部的事务通知，格式可以灵活。明确行文目的，还要确定范围和对象，有针对性地写好通知。

（二）抓住主要内容

通知的种类较多，不同种类的通知有不同的写法，但都要围绕主旨把握好主要内容。

（三）文字表述准确

一是受文单位名称要写清写全，采用规范化的简称。二是事项内容要明确，有关的时间、地点、条件、要求等表述要准确，不能产生歧义，以免误事或造成损失。

四、例文阅读与评析

【例文一】

关于组织开展我校第一批教职工健康疗养活动的通知

广大工［××××］××号

各分工会：

从今年起，学校每年利用寒暑假或周末假日安排一至二次教职工健康疗养活动，争取在5年时间内让每一位在编在岗教职工参加健康疗养活动一次。

今年的健康疗养活动安排，定于10月31日至11月2日，共两晚三天，详细情况参阅《广州大学工会××××年第一批教职工健康疗养活动方案》。请各分工会按照分配名额，做好报名工作，并于10月15日前将本单位参加健康疗养活动报名表书面1份及电子报名表上报学校工会。逾期不再安排，同时名单一经确定不得再变动。

附件：

1. 广州大学工会××××年第一批教职工健康疗养活动方案
2. 广州大学教职工健康疗养名额分配表
3. 广州大学教职工健康疗养人员报名表（由分工会填写）

广州大学工会

×年×月×日

【评析】

这是告知性通知，也是基层单位经常用到的通知。正文第一段是缘由，说明学校的教职工健康疗养计划，也是下面具体事项的根据。第二段是事项，明确具体写明今年的健康疗养活动安排，包括活动时间、名额分配、报名时间等。附件有三份，便于各分工会收到通知后能了解具体方案，并安排人员参加活动。这份通知语言简洁，事项清楚，可作为基层机关单位写通知的范文。

【例文二】

关于开展语言文字规范化示范校创建活动的通知

市语委办［××××］×号

各区（县级市）教育局、语委：

为进一步提升学校语言文字工作的整体水平，推动学校更好地在全社会发挥基础作用和积极影响，根据教育部、国家语委《关于开展语言文字规范化示范校创建活动的意见》（教语用［××××］×号）的精神，广东省教育厅、广东省语委发出了《关于开展语言文字工作示范校创建活动的通知》（粤教语［××××］×号，以下简称《通知》）。开展示范校创建活动，将使《国家通用语言文字法》和国家语言文字方针政策、规范标准在教育系统更广为知晓，各级各类学校形成与教育教学融为一体的语言文字工作机制，广大师生员工的语言文字规范意识普遍增强，学生的语言文字应用能力普遍提高。

现将《通知》印发给你们，各区（县级市）教育局、语委，各级各类学校要对照《广东省语言文字规范化示范校创建标准及实施细则》，制订行之有效的工作计划，积极开展创建活动，确保示范校创建活动健康发展，以优异的成绩争创国家级、省级和市级示范校。

附件：关于开展语言文字规范化示范校创建活动的通知（粤教语［××××］×号）

广州市语言文字工作委员会（盖章）

×年×月×日

【评析】

这是布置性通知。第一段是缘由，指出开展语言文字规范化示范校创建活动的根据，一是国家语委［××××］×号文，二是广东省教育厅、广东省语委［××××］×号文，以及开展语言文字规范化示范校创建活动的目的。第二段是具体事项，即布置在广州市各级各类学校开展语言文字规范化示范校创建活动的工作，并提出要求。事项清楚，要求明确。附件是省教育厅的相关通知，以便受文单位可对照上级文件做好工作。

【例文三】

国务院关于发布《国家行政机关公文处理办法》的通知

国发〔2000〕23号

各省、自治区、直辖市人民政府，国务院各部委、各直属机构：

现发布《国家行政机关公文处理办法》，自2001年1月1日起实行。同时1993年11月21日国务院办公厅发布、1994年1月1日起施行的《国家行政机关公文处理办法》将废止。

中华人民共和国国务院（盖章）

二〇〇〇年八月二十四日

【评析】

这是一则发布性通知。没有缘由部分，直接说明事项。事项一是新的《国家行政机关公文处理办法》什么时候开始实施；二是旧的《国家行政机关公文处理办法》同时废止。行文简洁。

思 考 题

一、通知有哪几种？它们的作用是什么？

二、写作通知要注意哪些问题？

三、指出下面通知的错误并修改。

××县教育局《会议通知》

各中、小学：

根据上级要求，对全县中小学卫生状况进行一次全面大检查。我们拟召开中小学负责人会议，现将有关事项通知如下：

一、会议时间：2015年10月8日在县教育局报到，会期三天。

二、参加会议人员：各中小学校长各一名。

××县教育局

二〇一五年九月二十日

第三节　通　　报

一、通报概说

（一）含义

通报是一种适用于表彰先进、批评错误、传达重要精神或者告知有关情况的公文。

通报的应用比较广泛，可以用于表扬好人好事、新风尚；也可以用于批评错误，总结教训，告诫人们警惕类似问题的发生；还可以用来互通情况，传达重要精神，沟通交流信息，指导推动工作。

（二）特点

1. 典型性

不是任何人和事都可以作为通报的对象来写的。通报的人和事必须具备一定的典型性，能够反映、揭示事物的本质规律，具有广泛的代表性和鲜明的个性。这样的通报发出后，才能使人受到启迪，得到教育。

2. 引导性

无论是表彰性通报、批评性通报还是情况通报，其目的都在于通过典型的人和事引导人们辨别是非，总结经验，吸取教训，弘扬正气，树立新风。

3. 严肃性

通报的内容和形式都是严肃的。由于通报是正式公文，是领导机关为了指导工作，针对真人真事和真实情况制发的，无论是表扬、批评或通报情况，都代表着组织的意见，具有表彰、鼓励或惩戒、警示的作用，因而使用要慎重、严肃。

4. 时效性

通报针对当前工作中出现的情况和问题而发，它的典型性、引导性都是就特定的社会背景而言的。随着客观情况的变化，一件在当时看来具有典型意义的事实，时过境迁，未必仍具有典型性。因此，讲究时效是通报发挥作用的一个重要条件。

（三）种类

根据内容和性质的不同，通报可以分为表彰性通报、批评性通报和情况通报三种。

1. 表彰性通报

用于表彰先进单位或先进个人的通报。它通过介绍先进经验或事迹，树立典型，鼓励先进，弘扬正气，号召大家进行学习，达到教育群众的目的。

2. 批评性通报

用于批评错误或以重大事故警示有关人员的通报。它通过揭露错误事实和不良倾向，分析问题发生的原因，指出造成的严重后果，从而引起有关方面的重视。

3. 情况通报

在一定范围内传达重要精神或情况的通报。它主要是向下级机关传达某种信息、动向或新情况、新问题，以便上情下达，使下级了解全局，自觉地与上级协调一致，从而推动工作的展开。

（四）通报与通告的区别

1. 适用范围不同

通报有收文机关，可以文件形式送达或在报纸上发表，具有全国性普遍意义；而通告没有收文机关，必须在公共场所张贴或报纸上发表。

2. 作用不同

通报用于表彰先进、批评错误、传达重要情况，必须在事后或事情发展过程中制发；而通告用于发布法规和告知人们应该知道的事情，常在事发之前制发。

二、通报的结构与写法

通报一般由标题、主送机关、正文和签署组成。

（一）标题

通报的标题通常有两种写法。一种是由发文机关名称、事由和文种组成，如《国务院办公厅关于对少数地方和单位违反国家规定集资问题的通报》；另一种是由事由和文种构成，如《关于给不顾个人安危勇于救人的王×同志记功表彰的通报》。

此外，有少数通报的标题是在文种前冠以机关单位名称，如《中共×市纪律检查委员会通报》；也有的通报标题只有文种名称。

（二）主送机关

除普发性通报外，其他均应标明主送机关。

（三）正文

通报的正文通常由开头、主体和结尾三部分组成。开头说明通报缘由；主体说明通报决定；结尾提出通报的希望和要求。不同类别的通报，其内容和写法有所不同。

1. 表彰性通报

一般在开头部分概述事件情况，说明通报缘由。由于它是作出通报的依据，因此要求把表彰对象的先进事迹交代清楚。如果属于对一贯表现好的单位或个人进行表彰，事实叙述不但要清楚明白，而且要注意详略得当、重点突出。主体部分通过对先进事迹的客观分析，在阐明所述事件的性质和意义的基础上，写明通报决定。结尾部分明确提出希望和要求，号召大家向先进对象学习。

2. 批评性通报

批评性通报在机关工作中使用得比较多，对一些倾向性问题具有引导、纠正的作用。

批评性通报又分两种情况。一种是对个人的通报批评，其写法和表扬性通报基本一样，要求先写出事实，然后在分析评论的基础上叙写通报决定，最后提出希望和要求，让大家吸取教训，引以为戒。另一种是对国家机关或集体的批评通报。这种通报旨在通过恶性事故的性质、后果，特别是酿成事故的原因的分析，总结教训，从而达到指导工作的目的，所以写法和表扬性通报略有不同。其正文主要包括叙写事实、分析原因、提出要求和改进措施等内容。为了防范和杜绝类似错误的发生，批评性通报结尾通常要有针对性地提出防范措施或规定。

还有的批评性通报，是针对部分地区或单位存在着的同一类问题提出批评的。这类通报，虽然涉及面比较广，但因其错误性质基本相同，所以写法上以概括为主，大体和情况通报相近。

3. 情况通报

情况通报主要起着沟通情况的作用，旨在使下级单位和群众了解面上的情况，以便统一认识，统一步调，推动全局工作的开展。正文主要包括两项内容：通报有关情况，分析并作出结论。具体写法，有的是先谈情况，然后进行分析得出结论；有的是先通过简要分析作出结论，再列举情况，来说明结论的正确性和针对性。总之，写法多样，如何表述可具体情况具体分析，无须强求一律。

（四）签署

在正文右下方标注发文机关和成文时间，并加盖公章。有的在通报标题中已标明发文机关名称，这里可不必再标注。

三、通报的写作要求

（一）通报的内容必须真实

通报的事实，所引的材料，都必须真实无误。在动笔前要认真调查研究，对有关情况和事例要认真进行核对，客观、准确地进行分析、评论。

（二）通报决定要恰如其分

无论哪一种通报，都要做到态度鲜明，分析中肯，评价实事求是，结论公正准确，用语把握分寸。否则通报不但会缺乏说服力，而且有可能产生副作用。

（三）通报的语言要简洁、庄重

表彰性和批评性的通报还应注意用语分寸，不讲空话、套话，不讲过头的话。

四、例文阅读与评析

【例文一】

××市人民政府关于表彰计划生育先进集体和先进工作者的通报

各县（市、区）人民政府，市属各部门：

“十一五”计划期间，我市各级党委、政府和有关部门高度重视计划生育工作，认真贯彻省计划生育条例，切实加强对计划生育工作的领导，全面完成了省下达的“十一五”人口计划和各项计划生育指标任务。××××年度，全市人口出生率降到5%，平均生育率为0.87，低于全国、全省水平。这是全市各级干部、计划生育工作者和全市人民共同努力的结果。为了进一步推动我市计划生育工作的深入开展，市人民政府决定授予××县等三十五个单位“全市计划生育先进集体”光荣称号，授予××等四十五位同志“全市计划生育先进工作者”光荣称号。希望受到表彰的单位和个人，戒骄戒躁，继续努力，为我市计划生育工作向深层次、高质量发展做出新的贡献。

二〇一一年，是“十二五”计划的第一年，各级政府和广大干部要全面贯彻落实好党的十七届四中全会精神，继续把计划生育工作放在更加重要的地位，坚持不懈地抓下去，切实加强领导，坚持按《条例》规定依法管理，大力加强基层基础工作，力争我市“十二五”期间人口出生率控制在5%以内，为实现我市人口控制在四百万以下的目标而努力奋斗。

附：××市计划生育先进集体、先进工作者名单。(略)

××市人民政府（盖章）
×年×月×日

【评析】

这是一份表彰性通报。标题由发文机关名称、事由和文种组成，主送机关是“各县(市、区）人民政府，市属各部门”。通报正文分为两段，第一自然段包括四层意思：其一，是对该市“十一五”计划期间计划生育工作取得的成就进行概述。由于受表彰的是一个群体，这个群体中的每个先进单位和个人的具体事迹都不同，通报不可能一一列举，所以采用了总体概述的写法。其二，肯定了成就的取得是全市各级干部、计划生育工作者和全市人民共同努力的结果，简单而明确。其三，宣布通报表扬的决定。其四，对受表彰单位和个人提出希望和要求。第二自然段提出该市“十二五”计划期间计划生育工作的要求。全篇通报语言简洁、准确、得体，分析客观、中肯，既肯定和表彰了过去的成就，又对未来的工作有指导意义。

【例文二】

国务院办公厅关于××省××市××县擅自停课组织中小学生参加迎送活动的通报

××××年×月×日，××省××市××县举行××高速公路在本县通车仪式，××县主要领导擅自决定，让本县部分中、小学校停课参加通车仪式，近千名中小学生在风雪天等候长达两小时，致使部分中小学生生病，学生家长和群众极为愤慨，致信中央要求坚决制止此类现象。

中小学校依照国家规定建立严格的教育教学秩序，这是教育教学质量的保证，任何单位和个人都不能随意破坏。现在一些地方的个别领导利用自己的权力，动辄调用中小学生为各种会议、考察、参观、访问甚至营业性典礼搞迎送或礼仪活动，有些地方还因此发生了严重的安全事故，造成极恶劣的社会影响。××县发生的问题，不只是一般的形式主义，而是官僚主义，严重脱离群众，此类不良风气必须坚决予以制止。各地区、各部门以及各级领导干部，要高度重视这一问题并从中吸取深刻的教训，切实增强群众观念，杜绝此类事件再度发生。

中小学生是祖国的未来，他们的学习和活动安排，要有利他们的学习和身心健康。今后各地区、各部门都必须严格执行国家的有关法规和规定，不得擅自停课或随意组织中小学生参加各种迎送或“礼仪”活动，如确有必要组织的，须报经省级教育行政部门批准。

国务院办公厅（盖章）
×年×月×日

【评析】

这是一份批评性通报。通报标题由发文机关名称、事由和文种组成，直接反映通报的内容，使人一目了然。由于是普发性通报，没有主送机关。通报全文分为三段。第一段对事件情况作一简单概述，着墨不多，但简约精要，概括得清楚全面。第二段首先指出事件的性质、造成的后果并对这一现象出现的原因进行了客观分析，再摆明态度，要求“各地区、各部门以及各级领导干部”以此为鉴，吸取教训，杜绝类似事件再次发生。第三段提出改进措施。这份通报结构严谨，层次清晰，语言简洁、庄重，是一篇值得学习的通报。

思　考　题

一、什么是通报？通报有什么特点？

二、通告和通报有什么区别？

三、通报的分类有哪几种？

四、请指出下面通报的主要毛病并进行修改。

关于李××的通报

各系、处、室，各班级：

我院××级计算机班学生李××，×年×月×日中午到学院饭堂吃饭的时候，看到排队打饭的人多，就要强行插队打饭，有同学劝他要遵守纪律时，他还大声说：“关你屁事！”一位保安人员走过来劝阻他，他不管三七二十一，拿起饭碗打在保安人员头上，致使那位保安头部受伤。李××的行为引起了在场其他同学的公愤，有人甚至叫嚷要把他拉到派出所去关押起来。

据查，李××平时学习不够刻苦，上学期期末考试有一科仅得61分。

经学院领导研究决定，给予李××记大过一次处分。

希望广大同学以此为戒，努力学习，争取在学年考试中取得好的成绩。

××职业技术学院
×年×月×日

第四节　报　　告

一、报告概说

（一）含义

报告是向上级机关汇报工作，反映情况，答复上级机关询问的公文。

报告是一种广泛使用的公文，通过向上级机关汇报工作、反映情况，答复询问，能为上级机关提供信息，以便了解情况，有助于上级机关作出科学、准确的决策。

（二）特点

1. 客观性

报告一定要做到内容真实、客观。它所汇报、反映的情况，必须实事求是，不得有任何弄虚作假，否则就会直接影响上级机关的决策。

2. 陈述性

为了体现内容的客观性，需要冷静、客观地陈述现实情况。因此，报告最常用的表达方式是叙述和说明，通过交代清楚事情的前因后果、来龙去脉，使上级机关能迅速、全面、准确地掌握有关情况。

（三）种类

1. 按汇报内容的范围分

有综合报告、专题报告。

综合报告，是以汇报工作的全面情况为内容的报告。特点是内容全面，材料丰富，具有宏观性。

专题报告，是对某项工作或情况进行报告。日常工作中专题报告使用较多。

2. 按性质、内容分

有工作报告、情况报告、答询报告等。

工作报告，是以汇报工作的开展情况，或贯彻落实某一政策、指示的情况为内容的报告。

情况报告，是以汇报重要的或突发的情况为内容的报告。

答询报告，是以答复上级机关询问的某一问题或情况为内容的报告。

二、报告的结构与写法

报告一般由标题、主送机关、正文、签署等部分组成。

（一）标题

报告标题有两种写法：一是完全式，由发文机关、事由和文种组成，如《山西省人民政府关于杏儿沟煤矿“8·12”特大瓦斯爆炸等三起事故的检查报告》。二是不完全式，省略发文机关，由事由和文种组成，如《关于我校工会干部有关待遇的报告》。

（二）主送机关

报告的主送机关一般是一个，即报告要汇报的事项的主管部门。

（三）正文

报告的正文一般包括前言、主体、结语等几部分。

1. 前言

报告一般篇幅较长，为了方便阅读，常有前言部分。前言或概括内容，提出观点，或说明原因、目的，或交代报告产生的现实背景。

2. 主体

主要写报告事项，要围绕报告的目的和主旨陈述基本事实。如果是工作报告，应先写工作的基本情况，然后写成绩和做法及效果，最后写存在的问题和今后的工作设想。如果是情况报告，应先陈述事实，如事情发生的时间、地点、人物、过程等，然后分析原因，对事情的认识和处理，最后写解决措施。如果是答询报告，应先扼要叙述上级机关询问的问题或交办的工作，然后写对这些问题或工作处理的过程，包括所采取的办法和措施，以及在处理问题中需进一步陈述的事项等，最后写处理结果。

如果报告内容较多，可采用分条列项的方式写。无论哪种方式，报告的内容都要突出重点，恰当安排层次，体现一定的逻辑性。

3. 结语

反映情况的报告，结语常用“特（专）此报告”“以上报告当否，请指示”。汇报工作的报告，可以用“以上报告，请审阅”。答复询问的报告常用“特（专）此报告”。有的报告也可以不使用结语。

（四）签署

写发文单位和成文时间。

三、报告的写作要求

（一）材料要确凿

写报告的目的是为了让上级机关了解情况，以便制订政策、作出决断和处理问题，因此，报告所反映的情况、提供的数字等材料要严格核实，不能弄虚作假。

（二）立意要新

写报告，要对材料进行研究、分析，从不同的角度提炼新的观点，才能反映某项工作的特点。立意新的报告才有价值和意义。

（三）不夹带请示事项

报告和请示是两种不同的文种。报告是向上级机关反映情况、汇报问题，上级机关不一定作答复，而请示是需要上级机关批复的。

四、例文阅读与评析

【例文】

关于新丰县质量技术监督局“2·29”
违规执法事件处理情况的报告

省人民政府治理公路“三乱”督察队、省质量技术监督局：

2月29日，新丰县质量技术监督局发生违规违法事件后，根据省质量技术监督局领导的指示，3月1日至4日，我局局长×××带领调查组两赴新丰，会同以省局×××副局长为组长的调查组和新丰县纪委联合对此事件进行了详细调查。通过四天的调查，查明了新丰县质量技术监督局在办理小镇派出所移送的行为人为生产销售假冒伪劣产品提供运输服务案件过程中违规执法的事实。

经查，2月29日该局在办理“×××为生产销售假冒伪劣产品提供运输服务”一案中，缺乏对涉案物品的真假鉴别程序，证据收集不齐全，案件承办人×××、×××更是违反国家质量技术监督局“五公开、十不准”的规定，在非办公场所（酒楼）与行政相对人接触，随意改变局案审委员会决定，收取罚款不出具票据，未经审批擅自解封被封存扣押物品，严重违反了《行政处罚法》和《技术监督行政案件办理程序》。

此外，自去年10月3日以来，该局还办理了小镇派出所移送的同类案件5宗，也存在各种违规现象。

3月6日，我局收到粤府督（通）字［××××］1号督察通知后，局党组根据省政府治理“三乱”督察队的指示精神及查明的事实，对这一事件进行了讨论，认为：新丰县质量技术监督局执法工作内容管理较差，放松了对执法人员的政治思想教育和业务能力的培养，行政执法水平低，导致了“2·29”违规执法事件的发生，在社会上造成了极其恶劣的影响。这起严重的违法违纪行为，性质特别严重，影响极坏，应该严肃处理。结合新丰县纪委对有关责任人的党纪处分意见，经局党组研究，对此次事件的当事人和有关责任人作出如下行政处分决定：

一、给予局长×××同志行政记过处分。

二、给予负有直接领导责任的该局副局长×××同志撤销副局长职务的处分。

三、给予主要责任人×××同志撤销稽查队副队长职务的处分。

四、给予直接责任人×××同志行政警告处分。

收缴以上三位同志行政执法证件，停止行政执法工作。

局党组认为，作为上级主管部门，我局在垂直管理体制实施之初，对新丰县的行政执法工作疏于管理，对行政执法人员也缺乏有效的监督、教育、培训。我们要从此案中吸取教训，制订措施，进行整改。具体整改措施如下：

一、对新丰县局办理的其他五宗违规案件继续进行调查，对发现的问题及时予以纠正，对违纪、违规的责任人要严肃处理，决不姑息。

二、责成新丰县局立即进行行业作风整顿，深刻检讨错误根源，建章立制，并将整顿情况和检讨书面向市局、新丰县纪委报告。

三、在3月6日下午市局召开的“三讲”教育动员会上，将此事件进行了通报，把对全市质量技术监督行政执法工作的整改贯穿于“三讲”教育之中，使“三讲”教育落到实处，收到实效。

四、结合省局下发的《关于进一步加强依法行政提高行政执法水平的紧急通知》精神，要求市辖八个县（市）局通过这起事件举一反三，自查自纠去年四季度以来所办的行政案件的规范性，加强行政执法工作的管理，杜绝此类事件发生。

五、近期在全市质量技术监督系统内分层次、分期分批举办执法人员培训班，并把新丰“2·29”事件作为典型案例剖析，提高行政执法整体水平。培训对象为各局局长及分管行政执法的副局长、稽查队长、稽查队员。

以上报告当否，请指示。

广东省韶关市质量技术监督局（盖章）

××××年三月九日

【评析】

这是一份情况报告。因为省政府治理公路“三乱”督察队发出“督察通知书”，要求查明情况，故韶关市质量技术监督局对违规事件进行调查和处理，查处情况要上报。省督察队是这起事件的主办负责机关，省质量技术监督局是韶关市质量技术监督局的业务主管机关，因此这份报告有两个主送机关。

报告前言交代报告产生的背景和根据。主体先写对案件的调查情况及认识，然后写对当事人、责任人的处分，最后是整改措施。报告结构清晰，各部分表述清楚，有利于上级机关对整个事件过程及处理情况的了解。

思　考　题

一、报告包括哪些种类？

二、报告的前言要写哪些内容？

三、要写好报告的主体，需注意什么问题？

四、阅读下面的报告并回答问题。

关于我校工会干部有关待遇的报告

市总工会：

×月×日函悉。现将我校工会干部有关待遇报告如下：

一、我校基层工会主席由教师兼任，每年减免工作量40学时。

二、部门工会主席任职期间享受本单位行政副职待遇，由教师担任的每年减免工作量30学时。

三、校工会委员任职期间减免工作量30学时；部门工会委员每年减免工作量15学时。

专此报告。

××大学工会

××××年×月×日

问题

1. 这是什么报告？
2. 前言写的是什么？
3. 主体结构采用什么方式？

第五节 请　示

一、请示概说

（一）含义

请示是下级机关向上级机关请求指示、批准的公文，是下级机关在公务活动中，遇到自己无权决定、无力办理，或不能解决的事情，需得到上级机关的批准、指示后才能去做的时候，用来向上级机关提出请求的文种。请示的目的是希望得到上级的答复。

（二）特点

1. 事前行文

请示一定要在请示事项开始实施之前行文，得到上级机关的答复之后才能开展该项工作，不可“先斩后奏”或“边斩边奏”。

2. 一文一事

切忌在一篇请示中同时请示若干个问题。“一文一事”能提高办事效率，有利于及时解决问题。

（三）种类

根据目的的不同，请示主要分为请求批准的请示和请求指示的请示。

1. 请求批准的请示

用于请求上级机关对有关问题、事项进行审核、认可、批准；或请求上级机关给予人员、资金、物资等方面的支持。本节中例文一是请求批准办学的请示。

2. 请求指示的请示

当下级机关对有关政策、方针、法规制度不甚理解，或在工作中遇到特殊情况，无法执行现行的规定时，可以行文向上级机关请求指示。本节中例文二是请求上级机关指示在交通肇事中是否给予被害人家属抚恤的问题。

（四）请示和报告辨析

请示和报告都是上行文，它们的区别主要有以下几方面。

1. 行文目的不同

请示是向上级机关请求指示、批准，目的是要求上级机关答复，上级机关也一定会给予答复。报告是向上级机关汇报工作，反映情况，答复上级机关的询问，目的是让上级机关了解、掌握情况，不要求上级机关答复，上级机关一般也不会给予答复。

2. 主送机关数量可以不同

请示只能写一个主送机关。报告可以在遇到灾情、疫情等紧急情况需多级领导机关尽快知道时写多个主送机关。

3. 内容不同

请示必须一文一事，问题单一，篇幅较短，一般只写请示的事项及有关问题，不写工作过程和具体情况，具有请求的性质。报告一般内容较多，篇幅较长，侧重于概括陈述情况，总结经验教训，具有陈述性质。报告不能有请示的内容。

4. 结语不同

请示不能省略结语。报告可以省略结语。

5. 行文时间不同

请示必须事前行文。报告没有严格的时间限制，通常是在事后行文。

二、请示的结构与写法

请示由标题、主送机关、正文、签署四部分组成。

（一）标题

请示的标题有下面两种写法。一是完全式标题，由发文机关、事由、文种组成，如《××省人民政府关于××市高庄矿务局二矿“8·24”特别重大瓦斯煤尘爆炸事故处理意见的请示》。二是省略式标题，由事由和文种组成，如《关于丹霞山风景名胜区列为国家重点风景名胜区的请示》。请示的标题一般采用省略式，这和其他公文略有区别。

（二）主送机关

请示的主送机关只有一个，即请示事项的主管部门，不可多头主送，也不可越级请示，否则就会影响公文办理的效率，欲速不达。

（三）正文

请示的正文，通常由缘由、事项、结语三部分组成。

1. 缘由

即请示的理由或依据，位于正文的开头，是正文的重要构成部分。缘由部分要抓住实质、切中要害、实事求是、言之有据、说明充分，切不可泛泛而谈，主次不分，这是关系到请示事项能否得到上级部门的指示、批准的重要组成部分。如本节中例文一，从两方面说明要办体育学校的理由。

2. 事项

即请求上级批准、指示的具体事项，这也是正文的关键部分。请示事项要具体明确，切忌笼统含糊。如本节中例文二，把在对交通肇事致被害人死亡时是否给予被害人家属抚恤的问题的两种不同意见逐一写明，为上级机关作批复提供了便利。

从缘由到事项一般需要过渡，常用的过渡语有“为此”“鉴于……”等。

3. 结语

即请求上级给予答复的用语，也是正文结束的标志。常用的有：“以上意见当否，请批复。”“请予审批。”“以上问题，请裁示。”“以上请示，请批复。”“以上请示，是否妥当（当否、妥否、可否），请批复（批准、批示、指示、审批）。”等，不宜使用“请即从速批复”之类的话语。

(四) 签署

写发文机关和发文时间。若标题省略了发文机关，则此处必须注明。

三、请示的写作要求

(一) 遵循“一文一事”的原则

一份请示只能写一件事情。如果确有若干事项需要同时向同一上级机关请示，应同时写若干份请示，各自都是独立的文件，有不同的发文字号和标题。

(二) 请示的理由要充分

需请示的问题或事项，要言之有据，言之有理，具有说服力。

(三) 不越级请示

一般情况下，请示不得越级行文。如因特殊情况或紧急事项，须越级行文时，应将请示同时抄送越过的上级机关，由主送机关答复请示事项。

四、例文阅读与评析

【例文一】

××市人民政府关于建立××市体育学校的请示

××省人民政府：

我市体育事业在省委、省政府的关怀下，有了一定发展，在开展群众性体育活动，提高运动技术水平方面取得了一些成绩。但是，近年来我市运动技术水平与兄弟地、市相比有下降趋势，原因之一是我市体育师资严重缺乏。全市有中小学5 636所，有体育教师1 600人，其中学过体育专业的只有286人，这种状况已影响到基础体育教学。此外，我市重点业余体校毕业生的出路问题不能解决，不仅造成了体育人才的大量外流，而且严重影响了这所体校的招生，使重点业余体校日渐失去生机与活力。这些问题的存在，对全面提高我市的体育教育质量，为国家培养和输送优秀人才，产生了十分不利的影响。

鉴于上述情况，我们认为，我市急需建立一所以培养体育师资和优秀运动员为目标的体育学校，因此，拟将市重点业余体校改办成中等专业性质的体育学校。具体办学意见如下：

一、学校名称（略）

二、学校及课程设置（略）

三、招生对象及规模（略）

四、场地设施（略）

五、师资（略）

六、经费（略）

以上请示妥否，请批示。

××市人民政府（盖章）

×年×月×日

【评析】

这是请求批准的请示。请示事项是“拟将市重点业余体校改办成中等专业性质的体育学校”。为何要建体育学校，文章从两方面说明理由：一是“我市体育师资严重缺乏”，“已影响到基础体育教学”，并用数字来说明问题的严重性；二是“我市重点业余体校毕业生的出路问题不能解决，不仅造成了体育人才的大量外流，而且严重影响了这所体校的招生，使重点业余体校日渐失去生机与活力。”请示的理由充分。这份请示还有具体的办学意见，这样可以让上级机关了解拟办的学校各方面的情况，供上级机关答复时参考。全文结构完整，理由充分，事项明确，语言清晰。

【例文二】

关于交通肇事是否给予被害人家属抚恤问题的请示

最高人民法院：

据我省××县人民法院报告，他们对交通肇事致被害人死亡是否给予被害人家属抚恤的问题有不同的意见。一种意见认为，被害人若是有劳动能力的人，并遗有家属要抚养的，给予抚恤。另一种意见认为，只要不是由被害人自己的过失所引起的死亡事故，不管被害人有无劳动能力，都应酌情给予抚恤。我们同意后一种意见。几年来的实践经验证明，这样做有利于安抚死者家属。

以上意见是否妥当，请指示。

××省高级人民法院（盖章）

×年×月×日

【评析】

这是请求指示的请示。开头以“据……报告”作为请示的背景和依据。然后对交通肇事致被害人死亡是否给予其家属抚恤的问题提出两种不同意见，同时表明本单位的倾向，并请求上级机关给予指示，这是请示的事项。这份请示语言简洁、明确，不但交代了两种不同的意见，而且表明了自己的观点，以及这种观点在几年的实践中的效果，寥寥数语，就将请示的内容表述得清楚明白。

思　考　题

一、请示和报告有什么区别？为什么不能用“请示报告”？
二、请示的正文由哪几部分组成？有什么写作要求？
三、指出下文存在的问题并进行修改。

××厂关于维修办公楼的报告

××公司：

我厂办公楼是30多年前建造的。由于年久失修，多处墙体开裂，并发生渗水现象，最近经房管部门鉴定为危楼，急需维修。据了解，维修费需15万元。由于我厂去年效益欠佳，只能自筹5万元，还缺10万元。另外，为了活跃职工业余生活，我厂决定修建一个羽毛球场，需款2万元。两项共计17万元，请公司一并拨款解决。

××厂
×年×月×日

第六节　函

一、函的概说

（一）含义

函是一种适用于不相隶属机关之间商洽工作、询问和答复问题，或请求批准和答复审批事项的公文。

函作为公文中唯一的一种平行文种，其适用的范围相当广泛。在行文方向上，不仅可以在平行机关之间行文，而且可以在不相隶属的机关之间行文，其中包括上级机关或者下级机关行文。在适用的内容方面，它除了主要用于不相隶属机关相互商洽工作、询问和答复问题外，也可以向有关主管部门请求批准事项，向上级机关询问具体事项，还可以用于上级机关答复下级机关的询问或请求批准事项，以及上级机关催办下级机关有关事宜，如要求下级机关函报报表、材料、统计数字等。此外，函有时还可用于上级机关对某份原发文件作较小的补充或更正。不过这种情况并不多见。

（二）特点

1. 沟通性

函对于不相隶属机关之间商洽工作、询问和答复问题，起着沟通作用，充分显示平行文种的功能，这是其他公文所不具备的特点。

2. 灵活性

函的灵活性表现在两个方面：一是行文关系灵活。函是平行公文，但是它除了平行行文外，还可以向上行文或向下行文，没有其他文种那样严格的特殊行文关系的限制。二是格式灵活，除了国家高级机关的主要函必须按照公文的格式、行文要求行文外，其他一般函，比较灵活方便，可以有文头版，也可以没有文头版，不编发文字号，甚至可以不拟标题。

3. 单一性

函的主体内容应该具备单一性的特点，一份函只宜写一件事项。

（三）种类

函的分类方法很多。根据函的内容和作用来看，可分为以下几种。

1. 告知函

即把某一事项、活动函告对方，或请对方参加（如会议、集体活动）。这种函的内容和作用类似通知，只是由于双方不是上下级或业务指导关系，使用通知行文不妥，故应该用函。

2. 商洽函

主要用于请求协助、支持、商洽解决办理某一问题。比如干部商调函、联系参观学习函、要求赔偿函等。

3. 询问函

主要用于询问某一事项、征求意见、催交货物等。

4. 答复函

主要在答复不相隶属机关询问相关方针、政策等问题而不能用批复时使用。

5. 请求批准函

主要是指向不相隶属的有关机关、部门请求批准时使用。如果是下级机关向上级机关请求批准，只能用请示，而不能用函。

二、函的结构与写法

函的结构由标题、主送机关、正文、签署几部分组成。

（一）标题

函的标题有三种写法：一是完全式标题，由发函机关、事由和文种组成，如《××部关于选择出国人员的函》；二是由发函机关、事由、受理机关和文种组成，如《国务院办公厅关于悬挂国旗等问题给湖北省人民政府办公厅的复函》；三是由事由和文种组成，如《关于订购〈基础写作学〉的函》。

（二）主送机关

函的主送机关即收函单位名称，要写全称。函一般只有一个主送机关。

（三）正文

根据去函、复函的不同，正文的写法也有区别。

1. 去函

主要用于与有关单位商洽工作、询问有关问题或向有关部门请求批准等，其行文是主动的。这种函一般包括缘由、事项和结尾三个部分。缘由部分简述行文目的、发函根据或交待就某事进行商洽的背景。事项部分一般须把所商洽的工作、询问的问题或请求批准的事项具体写清楚。如果内容较多，要采用分条列项的写法，使之条理分明。结尾部分常使用规范化结语，如："请研究函复""请函复""盼复"或"以上意见当否，请复函"等。

2. 复函

复函是用于答复商洽、询问的问题或批准有关单位的请求事项。这种函的行文一般是被动的，具有很强的针对性。复函的正文包括缘由、答复、结尾三部分。缘由部分要针对来函内容写收函情况，然后用"经研究，函复如下"过渡到下文。答复部分是复函的主体，要根据来函的内容做出具体的答复。答复时一定要注意分寸，不得违背政策界限，结尾可写上"此复"或"特此函复"等规范化结语，也可以不写。

（四）签署

在正文右下方标注发文机关名称、成文日期，并加盖发文机关公章。

三、函的写作要求

（一）内容要有针对性

函有鲜明的针对性。主要表现在：一是紧紧围绕函中所提出的问题和公务事项来写。二是往来机关应当与函中所提出的问题和公务事项相称。也就是，函中所提出的问题和公务事项应该是函往来机关有可能解决的。三是除特殊情况外，应坚持一函一事。

（二）用语掌握分寸感

函的用语，力求平和礼貌，特别忌讳命令语气，但是也不能为了谋求问题解决，极尽恭维逢迎之能事。

（三）行文应开门见山

无论是来函还是复函，在写作中都应该开门见山，直奔主题，力戒漫无边际、故意绕弯子，忌讳那些不必要的客套，尽量少讲空泛抽象的大道理。

四、例文阅读与评析

【例文一】

关于鄂穗两地携手联合打捞"中山舰"的函

湖北省人民政府：

现沉于长江金口赤矶山江底的"中山舰"，是中国现代革命史上的重要历史文物，尽快将其打捞、修复和陈列展览，是海内外同胞的共同心声。"中山舰"是重要的革命历史文物。该舰1938年参加"保卫大武汉会战"时被日军炸沉。尽快打捞"中山舰"，使其重展英姿，是一件深得海内外同胞和两岸有识之士拥戴的义举。这对于充实完善中国现代革命史文物，并重现其历史价值，加强爱国主义教育和革命传统教育，增强整个中华民族的凝聚力和向心力，改善两岸关系，促进台湾回归祖国大业的早日实现，都具有重要的意义和作用。

由于"中山舰"在广州的时间长达21年，且围绕"中山舰"的几次主要历史事件都发生在广州，因此，“中山舰”是把广州建设成为中国现代革命史教育基地，向广州、全国乃至海内外同胞进行爱国主义教育和革命传统教育不可缺少的文物。近几年来，广东省、广州市人大、政协、民革，黄埔军校同学会中的不少代表、委员、成员，各界有关专家学者、人民群众，以及港澳台同胞、海外华侨、华人，纷纷向广州市政府来电来函，希望广州市政府主动与贵省联系一起尽快组织打捞“中山舰”，并进行修复和陈列。为此，我们经过认真研究，提出由两地政府本着相互合作、相互支持的态度，协商联合打捞、修复、展出的办法和有关问题。

专此函达，请答复。

广州市人民政府（盖章）

×年×月×日

【评析】

这是一份商洽函。标题由事由和文种组成。这是由广州市政府去函湖北省政府协商关于组织打捞“中山舰”问题的函件。正文部分分为两段，第一段开门见山地阐明了去函的缘由，接着阐述“中山舰”的历史及现实意义和作用。第二段进一步说明了“中山舰”打捞工作的重大意义和迫切性，最后提出“由两地政府本着相互合作、相互支持的态度，协商联合打捞、修复、展出的办法和有关问题”。结尾部分以去函的规范式语句“专此函达，请答复”作结。这份函结构紧凑，内容完整，行文流畅；语言平易简洁，语气平和诚恳，表达了对结果的殷切期盼。

【例文二】

国务院办公厅关于安徽合肥经济技术开发区的复函

国办函〔2000〕16号

安徽省人民政府：

你省《关于要求批准合肥经济技术开发区为国家级经济技术开发区的请示》（皖政秘〔1999〕138号）收悉。经国务院领导同意，现函复如下：

一、同意合肥经济技术开发区为国家经济技术开发区，实行现行的国家经济技术开发区的政策。

二、合肥经济技术开发区位于合肥市南郊，东以始信路、耕耘路、清潭路为界，西至合安公路、石门路、高压走廊、锦绣大道、合安公路，南至紫蓬路，北至繁华大道、明珠广场，规划范围总用地9.85平方公里。

三、合肥经济技术开发区的建设和发展，纳入合肥市经济技术发展总体规划，建设发展资金由你省自筹解决。

四、合肥经济技术开发区要坚持以工业项目为主、吸收外资为主、出口为主和坚持发展高新技术的方针，积极改善投资环境，逐步完善综合服务功能。

五、要加强领导和管理，促进合肥经济技术开发区各项工作的健康发展。

国务院办公厅
二〇〇〇年二月十三日

【评析】

这是一份答复函。这份函是国务院办公厅对安徽省政府的有关请示的复函。根据行政公文的行文规则，国务院办公厅与安徽省政府是平级关系，只能以函的形式行文。正文开头简单明了地一笔带过安徽省的请示，并以“经国务院领导同意，现函复如下”，直接过渡到答复事项部分。答复事项部分根据请示内容采用分条列项的形式，条理清楚，简洁明确。第一条同意合肥经济开发区为国家经济技术开发区，并实行现行的国家经济建设开发区政策；第二条进一步明确开发区的具体范围；第三、四条对开发区的发展建设作补充性规定，并在第五条对当地政府提出意见。正文的答复事项完成后直接结尾，干脆利落。该函具有鲜明的针对性，内容简洁明了；行文利索，开门见山；直截了当，要言不烦。

思　考　题

一、什么叫函？函可分为几种？

二、函有哪些特点？

三、以下是一份商洽函，请指出主要毛病并加以修改。

××国营林果场：

兹有我校林果专业学生毕业实习即将开始。经研究分配××届三班学生到贵场实习，望能妥善安排。

可否，请速回音。

××县××农业学校
×年×月×日

第七节　纪　　要

一、纪要概说

（一）含义

纪要是记载、传达会议情况及议定事项的公文。它是根据会议的宗旨，按照会议记录、会议文件材料和会议的活动情况综合加工整理而成的反映会议基本情况和主要精神的纪实性文件。

纪要的主要作用是上呈下达会议精神，交流情况，指导工作。因此它的行文方向可以上行、下行和平行，非常灵活。

（二）特点

1. 纪实性

纪要是记载会议基本情况和主要精神的，它必须据实写作。会议未涉及的问题不能写；会议在研究问题时如果意见不一致，应写多数人的意见，或者把几种意见都写上，不允许凭空杜撰。纪实性是会议纪要的生命。

2. 纪要性

纪要不是把会议中涉及的所有问题无一遗漏地写出来，而是要围绕会议主旨整理、提炼、概括会议内容，反映会议主要成果。对会议议定的主要事项、主要精神，要简明扼要地表达出来，突出重点，切忌面面俱到，堆砌材料。

3. 约束性

纪要一经下发，便要求与会单位和有关人员遵守和执行。在这一点上，与决议基本一致，只不过比决议的规定性、严肃性程度低些。

（三）种类

根据内容和用途，纪要可以分为办公会议纪要、工作会议纪要和讨论会议纪要。

1. 办公会议纪要

用于机关、单位的领导成员定期召开、形成惯例的会议，研究机关、单位的工作安排和进度，或对某些问题提出处理意见。一般是内部文件。

2. 工作会议纪要

一般用于范围较大、较重要的会议，如全国、全省或全市性的工作会议，或重要领导机关的联席会议。它具有明显的指示和指导作用。

3. 讨论会议纪要

用于学术研讨会、理论研讨会、座谈会、协商会等。它记载会议座谈和讨论的情况，反映与会者对议题的认识等。

二、纪要的结构与写法

纪要一般由标题、正文和签署三部分组成。

（一）标题

纪要的标题有三种写法：一是由机关名称或会议名称加文种组成，如《中国美术家协会书记处会议纪要》；二是由会议内容加文种组成，如《关于解决我市停车难问题的会议纪要》；三是正副标题法，如《对比反映差距　差距说明潜力——××市六个棉纺织厂厂长座谈纪要》。

（二）正文

纪要的正文一般包括三部分。

1. 开头

介绍会议的基本情况，包括会议召开的时间、地点、主持单位（人）、与会人员及会议的议题等。有的还可以写会议程序或概述会议总的情况。开头要求简明扼要，不拖泥带水。

2. 主体

这是纪要的核心部分，要围绕会议议题充分地写出会议的主要情况、研究的问题、做出的决定性意见和解决问题的措施等。对会议的主要情况，要写明会议主要做了什么事，要求尽量简要精炼。对会议的主要精神，要概括出与会人员对会议议题的主要看法。写作时一般采取综合反映的办法，把会议的主要精神高度概括，准确无误地反映出来。会议议定的事项可根据内容确定写法，内容较多的采取分条列项的写法，力求做到条理清楚、具体明确。

3. 结尾

写会议号召，或突出会议的意义，还可写明主办单位对贯彻会议精神的一些要求。但许多纪要没有这一部分，在主体部分把主要事项列清楚就直接结束，这样显得简洁、干脆、利索。

纪要正文的写作常常使用一些专用语句，如“会议听取了”“会议讨论了”“会议指出”或“会议认为”“会议要求”“会议强调”等，在行文中要按照纪要的实际情况恰当地加以使用。

（三）签署

成文日期可标注在文末的右下方，也可标注在标题下方。不需加盖公章。

三、纪要的写作要求

（一）要素齐全

会议的时间、地点、主持人（或主持单位）、参加人（代表或单位）、议题、决议六要素要齐全，不能缺漏。

（二）内容客观真实

要真实地反映出会议的情况和与会者的观点，不能主观臆断。

（三）突出重点

要突出中心议题，写出会议的要点。

（四）结构清晰、语言准确

要注意条理清晰，使人一目了然。语言要准确简洁，注意习惯语的使用。

（五）须主管领导签发

纪要写完后，必须经主管领导过目，同意签发，加盖公章，才能形成文件。

四、例文阅读与评析

【例文】

关于协调解决沙面大街56号首层房屋使用权问题的会议纪要

××××年2月2日上午，市政府办公厅×××主任在市政府1号楼1106会议室主持召开会议，协调解决沙面大街56号首层房屋使用权问题。参加会议的有省政府办公厅交际处、广东胜利宾馆、市商委、市国土房管局、二商局、市外轮供应公司等有关部门的负责同志。

会议认为，沙面大街56号首层房屋使用权的问题，是在过去计划经济和行政决定下形成的历史遗留问题。早几年曾多次协调，虽有进展，但未有结果。最近，按照省、市领导同志“向前看”“了却这笔历史旧账”的批示精神，在办公厅的协调下，双方本着尊重历史、面对现实、互谅互让的原则，合情合理地提出解决这宗矛盾的方案。经过协商、讨论，双方达成了一致的认识。会议决定如下事项：

一、市外轮供应公司应将沙面大街56号房屋的使用权交给胜利宾馆。

二、考虑到市外轮供应公司在56号经营了30多年，已投入了不少资金，退出后，办公地方暂时难以解决，决定给予其商品损耗费、固定资产投资和搬迁费等一次性补偿费用共95万元。其中省政府办公厅和广东胜利宾馆负责80万元；考虑到省政府领导曾多次过问此事和省、市关系，另15万元由广州市政府支持补助。

三、省政府办公厅和胜利宾馆的补偿款于××××年2月7日前划拨给市外轮供应公司；市政府的补助款于3月5日左右划拨；市外轮供应公司应于2月15日开始搬迁，2月20日前搬迁完毕并移交钥匙。

四、市外轮供应公司原搭建的楼阁按房管部门规定不能拆迁。空调和电话等若2月20日前搬迁不了的，由胜利宾馆协助做好善后工作。

会议强调，双方在房屋使用权移交中要各自做好本单位干部群众的工作，团结协作，增进友谊，保证移交工作顺利进行。

×年×月×日

【评析】

这是一份工作会议纪要，具有明显的指示和指导作用。纪要的标题采用会议内容加文种的形式。正文的开头介绍了会议进行的时间、地点、主持人、参会人员、会议议题等，简明扼要，清晰明了。正文的主体部分首先采取综合反映的办法，概括了沙面大街56号首层房屋使用权问题的由来及解决问题的原则，简要精练；对会议作出的决定性意见采取分条列项的写法，明确各单位职责，做到条理清晰，具体明确。正文的结尾部分强调贯彻会议精神的一些要求，要求与会各单位各负其责，保证问题的顺利解决。这份会议纪要突出了会议的主要精神和决议，语言简明扼要，交代事情条理清楚，不拖泥带水，突出体现了会议纪要的特点。

思　考　题

一、什么是纪要？纪要有什么特点？

二、纪要的写作要注意哪些问题？

三、下面是一份纪要稿，请指出其存在的问题并加以修改。

××市税务局市场征收工作经验交流大会纪要

××××年5月29日，××市税务局召开了“市场征收工作经验交流大会”，×××副局长对去年6月1日农贸市场实行征税以来的工作进行了回顾总结，部署了今后的工作。

×副局长在总结中指出，在各级党政领导重视支持和有关部门的密切配合下，经过广大税务专管员的努力，一年来征税×××万余元，市场物价基本稳定，摊位、品种并未减少，“管而不死”的方针得到了贯彻，在税收工作上取得了不少成绩。

一、运用税收经济杠杆，加强税收管理。在包含合法经营、打击和限制投机违法活动方面发挥了积极的作用，如××区税务分局×税务所，从宣传着手，提高商贩的遵纪守法的观念；从检查着手，促使商贩正确申报；从管理入手，做到十足收齐。

二、初步摸索、积累了一些行之有效的征收管理办法。如××区税务分局与工商局密切配合，思想上统一认识，管理上统一步调，处理上统一行动，通过一年实践，证明这样做有利于加强市场征收工作。

三、在培养、锻炼新生力量方面迈出了可喜的一步。据统计，一年来拒腐蚀的事例共有289起，不少分局摸索、总结了一些培养干部的经验，××区税务分局第三税务所在大会上介绍了他们“晓之以理，导之以行，抓紧队伍”的做法，就是这些经验的代表。

×副局长还号召市场税务专管员向一年来立功受奖的同志学习，拒腐蚀，永不沾。只有思想上筑起一道防线，方能在种种糖弹面前立于不败之地。

最后，×副局长要求各单位进一步加强市场专管员队伍建设，在政治思想、业务水平、工作经验上都有一个新提高；认真贯彻市委18号文件，密切与其他部门的配合，把整顿市场秩序的工作做好。

第五章　公关应用文

第一节　条　　据

一、条据概说

（一）含义

条据是写条人交给对方的一种书面凭据。

（二）种类

1. 说明性条据

也叫便条，如请假条、意见条、留言条等。这类条据只起说明、告知的作用，不具备法律效力。

2. 凭证式条据

也叫单据，如收据、借条、欠条、领条等。这类条据有明显的凭证性特点，具有法律效力，也即人们常说的“口说无凭，立字为据”。

二、条据的结构与写法

条据结构一般包括标题、称呼、正文、结尾、签署等部分。

（一）标题

标题由表明条据性质的词和“条（据）”组成，即条据的名称，位置居中，如：借条、请假条。

（二）称呼

标题下方空一行，顶格写。说明性条据一般要有称呼，凭证式条据一般不需要称呼。根据收条人身份、年龄、职务的不同使用不同的称呼，如“王院长”“李先生”“张老师”等。

（三）正文

1. 说明性条据

把要说明的事项写清楚，包括原因、时间等。如留言条：“今天上午来拜访您，恰逢您外出，我们明天下午三点再来。如您有事，请电话告知，再另约时间。电话：××××××××。”

2. 凭证式条据

首先写明条据的性质、关系，如“今收到”“今借到”等，然后写明钱、物的名称、数量、用途、归期等。如领条："今领到学院办公室发给的本学期办公用品：签字笔拾支，笔记本五本，打印纸三包。"

（四）结尾

另起一行。说明性条据中的请假条写"特此请假"，或"请批准"，其他的可无结尾。凭证式条据一般写"此据"。

（五）签署

在结尾右下方写上写条人的姓名，如果是单位，要写明经手人姓名。署名下方写年、月、日。留言条一般不写年月，但要写时、分。如：小李 7 日下午 3 时。

三、条据的写作要求

（一）内容清楚、表达准确

条据的各项内容要写清楚，不要遗漏。语言表达要准确严密，不能有歧义，以免将来产生矛盾。如"今还欠款肆仟元"，"还"是多音字，可读 hái，也可读 huán。读 hái，就是还有肆仟元未归还；读 huán，则是已归还肆仟元，两种读法意义截然不同。

（二）数字书写要规范

凭证式条据的数字书写用中文数字大写，不要用阿拉伯数字，以免被更改。钱物的数字后面一般还要写上"整"字，表示数额已写全。要使用法定的计量单位，如"元""千克""本"等。如果涉及不同币种，在数字前应写明币种，如："美元叁仟元"。

（三）一文一事

一张条据只涉及一件事，即使是借条与收条，也不要写在同一张条据上，以免出现意外问题。

四、例文阅读与评析

【例文一】

请 假 条

陈老师：

因为公司赶任务，今天晚上的"应用写作"课我不能回校上课，需请假三节。请批准。

商务英语班：×××

×年×月×日

【评析】

这张请假条格式规范，请假原因、请假时间（包括课程名称、节数）等内容都很清楚，语言表达准确。

【例文二】

收 据

现收到会计二班××同学交来该班为××灾区捐款人民币叁仟贰百元整。

此据。

学生会生活部
经手人：薛英
×年×月×日

【评析】

这张收条数字书写规范，谁交钱、钱的用途、数额等都十分清楚，署名有经手人，是一张规范的条据。

思 考 题

一、条据的写作要注意哪些问题？

二、王明向李刚借了一万元，借期六个月。到期后，王明先还七千元，并约定推迟三个月再还余下的借款。请分别为李刚和王明写一张收条和缓期还款的欠条。

三、指出下面借条的毛病并修改。

借 条

今向老师借两张 VCD，下周二归还。

××班学生：王梅

第二节 书 信

一、书信概说

（一）含义

书信古称书、简、札、笺、牍等。它是人们互通信息、交流思想、传情达意的工具，是人们普遍使用的一种交际性文体。

（二）特点

1. 交际性

书信常用来传情达意，交流思想。鲁迅先生认为，从作家的日记和书信中，“往往能得到比看他的作品更为明晰的意见，也就是他自己简洁的注释”。(《且介亭杂文二集·孔另境〈当代文人尺牍钞〉序》) 也就是说，书信比一般诗文更能传达作者的真情实感。书信的交际性还表现在它不受时空限制，可以与远方的亲友互诉衷情，互通信息，而且可以传之久远。

2. 实用性

书信总是有感而发，有事而作，不管是传情达意，还是互通信息，都须真实具体，明白清楚，切忌浮夸失实、矫揉造作、隐晦曲折，以免费时误事，或引起误会。

3. 广泛性

书信使用广泛，具有一定文化水平的人都可以使用。由于使用非常广泛，为便于掌握、阅读、写作和邮政部门的处理传递，因而在语言表达和书写上便形成一定的格式。

(三) 种类

1. 一般书信

一般书信是亲友之间互通信息、传情达意的信件。

2. 专用书信

专用书信是具有专门用途的信件，如倡议书、表扬信、感谢信、证明信、请柬等。本节主要介绍一般书信。

二、书信的结构与写法

书信一般由这样几部分构成：称呼、问候语、正文、祝颂语、签署、信封。

(一) 称呼

顶格写，占一行，加冒号，以示下面有话要说。称呼前可加修饰语，写作时要根据收信人的具体情况而定，如按写信人与收信人的关系、收信人的社会地位等来选择恰当用语。关系亲密的朋友或平辈，可以直呼其名，或在姓氏之前加“老”或“小”。还可根据对方的地位、身份或性别，分别使用“女士”“先生”“同志”“小姐”等。对上级一般应加上职务，如“书记”“市长”“董事长”“总经理”等。对长辈，可直称“爸爸”“妈妈”。

(二) 问候语

提行空两格书写，单独成段。一般对平辈用“你好”，对长辈、上级用“您好”，后加感叹号。

(三) 正文

正文一般包括缘起、主体、结语三部分。缘起是提起话题的语句，如“你3月8日来信收到……”，或“好久没联系了，近来好吗”，以引起下文。主体是书信的主要内容，把主要信息告诉收信人，叙述要有条理，言简意明。结语一般是询问对方的情况，或强调对方要知道的信息。

(四) 祝颂语

也称祝福语，是一些表示敬意、祝福、祝贺或勉励的话，可根据不同的收信人选择恰当的祝颂语。一般分两行书写，第一行空两格，第二行顶格。如“敬祝　安康”，“敬祝”占一行空两格，“安康”提行顶格。

（五）签署

在正文右下方写上写信人的名字，对不熟悉的人，应写全名；对熟悉的人可写名字或小名；给亲人写信，可以不写名字，对长辈可写“儿上”“弟上”；对晚辈，可写“父字”或“父示”。在署名之下写上日期，一般要年、月、日俱全，用阿拉伯数字书写。

（六）信封

信封左上角写邮政编码，第一行写收信人的详细地址。信封中间写收信人的姓名，姓名后面空二三格写称呼，如“同志”“先生”“小姐”“女士”“父亲”“母亲”之类。托人转交的信，可写“烦交”“劳交”“呈交”等字样。

三、书信的写作要求

根据书信写作常见的毛病，书信写作应注意以下几个问题。

（一）语言简明扼要

书信是用来通讯的，语言要简明扼要，切忌拖泥带水，以免浪费别人的时间。当然“简”应当以“明”为前提，不要隐晦曲折，令人费解。

（二）准确使用礼貌用语

对一些礼貌用语要弄清其含义，恰当使用。如有个青年写信给王力教授，在信封上写“王力敬启”，显然，作者对“敬启”一词的含义未弄清。要写好书信必须认真学习书信常用的问候用语、祝福用语、感谢用语、拜托用语、祝颂用语等。

（三）注意书信的格式

书信有一套约定俗成的书写格式，要认真掌握好，以免误事。如有人在写信封时，把“收信人”与“寄信人”的位置写反了，把“收信人”写在右下角，“寄信人”写在左上角，结果过几天那封信又回到自己手里。

四、例文阅读与评析

【例文】

巴金致杨静如

静如：

两封信都收到。给我哥哥的信我想暂不转去。上海敌伪检查邮件甚严。你信中引用《悬崖》小说典故，他们不懂，恐引起误会。信暂留我处，我代他感谢你的好意与关心。信读过，谢谢你。望你快乐地好好生活，我和哥哥自然把你当作妹妹看待。我哥哥性情冲淡，做事迟缓，与你性情差得远，故有误会。其实他对你还是不错。他去年一年只给我写过一封信，不过我知道他过得还好，也就放心了。我去年也仅寄了三封短信给他。一个人应该有梦想，梦想不但鼓舞人上进，还可以安慰人的心灵。可是如果单靠幻想生活，那就会发生种种悲观思想。因为现实与梦想差得太远，永远无法叫人满足。我写不下去了。我一个老朋友昨晨病故，棺材还停在这儿。今天下午或可抬出去。昨、前两天跑了个够，今天还不能休息。想到一个人很快死去，不免有生命易逝之感。但是我还有够多的生命力，我还要勇敢地活下去。

祝

好！

蒂甘

二月四日

【评析】

一封好的书信往往是一篇好文章，巴金这封信字里行间流露着一种积极向上的思想感情，如关于梦想的看法和关于死的感悟，都充满着深刻的人生哲理，读了令人受到教益。这封信的语言非常简洁，没有冗言赘语。为使语言简洁，作者适当使用了一些文言词语，如“恐引”“故”“我处”“之感”等。这些浅近文言词语的使用，能收到语言简洁之效。另外，这封信格式规范，称呼得体，都是值得我们认真学习的。

思考题

一、书信的特点是什么？

二、一封信包括哪些部分？

三、书信写作应注意哪些问题？

四、给亲人或朋友写一封信，介绍在新的环境里的学习与生活。

第三节 短 信

一、短信概说

（一）含义

短信是一种通过手机运用简短的文字互通信息、传情达意的新兴文体。这种文体随着手机的问世而产生，使用越来越广泛，是人们喜闻乐见的一种实用文体。

（二）特点

短信因其通过手机发送，篇幅受到限制，而且往往是在时间比较紧迫情况下发送，并要求对方明白无误地理解，因此具有以下特点。

1. 篇幅简短

短信，顾名思义就是“短”，往往只有几十个字，最长也是一百字左右。这样便于传输和阅读。

2. 语言简洁

为了写得快，也为了让人读得快，短信非常注意语言简洁，绝不拖泥带水，力求以最少的文字传递最多的信息。

3. 形式多样

近年来，短信的形式越来越多样，有散文体、诗歌体、顺口溜体、小说体等。

（三）种类

短信从内容看，可分成以下几类。

1. 互通信息类

以简短的文字互通信息，如：“今天下午六点三十分在华丽路纯金酒店02房聚会，恭候光临。”

2. 互相祝福类

逢年过节，以短信互相祝福，如：“摘一千颗星星，为你前路照明！种一千朵玫瑰，让你天天陶醉！折一千个纸鹤，逗你时刻欢乐！许一千个愿望，愿你美梦成真！找一千种理由，祝你无忧无愁！明明祝你中秋快乐！”又如：“老鼠爱大米，朋友重情谊，短信送祝福，鼠年大吉利！丽华敬祝！”

3. 评论时事类

社会发生重大事件，用短信进行评论，如：“汶川地震，生死转换于顷刻，穷人与富人同行，少年与老人携手，恩人与仇人同去，平民与官员共趋，抹平了恩怨情仇，埋葬了利禄功名。当生命脆弱，亲情弥珍，更使世人明白：得到别得意忘形，失去别怨天尤人，顺时要善待别人，逆时要善待自己，累了就自己歇歇，想了就发条短信。平安是福，深深地祝福我的每位亲人和朋友，好好活着，吉祥如意。”

4. 哲理励志类

以格言的形式出现，饱含人生哲学，读来令人感奋、催人新生，如：“工作有压力才有冲劲；生活有压力才有趣味；爱情有压力才有甜蜜；家庭有压力才有幸福！年轻人迎接你的压力，创造美好人生！”

5. 谈情说爱类

用短信谈情说爱已成为年轻人的时尚，如：“当你看到这条短信时，你已中了猛烈无比的爱毒，唯一的解药就是嫁给我。不用考虑了，嫁给我吧！”又如：“情是心中的向往，是感觉的共鸣，是灵感的碰撞，是电光的闪耀，是甜蜜的琼浆，是醉人的纯酒。祝你情人节快乐！”

6. 针砭时弊类

有的短信是对社会不良现象加以揭露和批评的，如：“人干点好事儿总想让鬼神知道，干点坏事儿总以为鬼神不知道，我们太让鬼神为难了。”又如：“生不起，剖腹一万五千儿；读不起，选个学校五万起；住不起，三万多元一平方米；娶不起，没房没车谁嫁你？养不起，父母下岗儿下地；病不起，药费利润十倍起；炒不起，半夜鸡叫一片绿；信不起，出尔反尔忽悠你；死不起，一个墓地五万儿。”

7. 生活感悟类

把生活中的感悟，人生的酸甜苦辣用短信与亲友分享，如：“多歇歇，别太累，到时吃，按时睡，看上就买别嫌贵，决不和环境来作对，得空与朋友聚聚会，既有清醒也有醉，生活就是这样美。”

8. 幽默调侃类

用幽默调侃的语气，对生活中一些不良现象加以批评或讽刺，如：“一对夫妇共生八胎，依次为桂花、茶花、梅花、菊花、黄花、草花、野花，最后一个叫没钱花。”又如：“对下级讲话，我强调几点；对同级讲话，我补充几点；对领导讲话，我体会几点。”

二、短信的结构与写法

短信的结构与一般书信差不多，由于篇幅限制，短信常把称呼和署名略去，一般只有主体部分。短信的语言要求具有冲击力和感染力，因此常使用积极修辞手法，如比喻、夸张、排比、对偶、仿拟、押韵、递进、顶真、反复、反语、借代等。

（一）比喻

通过比喻，把话说得生动形象，如：“青春是人生的一道菜，它是酸的又是甜的，是苦的又是辣的，没有吃过的人觉得吸引，吃过的人唯有回忆，正在吃的人不识滋味。”

（二）夸张

短信常运用夸张手法，抒发强烈的思想感情，如：“聚珠穆朗玛峰之阳光，拢天涯海角之清风，竭冈底斯山之祝福，吸比尔盖茨之财气，作为礼物送给你。恭祝春节快乐，万事如意！”

（三）排比

运用排比手法增强语势，也是短信常用手法，如：“健康是最佳的礼物，知识是最大的财富，信心是最好的品德，关心是最真诚的问候，牵挂是最无私的思念，祝福是最美好的话语。祝您新年快乐！”

（四）对偶

用对偶手法使句式整齐，容易记忆，如：“失败是成功之母，改进是成功之父。”

（五）仿拟

用旧瓶装新酒，利用现成的句式，表达新的意思，如：“开车无难事，只怕有新人。”又如：“古道西风瘦马，夕阳西下，断肠人在等你电话。”

（六）顶真

以前句之尾作后句之头，如：“钱不是问题，问题是没钱。”

（七）押韵

运用押韵手法，读起来顺口易记，如：“想送你玫瑰可惜价钱太贵，想给你安慰可我还没学会，想给你下跪可戒指还在保险柜，只能发个信息把你追，希望我们永不吹。”

（八）反语

利用反语达到幽默讽刺的效果，如：“学问之美，在于使人一头雾水；诗歌之美，在于煽动男女出轨；女人之美，在于蠢得无怨无悔；男人之美，在于说谎说得白日见鬼。”

（九）反复

某些词语反复出现，以加深读者印象，如：“心到，想到，看到，闻到，吃到，听到，人到，手到，脚到，说到，做到，时候到，日子到，国庆中秋到，但愿我的祝福也赶到！祝双节快乐！”

（十）递进

意思一层进一层，高潮放在最后，如：“一年中最快乐的是过年，一年一次；比过年更快乐的是结婚，一生一次；比结婚更快乐的是中奖，千载难逢；比中奖更快乐的是认识你，绝世无双。”

（十一）借代

用甲事物代替乙事物，使语言表达富有新意，如：“家庭顺治，身体康熙，品学雍正，官运乾隆，日日嘉庆，事业咸丰，社会同治，前途光绪。”

以上十一种修辞方法是最常见的，大众还有许多新的创造，值得我们去认真学习。

三、短信的写作要求

（一）短信内容应健康

短信既是交际工具，也是宣传工具，要让它发挥正确的宣传舆论作用就必须注意内容健康。从内容来看，短信有“红段子”“灰段子”“黄段子”“黑段子”之分。我们提倡写“红段子”，不主张写“灰段子”，反对写“黄段子”“黑段子”。

（二）提高语言表达能力

短信要让人喜闻乐见，让它流传久远，除了内容健康之外，还必须有较高的语言艺术。这就必须认真掌握表现手法，特别要认真学习修辞手法。看见好的短信，可以收集保存起来，借鉴其写作技巧。

（三）写法因人而异

要根据收信人来确定内容的详略，比较熟悉的亲友，可以略去称谓和署名，发给不很熟悉的朋友，还是加上称谓和署名为好，让对方知道是谁发的，以便对方回复。

四、例文阅读与评析

【例文】

不要那么累不要那么疲惫，不舒服的时候歇一会，饿了要吃不要怕贵，工作累了不要和自己作对，到点吃按时睡，和想念你的朋友来聚会。祝新年快乐！

【评析】

这条短信像妈妈在叮嘱孩子，像妻子在提醒丈夫，像朋友互相忠告，语调自然亲切，娓娓道来，读来令人感到温馨，一股暖流流遍全身。短短几句，写出了人间的真情挚爱。语言平实朴素，且多用口语。使用押韵手法，读起来朗朗上口。

思　考　题

一、什么是短信？短信有哪几类？

二、写作短信常用的修辞手法有哪几种？试举例说明。

三、写短信应注意哪几个问题？

四、试分析以下几条短信运用了什么修辞手法。这些修辞手法有什么作用？

1. 酒逢知己千杯少，遇上交警半杯多。

2. 车到山前必有路，有路就有红绿灯。

3. 上联：我爱的人名花有主；下联：爱我的人惨不忍睹。横批：命苦

4. 深秋至，天转凉，鸿雁南飞翔。绿林黄，寒雾降，莫忘添衣裳。桦树茂，菊飘香，晨风抚清凉。寄浮云，托流水，秋风送吉祥。祝中秋快乐！

第四节 求 职 信

一、求职信概说

（一）含义

求职信是求职人为谋求某一职业（职位）写给用人单位、进行自我介绍的信。

（二）特点

1. 自荐性

写信人要向不熟悉自己的单位毛遂自荐，以便能获得自己希望得到的工作岗位。

2. 针对性

求职信要根据用人单位的要求和自己的实际情况而写，恰如其分地介绍自己。

3. 竞争性

求职是一种竞争，要在竞争中取胜，必须要有自己的特点和优势，因此，求职信要注意体现个人优势。

（三）种类

1. 自荐信

自荐信是向多个用人单位投递的求职信，刚毕业的学生一般写自荐信。

2. 应聘信

应聘信也叫应聘书，是求职人根据用人单位招聘人员的要求，向具体的用人单位自我介绍、谋求该单位某一职位的书信。

二、求职信的结构与写法

求职信的结构包括标题、称呼、正文、签署、附件等部分。

（一）标题

求职信的标题有两种，一种是直接用“求职信”，另一种是“应聘信”。“应聘信”是专门为应聘某一职位而写的。

（二）称呼

应聘信的称呼写用人单位负责人的姓名和职务，或用人单位在招聘启事中注明的联系人，如“尊敬的×××经理”“尊敬的××公司人事部××主任”。如果是写没有明确单位的求职信，称呼可以泛指“尊敬的领导”“尊敬的各学校（公司）领导”。

（三）正文

正文的内容包括以下几方面。

（1）应聘信一般先写求职信息来源。普通的求职信则不写。

（2）个人基本情况，包括姓名、性别、年龄、籍贯、学历、毕业学校及所学专业等。

（3）简要经历、个人能力及特长、工作成绩、获得的奖励、取得的相关证书等。这部分要评述自己的能力，突出自己的竞争优势。如果是应聘信，要针对所应聘的职位要求写自己的条件。

（4）可从事或希望得到的工作职位。这部分要清楚明确，不能含糊。

（5）联络方式，如电话、邮箱等。

（6）结尾写希望语或致谢语，如“贵公司如能接纳我成为公司一员，我将不胜感激”，或“此致　敬礼”。

（四）签署

在正文右下方写求职人姓名，并用“敬上”或“谨上”以示礼貌和谦逊。在姓名下写年、月、日。

（五）附件

把能更好地证明自己能力和实力的材料附在信后，如学历证、学位证、职称证、推荐信、各种从业资格证、获奖证书等复印件以及简历等，以方便用人单位审核。

三、求职信的写作要求

（一）突出个人竞争优势

用人单位与求职人是双向选择，求职充满竞争。求职信必须突出自己的优点与优势，才具有竞争力。如果是应聘信，最好对招聘单位的情况有所了解，以免脱离实际说外行话。

（二）态度诚恳、语言礼貌得体

求职信的态度要真诚，不可夸夸其谈、信口开河，以免让用人单位觉得华而不实，但也不要过于谦卑，一味讨好对方。措词用语要恭敬而不阿谀奉承，自信而不自大自夸。言简意赅，篇幅控制在千字左右。

（三）富有个性、不落俗套

在供大于求的求职市场，没有个性、似曾相识的求职信很难给用人单位留下印象。但也要注意，个性化不是专指求职信的封面制作华丽，而是内容有个性。规范而有质量又有独特性的求职信才能给用人单位留下好的第一印象。当然，适当的封面设计是可以的。

四、例文阅读与评析

【例文一】

求　职　信

尊敬的领导：

您好！首先感谢您在百忙之中能够阅读我的求职信。

我是××大学公共管理学院一名专科毕业生，所学专业是电子商务。在校期间，我努力学习各门基础课和专业课，并取得了良好的成绩（见附件“成绩表”）。我知道我的学历比不上本科生，因而我非常重视培养自己的职业技能尤其是动手能力。我能熟练使用 Windows 系统与 Office 等办公软件，并已考取多个职业资格证书，包括秘书资格三级证书、全国计算机二级证书、会计从业资格证书、全国公共英语三级证书等。也正因为自己的学历不高，我的内心总有一种强大的动力驱使我要比别人更努力、干得更好，我会用我的工作业绩去缩小这种学历上的差距。

我是一名应届毕业生，尚未正式踏入社会，但在校期间的实习和假期的打工经历，一方面让我得到了初步的锻炼，另一方面也增强了我走向社会的自信心。我曾在××保险公司做过业务员，在××公司做过实习推销员，这些工作使我学会了如何与人交往，并锻炼了我的口才。我还在××物流公司做过实习会计，培养了我严谨细心的工作作风。春运期间我在火车站做义工，培养了我吃苦耐劳的精神。这些社会实践全面提升了我的综合素质。

我可以，也希望能从事办公室文员、会计员、推销员、跟单员以及相关的工作。也许我的知识和实践经历与贵单位的要求还有距离，但我会用我的热情和勤奋来缩短这个距离，以我最大的能力来回报您对我的赏识。

期盼您能给我一次面试的机会。我的联系电话：135××××××××。随信附上我的简历及有关证书复印件。

此致

敬礼!

求职人：×××敬上

×年×月×日

附件：

1. 个人简历
2. 毕业证书
3. 各科成绩登记表
4. 秘书资格三级证书
5. 全国计算机二级证书
6. 会计从业资格证书
7. 全国公共英语三级证书

【评析】

这封求职信具有以下三方面特点。

1. 在弱势中强调自己的优势。

求职人是大专生，在学历方面没有优势，也没有什么工作经验，但求职人善于寻找自己的长处，就是职业技能和动手能力，以及在校期间的实习经历让自己得到哪些锻炼。求职人没有泛泛而谈自己的情况，而是强调自己的实际操作能力，在实践中培养出来的精神与工作作风，以及通过努力考取的各种资格证书，使用人单位相信自己的能力。

2. 充满自信与真诚

求职人并不回避学历的弱势，但没有丝毫自卑，反而用自信的语言表达了自己的进取心和热情，学历的弱势恰恰是驱使自己更努力的动力。这种自信与真诚体现了求职人的品质，能收到较好的效果。

3. 语言简练，措词得体有礼

这封求职信不长，但能充分说明求职人的基本情况、工作经历、所求的职位。语言朴实、礼貌得体。格式比较规范。

【例文二】

应聘信

尊敬的总经理：

我从×月×日的《信息时报》上看到贵公司的招聘启事，我有意应聘装潢设计员一职。

我叫××，男，今年26岁，广州人。××××年毕业于××美术学院装潢设计专业，本科学历。我从小喜爱美术，7岁时曾获广州市小学生绘画竞赛一等奖，10岁获全国小学生美术比赛三等奖。美院四年的学习，使我在艺术的天地视野更开阔，在校期间有两个设计作品被实习单位采用。毕业后我先后在××广告公司和××装潢设计公司任职，从事广告设计和橱窗装潢设计。我思维活跃，艺术构思比较前卫，善于接受新事物，热爱和熟悉装潢设计艺术（见附件），符合贵公司的招聘条件，我也希望能在贵公司施展我的才能，为公司设计好“脸面”。

我将个人简历及相关材料一并附上，希望您能感到我是该职位的有力竞争者，并期望能给我面试的机会。我的电话：133××××××××。

祝贵公司蒸蒸日上！

应聘人：×××谨上
×年×月×日

附件：

1. 个人简历
2. 毕业证书
3. 学位证书
4. 获奖证书
5. 本人设计的装潢艺术作品三份

【评析】

这份应聘信开门见山交代写信缘由和应聘职位，并就装潢设计这一职位的要求着重介绍自己的优势，很有针对性。与广泛求职不同，这封应聘信只谈自己美术学习的经历和从事与此相关的工作经历，内容集中，这样能给用人单位较深的印象。尤其是附上自己设计的装潢艺术作品，更能说明自己的能力和水平，从而提高了求职的竞争力。

思 考 题

一、根据自己所学的专业或爱好，写一份求职信。

二、指出下面求职信的问题并加以修改。

求 职 信

李×，男，1987年出生，××××年毕业于广州外语外贸大学英语专业。曾在外资企业及广交会工作过，至今已有四年工作经验。本人英语听说读写能力俱佳，法语熟练，并略懂日语。现欲求需英语或法语的外资或合资企业的职位。

联系电话：139××××××××

第五节 竞 聘 词

一、竞聘词概说

（一）含义

竞聘词，也可写作“竞聘辞”，又叫竞聘讲话稿。它是在一定的组织内，竞聘者为了获得某个职位，在竞争上岗的场合中，展示自我竞聘条件、施政方案等内容的演讲稿。在我国，随着竞争上岗的普遍实行，竞聘讲话稿的写作越来越显得重要。

（二）竞聘词和求职信辨析

竞聘词和求职信的都是通过展示自我的优势以获得认可，得到某一职位。它们之间的区别主要是：

1. 使用的场合不同

竞聘词是竞聘者已经是某一组织的内部成员，为了竞争组织内部的某一职位进行公开演讲而使用的讲话稿，竞争对象是组织内部成员。写作求职信的求职者则处于某一组织的外部，竞争对象是组织外部成员。

2. 写法不同

竞聘词实际上是一种演讲词，要直接面对评委、听众，所以写作的时候要注意情感的交流与共鸣，要注意口语表达的特点。求职信则是一种书面写作。

（三）特点

1. 明确性

竞聘演讲讲述的自己要竞聘的职位、基本情况、优势、竞聘成功后的设想都必须具体明确。

2. 竞争性

竞聘演讲是一种直接的竞争，它要争取评委和听众最大的认可和支持，以击败竞争对手。所以，竞聘词要尽最大可能阐明自身价值，要站在对方的立场说明“我为什么最合适”。

3. 感染性

竞聘演讲可以运用一定的修辞手法和表达技巧，突出个性、渲染气氛，积极地与评委、听众进行直接的互动。

4. 简明性

竞聘演讲大多有限定的时间，所以内容要重点突出，语言要准确精炼。在正式竞聘演讲之前可以测试自己的语速，估量自己竞聘词的字数。字数过少，难以充分展示自己的竞聘优势及其承诺。字数过多，容易使人对你的能力产生怀疑，也容易使听众产生厌倦情绪。

二、竞聘词的结构与写法

竞聘词的结构与求职信类似，包括标题、称呼、正文、结尾、签署部分。

（一）标题

竞聘词的标题一般来说有两种写法。一是文种标题法，即直接用“竞聘词”三个字作为标题；二是文章标题法，可以采用单行标题，由竞聘职位和文种共同组成，如“××公司××部业务主管职位竞聘词”。也可采用双行题，即正副标题形式，主题为虚题，副题为实题，如《抓住机遇 挑战自我——××部业务主管职位竞聘词》。

（二）称呼

竞聘词用于公开竞聘演说，参加的人员大多是单位的领导和同事，所以一般用“尊敬的领导、各位同事”等泛称，具体情况根据来宾而定。

（三）正文

正文的内容包括以下几方面。

1. 开头

这部分需要开门见山，表明竞聘的职位。可以用礼节性话语作为先导，也可以用提问、感叹的方式引人注目，还可以概述演讲的内容。如何开头，并没有固定的写法。

2. 主体

这部分主要包括三部分内容。第一部分是竞聘者的个人基本情况，包括姓名、性别、年龄、籍贯、学历、毕业学校及所学专业、职务等。这部分要根据具体情况进行取舍，既要说明具体信息，又不能占用太多篇幅。

第二部分是竞聘的理由和优势。可以介绍自己的简要经历、个人能力及特长、性格、工作成绩、获得的奖励、取得的相关证书等。这部分同样需要根据具体情况进行展示，突出“人无我有，人有我优”的方面，可以以事实为基础，精心“包装”。

第三部分是竞聘成功后的设想和打算。这部分可以用分条列项的方式具体的进行阐述，切忌不顾实际情况的胡乱承诺。

(四) 结尾

竞聘词的结尾，通常另起一行，可以礼节表达感谢，也可以再次强调自己竞聘的信心，对待竞聘的态度等，用词应该简洁。

(五) 签署

在正文右下方写竞聘人的姓名、日期，在演讲的时候不需要读出来。

三、竞聘词的写作要求

(一) 要有针对性

竞聘是在某一组织内部进行的岗位竞争，所以竞聘人在写作竞聘词前应该做一些调查研究，尽可能了解单位领导和员工对这个职位的需求和期待，梳理出自己的优势以及能够做出的承诺。并且，要尽可能了解其他竞争对手的优势，做到知己知彼。

(二) 态度诚恳、语言得体

竞聘者的态度要真诚，既要展现自我，又不能表现的狂妄自大。竞聘者展现的工作成绩常常不仅仅是个人的成绩，而是集体的成果。在演讲的时候一定要把握好“度”，既突出个人的贡献，又没有否认他人的付出。

(三) 精心“包装”展现个性

竞聘演讲是公开演讲，个人的形象常常也很重要。演讲时可以化淡妆，选择合适的服装，让人看上去精神、利落，具有职场气质。良好的形象加上良好的表达技巧，容易给人留下深刻的印象。

四、例文阅读与评析

【例文】

竞　聘　词

尊敬的领导、各位同事：

大家好！

我是×××，今年37岁，目前任职广东省广播电视节目监听监看中心节目监管一科科长，现竞聘广东省广播电视节目监听监看中心副主任一职。

首先请允许我将自己的主要工作经历介绍一下：本人2002年毕业于中国人民大学新闻系新闻学专业，大学本科学历，先后在中央人民广播电台、中央电视台等广播电视媒体从事新闻采编工作。2007年通过广东省广电局的公开招考进入了广东省广播电视节目监听监看中心，先后担任中心节目监管科副科长、科长，2012年5月起担任现职。

此次竞聘监听监看中心副主任，本人认为自己具备了以下优势：

1. 对传统广播电视媒体有着较深入的认知。本人有着较丰富的中央级广播电视新闻媒体的从业经历，对此类组织的节目编排、运作发展、面临的问题都有着亲身经历，这对于目前我所从事的工作大有裨益。在中央人民广播电台研究室工作期间，采访了多家国内广播媒体，对国内广播媒体的发展趋势进行了较为深入的研究；在中央电视台新闻中心工作时，培养了较高的新闻职业素养，所采制的新闻作品获得过中国广播电视新闻奖和中国新闻奖。

2. 熟悉广播电视节目管理的各项政策法规。本人从进入监听监看中心至今，一直坚守在监管工作一线。在工作中我主动学习，认真思考，注意各方面信息资料的搜集和积累，这让我对于本省广播电视节目的总体情况非常清楚，对国家的管理要求也稔熟于胸。

3. 长期从事科室的管理工作，有着较丰富的管理经验。本人进入中心以来，一直负责节目监管科的管理工作，在中心科室细分之前，节目科最多的时候有十来位同事，如何围绕工作重点，合理安排各项工作，通过长期认真的摸索形成了一套较为成熟的经验做法。从编制日常工作计划，到安排全中心的值班工作，本人担负了大量的管理职责。由于工作业绩突出，从 2008 年至今，多次被评为局优秀共产党员和先进工作者。

4. 与有关部门建立了良好的工作关系，具有一定的协调能力。在日常工作中，本人能够主动与局宣传管理处等业务处室加强沟通联络，认真完成相关业务处室的工作部署，细致诚恳的工作态度赢得了局内各部门的认可和好评。同时在一些诸如创新创优栏目评选等需要多个部门共同完成的工作当中，能够做好各方的协调工作，注意因势利导，发挥各部门的优势，圆满地完成上级交办的多项任务。

如果竞聘成功，我将做好以下三个方面的工作：

1. 协助中心主要领导作好广播电视节目的管理工作。对传统广播电视节目的管理是本中心工作的重要一环，我会充分运用自己在这一方面取得的经验，对广播电视节目出现的各种问题提出有预见性的管理意见，把握好正确的舆论导向，规范广播电视节目播出。

2. 健全岗位责任制，提升监管工作效能。针对当前工作中存在的职责不明确，干多干少一个样的状况，下大力气进行绩效改革，改革的中心是将每位员工的收入与工作业绩真正挂起钩来，让工作能力强、业绩突出的人获得更多的收入，以此来激励每一位员工，提高工作效能。

3. 工作中努力创新，创一流行业管理。本人将率领团队认真研究广播电视先进发展理念，形成有着广东特色的、居全国领先的一流管理方式方法，推动我省广播电视节目进入国内先进行列。

最后，十分感谢各位领导、同事们长久以来对我工作的大力支持，即便竞聘不成功，我也会按照习总书记对公职人员要求的“夙夜在公”，尽职尽责，与同事们一道，为广播电视节目的有序播出，为中华文化的繁荣，尽自己的绵薄之力。

×××

2016 年 8 月 24 日

【评析】

这是一份公职人员的竞聘词，文章开门见山地表达了自己竞聘意向，紧接着简要地以分条列项的方式介绍了自己的竞聘优势，竞聘成功以后的工作打算。内容具体，语言简练，态度恳切，特别是有针对性的就副主任“协调、管理”这一工作职责进行了阐述。结尾引用了习近平总书记在2012年11月在中外记者见面会上的讲话，意近旨远，打动人心。

思　考　题

一、竞聘词和求职信有什么区别？

二、根据自己的工作写一份某职位的竞聘词。

第六节　个 人 简 历

一、个人简历概说

（一）含义

简历是求职人学习、工作、经历、成绩等方面情况的概括。在求职过程中，简历一般作为求职信的附件一并呈送用人单位。

（二）种类

简历有表格式简历和条文式简历两种。表格式简历简明扼要，条文式简历比较详细具体。

二、个人简历的结构与写法

简历的结构包括标题与正文。

（一）标题

直接用“个人简历”或“简历”。

（二）正文

1. 表格式简历

表格式简历一般分为个人基本情况、受教育情况、工作经历、获奖情况、兴趣爱好特长、外语能力等栏目，可参考例文一。

2. 条文式简历

条文式简历的写法有两种：一种是按时间顺序列出自己的学习和工作经历及获奖情况；另一种是根据需要有选择地列出自己的学习和工作经历及获奖情况，充分体现个人能力和特长，如例文二。

三、个人简历的写作要求

（一）突出重点

写简历不是罗列材料，要有重点地选择内容。受教育情况应突出最后学历及教育背景，如专业和主要课程及成绩。工作经历突出与所学专业相关的工作及表现，获奖情况把高级别的奖项放前面。

（二）语言简洁通畅

简历在于“简”，要通过简洁的文字表现多方面的情况。表格式简历控制在1页A4纸范围内。条文式简历也以1~2页A4纸为宜。清楚、简洁、通畅的文字也是一个人能力的体现，它会给用人单位留下好的印象。

四、例文阅读与评析

【例文一：表格式简历】

个人简历

<table>
<tr><td>姓名</td><td>张三</td><td>性别</td><td>女</td><td>年龄</td><td>26</td><td rowspan="6">照片</td></tr>
<tr><td>民族</td><td>汉</td><td>籍贯</td><td>广州市</td><td>党派</td><td></td></tr>
<tr><td>毕业院校</td><td colspan="3">××大学新闻学院</td><td>专业</td><td>新闻</td></tr>
<tr><td>学历（学位）</td><td colspan="2">本科　文学学士</td><td>毕业时间</td><td colspan="2">2015年7月</td></tr>
<tr><td>联系地址</td><td colspan="3">××市××路××号×××房</td><td>邮政编码</td><td>××××××</td></tr>
<tr><td>电子邮件</td><td colspan="3">××××××××××××××××</td><td>联系电话</td><td>××××××××</td></tr>
<tr><td rowspan="6">教育背景</td><td colspan="2">时间</td><td colspan="4">学　　校</td></tr>
<tr><td colspan="2">××年——××年</td><td colspan="4">×××小学</td></tr>
<tr><td colspan="2">××年——××年</td><td colspan="4">××中学</td></tr>
<tr><td colspan="2">××年——××年</td><td colspan="4">××学院文秘专科</td></tr>
<tr><td colspan="2">××年——××年</td><td colspan="4">××大学新闻学院本科</td></tr>
<tr><td colspan="2"></td><td colspan="4"></td></tr>
<tr><td>所获奖励</td><td colspan="6">大学期间曾获优秀团员、优秀班干部奖</td></tr>
<tr><td>爱好特长</td><td colspan="6">爱好写作，曾在报刊和杂志上发表过十多篇新闻报道和作品。善于与人沟通，有较强的语言表达能力。热心社会公益活动，是××市青年志愿者协会会员。</td></tr>
<tr><td>外语能力</td><td colspan="6">英语听读写熟练，能进行一般的日常会话。获全国公共英语四级证书。</td></tr>
<tr><td rowspan="4">工作经历</td><td colspan="2">时间</td><td colspan="2">工作单位</td><td colspan="2">职务</td></tr>
<tr><td colspan="2">2015年7月—2016年6月</td><td colspan="2">××网站</td><td colspan="2">网络新闻编辑</td></tr>
<tr><td colspan="2"></td><td colspan="2"></td><td colspan="2"></td></tr>
<tr><td colspan="2"></td><td colspan="2"></td><td colspan="2"></td></tr>
</table>

【评析】

这份表格式简历简洁明了，内容实事求是，较全面地体现一个人各方面的情况。

【例文二：条文式简历】

个人简历

一、个人基本情况

姓名：张三　性别：男　民族：汉族 年龄：24 岁　籍贯：广东省佛山市

政治面貌：共青团员　　学历：大学专科　　专业：文秘

毕业院校：××大学××学院　毕业时间：2015 年 7 月

二、学业水平及能力

所学课程：秘书原理与实务、基础写作、应用写作、现代汉语、公共关系、秘书礼仪、演讲学、网页设计与制作、档案管理、大学英语等，各门课程均取得优良成绩。能熟练使用 Windows 系统与 Office 等办公软件，中文打字速度为 60 字/分钟。英语听说读写熟练。

所获职业资格证书：秘书职业资格证、公共英语三级证书、计算机二级证书。

三、工作经历

1. 2014 年 7—8 月到××市政府办公厅实习。2014 年 9—11 月到××区政府办公室实习。实习期间工作认真负责，受到领导好评。此外，在学校期间一直在学校宣传部勤工俭学，主要负责打字及宣传资料的分发。

2. 2015 年 8—12 月，在××学校教务科工作。负责学生成绩录入和学籍管理。

3. 2016 年 1—6 月，在××公司任办公室文员，负责收发信函、文书写作、文件打印、文档管理等文秘工作，并兼管外联工作以及协调与其他部门的关系。工作期间做事细心，基本没有出现差错。

四、爱好与特长

本人性格开朗，善于与人沟通，有良好的口才，在校期间曾获学院演讲比赛二等奖。羽毛球是我的体育强项，在学校羽毛球比赛中获得男子单打第二名。

五、联系方式

联系电话：138××××××××

E-mail：××××××××××

联系地址：××省××市×××路××号　　邮政编码：××××××

【评析】

这份个人简历内容全面，语言简洁，五个部分条理清晰。“学业水平及能力”部分突出个人能力。工作经历虽不丰富，但能体现认真、细心的特点。

思　考　题

一、表格式简历和条文式简历各有哪些特点？

二、根据自己的实际情况，写一份作为你的求职信附件的个人简历。

第七节　请　　柬

一、请柬概说

（一）含义

请柬，又叫请帖，是邀请宾客参加某个活动的书面邀请书。使用请柬，既表示主人对事物的重视态度，也表明主人对客人的尊敬。

请柬应用广泛，庆祝会、纪念会、联欢会、招待会、宴席、订货会、聚会等会议和活动都可以发请柬。单位、团体、个人都可以发请柬。

（二）特点

1. 篇幅短小

通行的请柬形式有双柬帖和单柬帖两种。双柬帖将一张纸折成两等分，对折后成长方形。单柬帖用一张长方形纸做成。无论哪一种请柬，都只能在一张小卡片的一面和两面的篇幅上做文章，因此文字要简洁。

2. 语言典雅

请柬是为邀请客人而发出的专用通知书，表示郑重其事，因此用词要庄重、典雅，可适当使用文言，一般不使用口语、俗语。

3. 制作精美

请柬在款式和装帧设计上要美观精致，使被邀请者体会到主人的热情与诚意。

4. 实效性强

请柬应及时发送，过了规定时间，请柬就失去了意义，同时也便于被邀请者安排好时间。

二、请柬的结构与写法

请柬在写法上有竖式和横式两种。如封面是竖式的，封里的文字也要从右到左竖写。如封面是横式的，封里的文字也是横写。无论是竖式还是横式，请柬的结构都包括标题、称呼、正文、致敬语和签署。

（一）标题

双柬帖在封面写“请柬”，或活动内容加“请柬”，如例文一。单柬帖在第一行正中写“请柬”二字，如例文二。“请柬”二字较正文字体稍大。

(二) 称呼

顶格写被邀请者的姓名或被邀请单位的名称，如“××研究所”“×××先生”等。有的将请柬放入信封内，称呼写在信封上，则请柬可不再写称呼。

(三) 正文

正文要写清楚活动内容，如座谈会、联欢会、纪念会、婚礼、寿宴、生日会等，写明时间、地点、方式，结尾可写上“敬请光临”。如有其他要求也需注明，如“请准备发言”“请准备节目”等。

(四) 致敬语

致敬语在古代叫“具礼”，是礼节性问候语或恭候语，如“此致　敬礼”“恭候光临”等。致敬语另起一行写。

(五) 签署

写明邀请者（单位或个人）的名称和发柬日期。

三、请柬的写作要求

(一) 内容简明清晰

请柬是用于邀请的礼仪文书，因此各项内容要清楚明白，不能有遗漏或让人产生歧义。请柬的文字容量有限，不可啰嗦冗长。

(二) 语言文雅大方

请柬是较庄重正式的文书，在行文上要讲究文字美，摒弃华而不实或干瘪乏味的语言。文字美不是指文绉绉的文言，而是要根据场合、内容、对象的不同遣词造句，做到文雅、大方、有礼。雅致的文言使用要恰到好处。

四、例文阅读与评析

【例文一】

纪念××大学建校100周年
1916—2016年

请　柬

封面

××先生（女士）：

　　为庆祝我校建校 100 周年，特定于 2016 年 3 月 18 日上午九时在学校礼堂举行庆祝大会，届时敬请光临。

　　此致

敬礼！

××大学

2016 年 3 月 10 日

封里

【评析】

这是一份双柬帖。请柬的封面包括活动内容和标题“请柬”两部分，简洁清晰。封里写明邀请原由、活动内容、时间、地点和被邀请者，表述准确，一目了然。用“此致敬礼”的致敬语，表示邀请方郑重其事。请柬各部分内容无遗漏，是一份规范的请柬。

【例文二】

请　柬

为提高××化妆品的质量，做好公司的销售工作，定于 2016 年 8 月 10 日下午 3 时在××酒店×××房举行座谈会，听取各方面的意见。届时敬请光临，并提出宝贵意见。

××公司

2016 年 8 月 1 日

【评析】

这是一份单柬帖，标题和正文写在同一页。这份请柬没有称呼，可理解为：一是称呼写在信封上，请柬不需要再写；二是这份请柬没有特指的被邀请者。请柬正文首先说明座谈会的目的，再写座谈会的时间、地点及内容，最后是对与会者的希望，结构清晰，语言简洁。

思考题

一、请柬有哪些特点？在写作上要注意什么问题？

二、指出下面一份请柬中的问题并加以修改。

请　　柬

××市庆祝新中国成立65周年书法艺术展览，定于9月28日上午在××市展览馆开幕。敬请光临指导。

此致

××市文化局

中国书法家协会××市分会

2014年9月20日

三、请以班级的名义给任课老师写一份请柬，邀请老师参加新年联欢晚会。

第八节　祝词、欢迎词

一、祝词、欢迎词概说

（一）含义

祝词，也叫祝辞，是对人或对事表示良好祝愿的言辞，包括祝酒词、祝寿词、各类庆典祝词等。

欢迎词，是指在接待或招待客人的正式场合中，主人发表的表示欢迎的致词。

祝词和欢迎词都是社交礼仪应用文，在外宾来访、领导视察、同仁参观、新生入学、开张庆典等场合，都要表示热烈的欢迎和美好的祝愿，是人际交往活动中必不可少的交际工具和手段。

（二）特点

1. 欢愉性

中国有句古话："有朋自远方来，不亦乐乎"，所以祝词和致欢迎词应当有一种愉快的心情，语言富有激情，表现出致词人的真诚，才能给客人一种"宾至如归"的感觉，为下一步各种活动的圆满举行打下好的基础。

2. 口语性

祝词和欢迎词是现场向宾客口头表达的祝愿和欢迎的言辞，因此在遣词用语上要运用生活化的语言，简洁又富有生活的情趣。口语化可以拉近主人和来宾之间的关系。

（三）种类

1. 祝词的种类根据不同的祝颂对象大体分类

（1）事业祝词。这是常用的一种祝词，多用于祝贺会议开幕、工程竣工、剪彩、新年伊始，以及某社团、机构、报刊创办或节日、纪念日等。

（2）寿诞祝词。寿诞祝词的对象主要是老年人，如例文一。

（3）祝酒词。祝酒，在现代社会已发展成为一种招待宾客的礼仪。客人初到，设宴洗尘，宴会伊始，主人和客人都要致祝酒词。酒并不是祝的对象，而是人们交往中的一种媒介，一种祝愿形式。

2. 欢迎词从社交的公关性质上分类

（1）私人交往欢迎词。这类欢迎词一般是在个人举行较大型的宴会、聚会、茶会、舞会、讨论会等非官方的场合下使用。私人交往欢迎词往往具有很大的即时性、现场性。

（2）公事往来欢迎词。这类欢迎词一般在较庄重的公共事务中使用，要有事先准备好的书面稿，语言文字比私人交往欢迎词要正式和严格，如例文二。

二、祝词、欢迎词的结构和写法

祝词、欢迎词的结构包括标题、称呼、正文三部分。

（一）标题

祝词、欢迎词的标题有三种：一是直接用“祝词”“欢迎词”。二是会议或活动名称加“祝词”“欢迎词”，如“××酒店开业庆典祝词”“北京奥运会开幕式欢迎词”。三是在第二种标题的前面加上致词人的姓名和职务，如“李克强总理在新年招待会的祝词”。标题在发言时不需要读。

（二）称呼

根据参加活动和会议来宾而定，称呼要用敬语。称对方姓名要用全名并加职务，如“尊敬的××总统及夫人”。在主要宾客的称呼之后，有时还需要用泛称，如“尊敬的领导”“亲爱的朋友”“女士们、先生们”等。

（三）正文

（1）开头向出席者表示欢迎、感谢和问候。

（2）对祝贺或欢迎的人和事（活动、会议等）作简要介绍。如例文一《寿宴祝词》，简单介绍老人对子女的养育和教导，以及其乐融融的晚年。例文二《在第29届奥林匹克运动会开幕式上的致词》，北京奥组委主任刘淇表达了中国人民对奥运的百年梦想、中国政府和人民对国际社会的郑重承诺，介绍了奥林匹克运动的魅力、奥林匹克精神的真谛、北京奥运会的使命。

（3）结尾再一次表示感谢，或祝愿大会、活动圆满成功。祝酒词的结尾一般都要提出为参加宴会及与之有关人员的健康、为与宴会有关的事业的发展干杯。如《寿宴祝词》末尾：“现在，让我们一起恭祝老寿星福如东海，寿比南山，春秋不老，欢乐远长。同时也祝愿到场的每一位来宾幸福安康！干杯！”

三、祝词、欢迎词的写作要求

（一）明确对象

祝词和欢迎词都要面对具体的对象，要根据不同的对象确定不同的内容。了解祝贺和欢迎的对象，写祝词和欢迎词才有依据，才能避免出纰漏、闹笑话，以及避免宾客忌讳的内容。

（二）感情真挚

祝词，表达的是美好的祝愿；欢迎词，是东道主对来宾热情欢迎的致词。两者都是令人高兴和愉快的事。致词的内容应是发自肺腑的真情，不可虚情假意，否则，就达不到高兴和愉快的效果。

（三）彬彬有礼

祝词和欢迎词要注重必要的社交礼仪，创设礼貌待人、亲切典雅的氛围，还要注重对方的风俗习惯。

（四）言简意赅

祝词和欢迎词的语言要准确、简练、通俗、优美。准确，是最基本的要求，对人、对事要客观公正、不能过分夸张。祝词和欢迎词是宣读的，一般比较简短。通俗，是深入浅出、雅俗共赏。优美，是对祝词和欢迎词的最高要求，语言不仅要传情达意，同时还要给人美的享受。

四、例文阅读与评析

【例文一】

寿宴祝词

各位来宾、各位亲朋好友：

大家中午好！

今天，我们在这里欢聚一堂，为×××老寿星举行七十大寿仪式。首先请允许我代表老寿星及其家属，向在座的各位致以最热烈的欢迎和衷心的感谢！我受老人儿子的委托，担任今天寿宴的主持人。在这里我谨代表所有的嘉宾，祝愿老人家增福增寿增富贵，添光添彩添吉祥。

各位朋友、各位来宾，今天前来祝寿的有老朋友、老乡亲，还有不少放下农活赶来的亲属们，感谢大家在百忙之中抽出时间前来赴宴、祝福。这正是：亲朋共享天伦乐，欢声笑语寿满堂。不知道大家注意没有，老寿星名字的最后一个字是“寿”字，寓意就是福寿满堂、欢乐远长。在这里让我们共同祝愿老寿星寿比南山、天伦永享。

“人生七十古来稀”，在七十年的风雨中老人家含辛茹苦地将子女们抚养成人。七十年风风雨雨，七十载生活沧桑，岁月的痕迹悄悄地爬上了他的额头，将老人家的双鬓染成白霜。“严于律己，宽以待人，认真工作，发奋图强”，简单的话语，让儿女镌刻在心，永记不忘。老人的辛苦没有白费，在他的教育下，子女们都已经长大成人，为老人赢得了无上的荣光。现在老寿星一家是三代同堂，正可谓儿子孝，儿媳能，女儿贤，女婿强。就连在校学习的孙辈们也是聪明伶俐、成绩优异，真是后继有人。

现在，让我们一起恭祝老寿星福如东海，寿比南山，春秋不老，欢乐远长。同时也祝愿到场的每一位来宾幸福安康！干杯！

下面我宣布寿宴正式开始。

【评析】

这篇祝词有三个特点：

一是内容言之有物、针对性强。祝词写老人早年对子女抚养和教育的艰辛，在晚年得到最大的回报，那就是享受天伦之乐的幸福，这是每一个老人最高兴的事情。

二是语言充满祝福赞美之词。祝词从开头到结束，用了不少的祝福语和赞美词，但不显得重复，反而增强了喜庆的气氛。如“增福增寿增富贵，添光添彩添吉祥”，“增”和“添”反复出现，与不同的吉祥语搭配，形成对偶，让人爱听、乐听。

三是善于营造欢乐祥和的气氛。祝词巧妙用老人名字中的“寿”字做文章，连用“福寿满堂”“老寿星”“寿比南山”等带“寿”的词语营造欢乐的气氛。在祝福老人的同时，也一起祝福来宾，让所有的人都享受到寿筵的欢乐。

【例文二】

在第29届奥林匹克运动会开幕式上的致词

刘　淇

尊敬的胡锦涛主席和夫人，

尊敬的罗格主席和夫人，

女士们，先生们，朋友们：

今天，来自奥林匹亚的圣火，跨越五大洲、四大洋，将在这里熊熊燃起。在这激动人心的历史时刻，我谨代表第29届奥林匹克运动会组织委员会，向来自世界各国家、地区的运动员、教练员和来宾表示热烈的欢迎！向国际奥林匹克委员会、各国际单项体育组织，向参与奥运会筹办的建设者和工作者，向所有关心、支持北京奥运会的朋友们表示衷心的感谢！

举办奥运会是中华儿女的百年梦想。七年前，十三亿中国人民与奥运有了一个美好的约定。从那时起，在国际奥委会的指导帮助下，中国政府和人民满怀激情，以最大的努力实践绿色奥运、科技奥运、人文奥运理念，认真做好筹备工作，兑现向国际社会作出的郑重承诺。

在我国四川发生特大地震灾害后，国际社会和国际奥委会的支持与援助使中国人民感到温暖，也使我们增强了重建美好家园、办好北京奥运会的信心。

奥林匹克运动的魅力在于她的巨大包容力。今天，全世界204个国家、地区，不同民族，不同宗教信仰的人们相聚在五环旗下，增进了解，加深友谊，共同奏响“同一个世界，同一个梦想”的乐章。

奥林匹克精神的真谛在于追求以人为本，实现人的自我超越和自我完善。每一位运动员，都将在公平竞争的环境中，展现精湛技艺，迸发参与激情，创造心中向往的辉煌。

北京奥运会的重要使命在于促进世界各国文化的交流。我们真诚地希望，中华民族悠久的历史文化、充满生机活力的城市和农村、热情好客的人民，能给朋友们留下美好的记忆。

朋友们：
——“北京欢迎您！”
——Welcome to Beijing！

【评析】

第29届奥运会在北京举行，这是中国的荣幸。这篇欢迎词有三个特点：

一是层次分明。欢迎词以奥运为中心，首先表达了中国政府和人民欢迎各国来宾和运动员参加北京奥运会；接着是感谢国际社会和奥委会对中国的支持与帮助，使中国能够做好奥运会的筹备工作，兑现向国际社会作出的郑重承诺；再就是阐释奥林匹克运动的魅力和精神；最后是希望北京奥运会能给各国朋友留下美好的记忆。主体部分由远及近，从申办、筹备到开幕，简洁而清晰。

二是语言简朴而情真。这篇欢迎词无论是回顾七年前申奥成功时与奥运的约定，感谢在奥运前夕四川发生特大地震后国际社会和国际奥委会的支持与援助，还是体现奥林匹克精神以及表达热情好客的中国人民的希望，语言都很朴实，情感却又是那么真诚，体现了中国政府务实又不失热情的办事风格。相比于那些充满华丽言辞的欢迎词，朴实中体现的情感更为真诚。

三是首尾呼应。开头是欢迎各国运动员、教练员和来宾参加北京奥运会，结尾是中英文的“北京欢迎您”，使欢迎和欢乐的气氛贯串始终，并在结尾达到高潮。

思　考　题

一、祝词包括哪些种类？
二、欢迎词写作要注意哪些问题？
三、一批新职工到××酒店工作，请写一篇欢迎词。

第九节　开幕词、闭幕词

一、开幕词、闭幕词概说

（一）含义

开幕词是各级党政机关、社会团体、企事业单位在会议或活动开始时，由会议（活动）主持人或主要领导人所做的重要讲话，旨在说明会议（活动）的指导思想、宗旨、重要意义，提出开好会议的中心任务和要求。

闭幕词是党政机关、社会团体、企事业单位举行大型会议或活动结束时，由有关领导向会议所做的总结性讲话。

并不是所有的会议都有开幕词和闭幕词，只有那些郑重的、有历史意义的大中型会议或活动才使用开幕词和闭幕词。

（二）特点

1. 开幕词特点：宣告性、提示性和指导性

开幕词是会议或活动的指南和向导，目的是使与会者明白：这是什么样的会议（活动），会议（活动）的主旨、议程、议题、作用和意义。

2. 闭幕词特点：总结性、评估性和号召性

闭幕词是对会议或活动的总结，要概述会议（活动）的情况、评价会议（活动）的重要性和意义、提出贯彻会议精神的要求等。

二、开幕词、闭幕词的结构和写法

（一）开幕词

1. 标题

一是会议（活动）名称加开幕词，如《××大学第二届教职工代表大会开幕词》。二是致词人加会议（活动）名称加开幕词，如《×××同志在××××会议上的开幕词》。三是采用正副标题的形式，正标题揭示会议的宗旨、中心内容，副标题与前两种标题的形式相同，如《贴近人民生活　标举时代精神——××协会第×次会员代表大会开幕词》。

2. 时间

在标题下用括号注明年、月、日。

3. 称呼

根据会议（活动）的性质及与会者的身份确定称呼，如“同志们”“各位代表、各位来宾”“先生们、女士们”等。

4. 正文

正文一般包括开头、主体和结语三部分。

开头部分。介绍参加会议（活动）的领导和来宾，对会议的召开或活动的举行以及与会人员表示祝贺，并宣布会议开幕或活动开始。

主体部分。一是通过回顾过去的工作和对当前形式的分析，说明会议（活动）的意义。二是阐明会议（活动）的指导思想，提出任务，说明会议的议程。三是对与会代表或参加活动的人员提出希望和要求。

结语部分。另起一行，一般以“祝愿大会获得圆满成功”作结语。

（二）闭幕词

闭幕词的结构与开幕词基本相同。

1. 标题、称呼和时间

写法与开幕词基本相同，把开幕词换成闭幕词。

2. 正文

概述会议（活动）的情况；会议通过的主要事项，评价会议（活动）的收获和意义；向与会人员或活动参加者提出要求。最后宣布会议或活动闭幕。

三、开幕词、闭幕词的写作要求

（一）共同点

开幕词和闭幕词的写作都要注意简明性、通俗性和明快性。简明性是篇幅简短，尤其是开幕词，一般为千字左右。通俗性是注意口语化，读者顺口，听者顺耳。明快性是语言活泼、激情洋溢，激发斗志、鼓舞人心。

（二）不同点

（1）开幕词要注意把开幕的锣鼓敲响并敲在点子上，在简洁的文字中说明会议（活动）的时间、地点，与会人员，会议的主旨、议程、议题、作用和意义。

（2）闭幕词要从会议（活动）的实际情况出发，结合中心议题进行阐述，不可笼统含糊。议论要高瞻远瞩，不要简单就事论事。同时还要注意与开幕词前后呼应。

四、例文阅读与评析

【例文一】

在××年中国经济年度论坛暨亚洲企业领袖年会上的开幕词

（×年×月×日）

尊敬的各位来宾、女士们、先生们：

晚上好！今天晚上，我们在这个宁静而温馨的度假村举行这个盛大宴会，标志着××年中国经济年度论坛暨亚洲企业领袖（揭阳）年会开幕了！我代表主办单位，向来自美国、日本、韩国、法国、泰国、新加坡、加拿大、印度、比利时、荷兰、澳大利亚、摩洛哥，以及中国台湾、香港、澳门和中国内地的300多名企业领袖、政府官员、专家学者及新闻记者表示亲切的问候！

5个月前，我以考察者的身份来到揭阳，来到京明度假村。记得那天傍晚下着大雨，在度假村高高的茶楼上，我与揭阳市领导一起品茶，透过雨幕，远望群山，我想象着有一天来自世界各地的企业家齐聚在中国粤东地区这个略显偏僻的度假村，探讨中国与亚洲、中国与世界共同关注的话题，那将是一件非常惬意的事情。5个多月过去了，我当时想象的那番情景，今天终于变成了现实，我的内心无比激动。我想，这是中国经济快速发展的魅力之所在，这是揭阳这个潮汕历史文化发祥地的魅力之所在。

如果说亚洲资本论坛在其中起了一定作用的话，那么首先应当归功于数百位企业家、专家学者和新闻记者的积极参与，归功于中共揭阳市委、揭阳市人民政府的大力支持。我要向远道而来的各位嘉宾，向中共揭阳市委、揭阳市人民政府，向深圳市安远投资集团有限公司，向京明度假村，以及向所有的协办单位表示衷心的感谢！

本届论坛与年会的主题是“中国与亚洲：知识致富与知识产权致富”。这是一个极富挑战性的话题。我相信，通过明天一天紧张的交流与探讨，一定会获得突破性的认识。这将是本届论坛与年会对中国经济与亚洲经济的共同发展作出的一个贡献。与此同时，明天我们还将聆听到权威专家有关中国投资、中国环境与中国房地产的三个年会报告。这也是本届论坛与年会献给每位嘉宾的一道智慧与思想的盛宴。揭阳的历史、潮汕的历史乃至中国的历史，将会铭记这次盛会。

最后，我预祝本次论坛与年会圆满成功！

祝各位嘉宾在揭阳、在揭西、在京明度假村过得愉快！

谢谢大家！

【评析】

这是亚洲资本论坛主席××先生致的开幕词。它的特点一是要点明确、层次清晰。第一段宣布会议名称和开幕的时间，通报了参加会议的众多国家和地区的各类人员。第二段说明会议地点。第三段肯定亚洲资本论坛和亚洲企业领袖对中国经济发展作出的贡献，表明这次会议的意义。第四段说明会议的主题、议程和议题。特点二是热情有礼、亲切友好。与会人员来自多个国家和地区，致词人都一一提到，无一遗漏。对会议的协办方，包括党政机关、企业和度假村，也一一表示感谢，做到礼貌周到。在介绍会议的地点时，致词人从自己五个月前的考察说起，再到赞扬揭阳这个潮汕历史文化发祥地的魅力，就像与朋友聊天一样，拉近了主办方和来宾之间的距离，给人亲切感，从一开始就营造一种和谐融洽的会议气氛。特点三是语言生动活泼。开幕词中运用比喻、排比、拟人等修辞方法，引人入胜，让听众享受到语言的美。

【例文二】

××学校第三届田径运动会闭幕词

（×年×月×日）

各位老师、同学们：

我校第三届田径运动会在组委会的精心组织下，经过全体工作人员、裁判员的辛勤工作和全体运动员的奋力拼搏，较为圆满地完成了预定的各项比赛任务，现在就要闭幕了。在此，我代表学校，向为这次运动会做出不懈努力的全校师生表示深深的谢意！向取得名次的同学和获奖的班级表示衷心的祝贺！

在为期两天的运动会上，全体师生团结友爱、文明参赛，赛场上奋力拼搏，赛场下加油鼓劲。在比赛过程中，许多同学主动搀扶跌倒的同学，热心帮助受伤的运动员，充分体现了“友谊第一，比赛第二”的体育运动精神。全体运动员、裁判员严格遵守竞赛规则，认真履行自己的职责，发扬奋发有为、吃苦耐劳的精神，赛出了水平，赛出了风尚，获得了体育竞技和精神文明双丰收。但同时，大家也应该看到我们自身存在的不足，部分同学的达标成绩不够理想，部分项目的比赛还不规范，这就要求我们在日常的体育教学和平时的生活中，要注意加强身体素质的锻炼和体育竞技水平的提高，努力使同学们在德、智、体各方面全面发展。

体育运动可以培养我们的意志，意志不仅仅是体育魄力的体现，更是做人成功的要诀。美国发明大王爱迪生说过：“伟大人物的最明显的标志，就是坚强的意志，不管环境变换到何种地步，他的初衷仍不会有丝毫改变，而终于克服障碍，以达到期望的目的。”我们如果能把在体育运动中培养的意志力，迁移到今后的学习、工作和生活中去，无疑也会绽开绚丽的成功之花，让人更加充实，让生活更具魅力，让人生更加精彩。

希望全校师生以本次运动会为契机，发扬成绩、克服不足，在今后的各项工作和活动中，为××学校更加美好的明天而努力拼搏、再创佳绩！

现在我宣布，××学校第三届田径运动会胜利闭幕！

谢谢大家！

【评析】

这篇闭幕词开头部分开门见山说明运动会圆满完成各项比赛任务，就要闭幕，这是闭幕词常用的写法。主体部分首先总结运动会的情况，既有运动员、裁判员和观众的奋力拼搏、文明参赛、团结友爱的精神，以及取得体育竞技和精神文明双丰收的成绩，也有同学们在运动会中表现出来的身体素质和竞技水平的不足。这样，在后面提出“发扬成绩、克服不足”的希望时就不会显得空泛。在围绕运动会总结的基础上，闭幕词接着从体育运动可以培养人的意志引申到做人的成功，把体育运动的意志力转移到学习和工作中，使人生更加精彩。这部分是议论，把运动会的宗旨上升到一个人生与成功的高度，避免了就事论事的平庸。这篇闭幕词结构完整规范，语言简洁明快，富有激情。

思　考　题

一、开幕词和闭幕词的写作有哪些共同点？

二、开幕词和闭幕词在写作上要注意什么问题？

三、某企业（学校）一年一度的企业（校园）艺术节圆满结束了，请为艺术节闭幕式写一篇闭幕词。（提示：艺术节内容包括唱歌、舞蹈、朗诵、书法、专业技能等）

第十节　讣告、悼词

一、讣告、悼词概说

讣告又称“讣闻”“讣文”，是把某人去世的消息向死者的亲属、朋友以及社会各界发出的通告性文书，可以用张贴或在报刊上刊登的方式宣布。

党和国家领导人去世，现在一般用公告和宣告而不用讣告，以示郑重、庄严。

悼词是对死者表示哀悼的话或文章。狭义的悼词专指在悼念仪式上对死者表示敬意与哀悼的、通过宣读的方式显示出来的文体，例如《江泽民同志在邓小平同志追悼大会上的悼词》。广义的悼词则是指向死者表示哀悼、缅怀和敬意的各种形式的悼念性文章，例如鲁迅《为了忘却的纪念》。本节的悼词写作指广义的悼词。

二、讣告、悼词的结构和写法

（一）讣告

1. 标题

讣告的标题一般就用“讣告”，也可以写上死者的姓名，如《×××讣告》。

2. 正文

讣告正文一般包括以下几方面内容。

（1）写明死者的姓名、身份、何种原因在何时何地去世、终（享）年岁数。

（2）简介死者生平，着重介绍死者生前最具代表性的经历。这一部分内容也可以不写。

（3）通知吊唁或开追悼会的时间、地点。

3. 签署

讣告署名可以是死者家属，也可以是死者单位或治丧委员会。署名下方写日期，也可以不写发讣告日期。如有联系人，则在署名和日期左下方注明联系人姓名和联系方式。

（二）悼词

1. 标题

在悼念仪式上宣读的悼词一般直接用“悼词”作标题。以书面形式写的悼词，或公开发表的在悼念仪式上宣读的悼词，标题的写法比较灵活。一是公文式标题，例如《江泽民同志在邓小平同志追悼大会上的悼词》。二是简历式标题，例如《茅以升同志生平》。三是文学式标题，例如《为了忘却的纪念》。

2. 正文

悼词正文内容包括以下几方面。

（1）表达对死者的沉痛心情、交待死者何年何月何日因何原因逝世、终（享）年多少岁。

（2）介绍死者生平。主要介绍死者的籍贯、身份，参加工作时间，生平所做的主要工作，对国家和人民的主要贡献。这一部分要具体，突出重点。

（3）对死者的评价。对死者生前的贡献、为人等品质和作风进行综合评价。

（4）对死者的逝世表示惋惜并勉励后人。说明死者的去世是某方面（如政党、军队、科技界、单位等）的损失，勉励人们向他学习，化悲痛为力量并努力奋斗。书面体悼词可以没有这一部分内容。

3. 结束语

宣读体悼词一般用“×××同志安息吧！”作结束语。书面体悼词可以不用结束语。

三、讣告、悼词的写作要求

（一）内容准确和正确

讣告和悼词都是针对死者而写的，发布死者去世的相关信息要准确，评述死者生前的贡献要正确，本着实事求是的态度充分肯定其功绩。

（二）语言要简朴、严肃、概括性强

讣告的语言要求准确、明晰和简洁，篇幅短小。

悼词的语言要求严肃、得体，有鲜明的感情色彩。宣读体悼词可适当口语化。

四、例文阅读与评析

【例文一】

鲁迅先生讣告

鲁迅（周树人）先生于一九三六年十月十九日上午五时二十五分病卒于上海寓所，享年五十六岁。即日移置万国殡仪馆，于二十日上午十时至下午五时为各界瞻仰遗容的时间。依先生的遗言："不得因为丧事收受任何人的一文钱"，除祭奠和表示哀悼的挽词、花圈等以外，谢绝一切金钱上的赠送。

谨此讣闻。

鲁迅先生治丧委员会
蔡元培　内山完造
宋庆龄　A. 史沫特莱
沈钧儒　萧三　曹靖华
许季芬　茅盾　胡愈之
胡风　周作人　周建人

【评析】

这是刊登在报纸上的讣告。这篇讣告语言简洁，死者的年龄，去世时间和地点，社会各界瞻仰遗容的时间、地点，均只用一句话即表述清楚。并以死者遗言"不得因为丧事收受任何人的一文钱"说明悼念要求，既尊重死者，又表明治丧委员会的态度，可谓言简意赅。

【例文二】

悼　词

敬爱的×××总经理：

今天我们全体员工怀着悲痛的心情向您告别，对您的不幸去世表示深切哀悼！

×××总经理，您在领导我们公司的七年里，一贯勤勤恳恳，兢兢业业，任劳任怨，以超前的意识和锐意改革的精神，带领全体员工为公司走向新的增长阶段发起一次次冲击，克服了一个个困难，取得了巨大的胜利，得到了全体员工的尊重和爱戴。

×××总经理，您在改革开放的大潮中，根据市场经济的理论规律，发挥了自己的智慧，利用新技术，开发新产品，倡导"开发竞争"精神，在市场竞争中，使公司步入了全市利税千万元效益企业的行列，受到了政府的表彰和奖励，为同行树立了光辉榜样。

但是，正在我们公司走向一个崭新起点的时刻，敬爱的×××总经理，您先我们而去，与世长辞了。我们失去了一位好领导，经济战线上失去了一名好先锋，企业界失去了一位好朋友。

×××总经理，您虽然走了，但您的精神将永远与我们同在，并永远鼓舞着××公司奋发腾飞。

敬爱的×××总经理，安息吧！

××公司全体员工

×年×月×日

【评析】

这篇悼词以第二人称的形式表达公司员工对总经理去世的哀思，比用第三人称要亲切。悼词内容突出逝者生前锐意改革的精神和勤恳踏实的作风。除缺少一般悼词中常有的交待死者去世的时间、原因以及享年岁数以外，悼词写作中所需要的其他要素都基本具备。

思　考　题

一、讣告和悼词在语言表达方面有什么不同？

二、下面几篇悼词的标题各属于什么方式？

《在马克思墓前的讲话》《安息吧，我的兄弟姐妹》《×××同志生平介绍》

三、悼词写作应包括哪些方面的内容？

第六章　常用事务书信

第一节　证　明　信

一、证明信概说

（一）含义

证明信是以行政机关、社会团体、企事业单位或个人的名义用确凿的证据证明一个人的身份、经历或某种情况真实性的一种专用书信。它通常也被称为“证明”或“证明书”。

（二）特点

1. 凭证性

证明信是用来证明身份、经历或事实真实性的一种凭证。

2. 书信体

证明信一般采用书信体的写作格式。

（三）种类

1. 按写证明的人分

可分为以组织的名义所写的组织证明信和以个人的名义所写的个人证明信。

2. 按内容分

一种是被证明人因公因私外出办事用的，近似身份证明；另一种是其他单位、组织来了解本单位某人、某事的真实情况的材料证明。这种材料证明，有的是由单位直接出具的，有的是由某人出具的，单位核实并签署意见，盖章后生效。

二、证明信的结构与写法

证明信一般由标题、称呼、正文、结语、签署五部分组成。

（一）标题

证明信的标题通常有两种方式：一是直接用文种名“证明信”或“证明”作为标题；二是事由加文种名，如《收入证明》《纳税证明》。

（二）称呼

如果是外出办事只作身份证明，这一项可以略去。如果是直接给某单位的证明材料，就必须标明单位名称，可根据具体情况而定。

（三）正文

要写清楚证明的事项。如证明某人的工作经历，就应写明姓名、时间、在本单位工作期间担任的职务、工作能力、业绩等。如证明某件事情的真实与否，须写清参加者的姓名、身份，在事件中的地位、作用和事件本身的前因后果。

（四）结语

另起一行，写“特此证明”“情况属实，特此证明”等。

（五）签署

写证明单位名称和日期并加盖公章。个人的证明材料应写明证明人姓名、身份，并签字盖章。

三、证明信的写作要求

（一）格式要齐全，不可有缺漏

（二）语言要准确、简明，不可有歧义

（三）出具证明信要慎重，证明的内容要实事求是、言之有据

四、例文阅读与评析

【例文一】

证　明　信

××大学机电系党总支：

×年×月×日来信收到。根据信中要求，现将你校李天明同志的妻子——刘中远同志的情况介绍如下：

刘中远同志，现年××岁，中共党员，是我校历史系教师，本人和家庭历史以及社会关系均清楚。该同志对教学工作认真负责，近年来多次被评为市级模范教师。

特此证明。

××大学历史系党总支（公章）

×年×月×日

【评析】

这是一份组织证明信，用来证明个人情况。该证明结构完整，格式规范，语言简明。

【例文二】

证　　明

我厂工程师×××同志，技术员×××同志，前往湖北、广东、海南等省，检查并修理我厂出产的××牌热水器，希沿途有关单位给予帮助。

特此证明。

××省××市×××厂（公章）
×年×月×日

【评析】

这是一份企业出具的证明信，由被证明者随身携带用来证明自己的身份。它有证件的作用，以保证被证明者工作的正常进行。

思　考　题

一、王礼堂先生近日要到工商银行东风路支行办理一笔个人消费贷款，银行要他出具一份单位写的关于他个人的收入证明，方可办理贷款手续。王先生在××火车站工作，月平均收入四千元。请你就此情况代王先生单位写一份他的个人的收入证明。

二、小李在找工作时不慎将大专毕业证书遗失，以后该怎样证明他的学历呢？小李为此事急得团团转。请你帮他想个办法。

第二节　介　绍　信

一、介绍信概说

（一）含义

介绍信是用来介绍本单位人员到有关单位去接洽事情、办理公务的一种专用书信。

（二）特点

1. 凭据性

介绍信有证明来客身份的作用，是确认来客身份、目的的凭据。

2. 时限性

介绍信是在一定期限内有效的信函。

（三）种类

1. 无存根介绍信

也叫信笺介绍信。写介绍信一方直接写在信笺上，并加盖公章。这类介绍信比较简便。

2. 有存根介绍信

也叫印刷式介绍信。介绍信部分内容和格式等已印好，使用时只需填写具体内容再加盖公章即可。通常一式两联，存根联由写介绍信的一方留档备查，正式联由被介绍人随身携带。这类介绍信比较正规。

二、介绍信的结构与写法

介绍信一般由标题、称呼、正文、结语、签署、有效期几部分组成。

（一）标题

介绍信的标题一般是在信纸的第一行中间位置写“介绍信”三个字，字体要略大些。

（二）称呼

第二行顶格写所联系的单位全称或个人的名称，后加冒号。

（三）正文

另起一行，空两格，写明被介绍者的姓名、性别、年龄、职务、职称、人数等，以及要接洽或联系的事项，对对方的希望和要求等。

（四）结语

介绍信的结尾要写表示祝愿和敬意的话，如“此致、敬礼”等。

（五）签署

在正文右下方写出具介绍信的单位名称，另起一行署成文日期，加盖单位公章。

（六）有效期

在左下方空白处注明该介绍信的有效期限。

以上是信笺介绍信的写法要点。存根介绍信的写法与之相似，但还要再填写印刷好的存根部分的空白处内容，以留底备查。

三、介绍信的写作要求

1. 介绍信的内容要真实、清楚
2. 介绍信必须加盖公章
3. 介绍信的书写要工整，不得涂改
4. 有存根的介绍信，存根联和正式联内容要一致

四、例文阅读与评析

【例文一】

介　绍　信

新天科技有限公司负责同志：

兹介绍我所研究员、高级工程师吴赐仁同志前往贵公司洽谈有关合作的具体事宜，请予接洽为盼。

此致

敬礼！

珠海××技术研究所（章）

2016年6月4日

（有效期15天）

【评析】

这是一份无存根介绍信。正文将被介绍人的姓名、职务、要接洽的事项介绍清楚，以方便对方单位接待。语言简洁，结构完整，完全符合介绍信的写作要求。

【例文二】

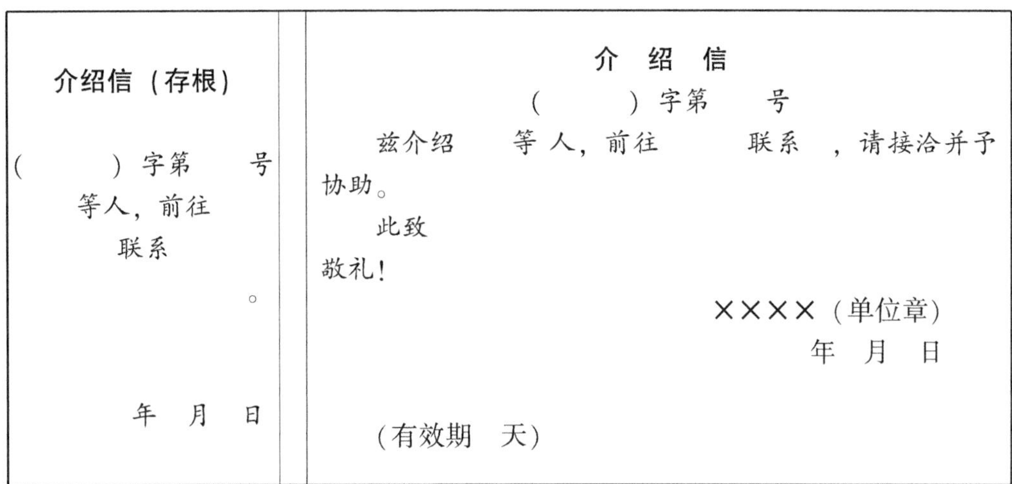

介绍信（存根）

（　　）字第　　号

等人，前往

联系

。

年　月　日

介　绍　信

（　　）字第　　号

兹介绍　　等人，前往　　　联系　　，请接洽并予协助。

此致

敬礼！

××××（单位章）

年　月　日

（有效期　天）

【评析】

这是一份带存根介绍信的样式。需要出具介绍信时，只要将相应的内容填入空白处即可。不过，存根联部分与正式联部分的填写内容稍有差异，填写时注意不要弄错。另外，两联内容全部填写完毕之后，要在两联之间的正中部位加盖公章。

思 考 题

一、介绍信与证明信有何不同？

二、××教育学院电教专业的陈芳、何文两位同学要到××市电教馆参加社会实践，请你为两位同学的外出实践写一封介绍信。

第三节 表 扬 信

一、表扬信概说

（一）含义

表扬信是对某单位、个人的先进思想、模范事迹表示赞扬的一种信函文书。

（二）特点

1. 弘扬正气，褒奖善良

表扬信要表扬的都是那些为社会作出贡献的单位或个人，通过表扬好人好事来发扬无私奉献、乐于助人的精神，以期形成一种良好的社会风气。

2. 表扬为主，兼顾感谢

表扬信一般均有感谢的成分，尤其是表扬的事迹同写信人有关时，更要在表扬信中表达出自己的谢意。

3. 发文的公开性

表扬信可以张贴、登报，也可以在电台播报、电视上播放。

（三）种类

从表扬双方的关系来看，表扬信可以分为两种：

1. 上级对下级、团体对个人的表扬

以上级机关或群众团体的名义表扬其所属的单位、集体或个人。这种表扬信可以在授奖大会上由负责同志宣读，也可以登报、广播、上电视。

2. 群众之间的表扬

它不仅赞颂对方的好品德、好风格，也有感谢的意思。这种表扬信可直接寄给本人或所属单位。也可将表扬信寄给报社、电台，请新闻单位帮助在报纸、广播、电视上进行宣传。

二、表扬信的结构与写法

表扬信通常由标题、称呼、正文、结尾和签署五部分构成。

（一）标题

一般而言，表扬信标题单独由文种名称“表扬信”组成。位置在第一行正中。

（二）称呼

表扬信的称呼应在开头顶格写上被表扬的机关、单位、团体名称或个人的姓名。写给个人的表扬信，应在姓名之后加上“同志”“先生”等字样，后边加冒号。若直接张贴到某机关、单位、团体的表扬信，开头可不必写受文单位。

（三）正文

正文另起一行，空两格写。一般包括下列内容：

1. 交代表扬的理由

用概括叙述的语言，重点叙述人物的先进事迹，包括事情的发生、发展、结果及其意义。叙述要清楚，要突出最本质的方面，要让事实说话，少讲空道理。

2. 指出行为的意义

在叙事的基础上进行评价、议论，赞颂被表扬者行为的道德意义，如指出这种行为属于哪种好思想，好风尚，好品德。

（四）结尾

这部分要提出对对方的表扬，或者向对方单位提出建议，希望对某某人给予表扬。

（五）签署

写上单位名称或个人姓名，以及写作日期。

三、表扬信的写作要求

1. 表扬的事实要清楚，这是表扬的基础
2. 表扬要恰如其分，要与事迹相称
3. 语言要热情简朴，条理要清楚

四、例文阅读与评析

【例文】

表 扬 信

××大学：

我们是中国人民解放军××部队××分队的全体官兵，特写信表扬贵校学生李××和杨×同学。他们助人为乐，是新时期的优秀大学生。

2月4日我队干部家属陈×自杭州携三岁的女儿来部队探亲，不慎在某火车站丢失所有的现金和火车票。正当陈×母女万分焦急之时，贵校政治系××专业××级学生李××和杨×同学向她们伸出援助之手。两位同学不仅掏钱为她们买了到北京的火车票，而且一路上为陈×母女买饭买菜，递茶递水。到站后又为她们叫好出租车并预付了车费，使陈×母女平安到达部队驻地。李××和杨×同学这种助人为乐的“雷锋精神”，令我们全体指战员感动万分。

我们十分感谢李××、杨×同学助人为乐的行为，我们号召全队干部战士向这两位同学学习，在保卫祖国的工作中奉献我们的青春，同时也希望学校领导对李××、杨×同学予以表扬。

此致

敬礼！

××部队××分队全体官兵

×年×月×日

【评析】

这是一份助人为乐表扬信。文章首先提出表扬，接着叙述两位大学生的助人事迹：热情帮助处于困境中的部队干部家属，而且一帮到底；然后是对这种行为进行评价；最后表达向大学生学习的决心并提出希望。文章的语言很朴素，没有华丽的词藻，但叙事很清楚，对事件的评价也很中肯。

思　考　题

一、表扬信的写作有哪些要求?

二、3月10日中午12时许，在潮州湘桥区城西街道新乡村一村道上，一步行女青年被一男子抢劫。洪岳文见状迅速和其他群众追赶歹徒。洪岳文赤手空拳，在与歹徒英勇搏斗时被歹徒用刀刺中腹部，歹徒仓皇逃离现场。洪岳文受伤后，附近群众迅速将他送往医院抢救。街头巷尾，广大市民连声称赞他勇斗歹徒、光荣负伤的义举。请根据以上材料向报社写一份洪岳文勇斗歹徒的表扬信。

第四节　感　谢　信

一、感谢信概说

（一）含义

感谢信是对单位或个人给予的帮助、支持表示感谢的一种信函文书。

（二）特点

1. 确指性

感谢信的对象是有明确指向的，是对帮助、支持过自己的单位或个人表达谢意，感谢的对象很明确。

2. 情感性

感谢信应表达出写信人由衷的感动和诚挚的谢意。

3. 事实性

以具体的事实作为感谢的理由。

（三）种类

感谢信依据不同的标准，可以有不同的分类。

1. 根据感谢对象分

可以分为给单位的感谢信和给个人的感谢信两类。

2. 根据感谢信的发布形式分

可以分为张贴式感谢信和书信式感谢信两类。其中，张贴式感谢信除了可以公开张贴之外，还可在报纸、广播、网络等媒体上发布。

二、感谢信的结构与写法

感谢信通常由标题、称呼、正文、结语、签署五部分构成。

（一）标题

感谢信标题的写法有这样几种形式：一是直接用“感谢信”；二是由感谢对象和文种组成，如“致×××的感谢信”；三是由感谢方、受谢方和文种组成，如“×××致×××的感谢信”。

（二）称呼

另起一行顶格写要感谢的单位名称或个人姓名，个人姓名应加上“先生”“女士”等适当的称呼，后加冒号。

（三）正文

这一部分要写清楚对方在什么时间、什么地点、由于什么原因、做了什么好事、对自己或单位有什么支持和帮助、事情有什么好的结果和影响；从中表现了对方哪些好思想、好品德、好风格；最后表示自己或所在单位向对方学习的态度和决心。

（四）结语

另起一行，空两格写表示敬意或祝愿的话，如“祝贵公司蒸蒸日上!”等。

（五）签署

在正文右下方写发信人单位名称或个人姓名，并在下方写上日期。

三、感谢信的写作要求

1. 感谢的事项必须真实准确，时间、地点、人物、事件要交代清楚
2. 赞扬与评价要恰如其分，不可滥用溢美之词
3. 感激之情要真挚，态度要诚恳

四、例文阅读与评析

【例文】

×××致广大网友的感谢信

诸位网友：

我是×××，在四川灾区向大家汇报工作。

首先，请让我们对在此次灾难中受难的群众表示沉重的哀悼。其次，请允许我代表受到××基金帮助的灾区人民感谢你们，请允许我代表××基金的所有义工感谢你们。

在你们的大力支持下，在两亿多网友的大力支持下，在各家爱心平台、公司的大力支持下，××基金的赈灾工作进展顺利，并已建立起独立、高效的赈灾通道。

5月12日当晚，××基金立即调拨了100万元善款购置救灾物资；当晚，××基金还联手各爱心公司，通过第三方工具支付宝，共同发起网络救助活动，希望“早一点到达，多一份希望”。从5月12日到20日，××基金一直冲在灾区前线。17日，我也赶赴四川加入这一行列。5月21日，××基金成立“5·12四川地震赈灾指挥部”，这标志着××基金此次赈灾转入到长期持久的灾后重建阶段。近期会先在江油等地建立××基金之家，帮助130多所学校的学生复课。而××基金灾后重建的重点将帮助受灾的老人、孤儿和残障人士。这是××基金首次成立实体进行自然灾难救助，但我们非常有信心，坚信自己能够在灾后重建中尽一份自己的绵薄之力。因为我们不孤独。在前线拼搏的我们，有你们在后方的坚定支持，有两亿多网友在后方的支

持，有各家爱心平台、公司的支持。

我的同事告诉我，截至5月21日12时，此次××基金已获捐款5 654.57万元，超过66万人次参与捐款，其中网络及个人的捐款高达4 223.38万元。××网公司的朋友告诉我，从××网通道捐赠的1 900多万元就有诸多爱心网站网友的大力支持，比如天涯、搜狐、阿里巴巴集团的其他子公司。大家携起手来，各尽其长，创造了中国网络赈灾的奇迹。

××基金将会继续秉承对每一位捐款人负责的态度，定期向社会公布善款使用报告，不辜负每一颗爱心。此次赈灾善款的使用，将特别邀请××会计师事务所全程监控、审计。

请允许我再次替获得××基金帮助的灾区人民感谢你们。预祝灾后重建每天都有新进展。

××基金：×××
2008年6月××日

【评析】

这是一份个人给网友群体的感谢信。文章首先表达谢意，接着说明感谢的原因：数十万网友群体为四川灾区向××基金捐款数千万元。这是对灾区人民的帮助，是对××基金的信任。作者对基金会救灾的大致工作情况、善款的使用安排等作简要说明，对网友的爱心捐款举动作评价，表达了认真负责，“不辜负每一颗爱心”的决心，最后以再次表达感谢作结。全文语言朴实，感情真挚，结构完整，条理也很清晰。

思考题

一、感谢信和表扬信有什么不同？

二、青岛××大学管理学院××级工程造价（专科）4班朱林华同学，于10月1日上午在黄岛汽车站捡到一女士丢失的黑色手提包，内有4 000元存折一张，现金3 000元，另外有身份证等物品。朱林华同学捡到手提包后在原地等待近1个半小时，在未等到失主认领的情况下，朱林华同学返回学校将手提包交至学校保卫处。在学校保卫处老师的帮助下，最终联系到了失主——在黄岛一玩具厂上班的梁女士。当梁女士接过失而复得的手提包时，激动万分，为朱林华同学拾金不昧的精神所感动。梁女士称，她在车站购买回家的车票时将手提包丢失，发现包丢失后因忙于挂失银行卡而未返回车站寻找，自己没有想到手提包能找回。她非常感谢朱林华同学和学校的老师。最后，梁女士要对朱林华同学进行答谢，被婉言谢绝。请根据以上材料以梁女士的名义向朱林华同学写一份拾金不昧的感谢信。

第五节　慰　问　信

一、慰问信概说

（一）含义

慰问信是以组织或个人的名义向在某方面作出特殊贡献或遇到意外损失、遭到巨大灾难的集体或个人表示慰劳、问候、关心或鼓励的一种信函文书。

（二）特点

1. 公开性

慰问信通常采用公开发布的形式来表达对对方的关切之情。

2. 情感性

情感的沟通是支撑慰问信的基础。通过慰问，达到双方情感的交流和理解，使对方在精神上得到慰藉与鼓励。

（三）种类

1. 成绩慰问

向为国家与集体作出贡献的组织与个人表示慰问与祝贺。

2. 灾难慰问

向在自然灾害中遇到重大损失的单位和人员表示安慰与鼓励。

3. 节日慰问

在传统节日向有关组织或人员表示问候与祝愿。

二、慰问信的结构与写法

慰问信的结构包括标题、称呼、正文、结尾、签署等几部分。

（一）标题

由单位名称、慰问对象、文种组成，也可由慰问对象、文种构成，如“×××致×××的慰问信”；或只写“慰问信”三个字作为标题。

（二）称呼

顶格写被慰问单位名称或个人姓名。

（三）正文

另起一行，空两格写慰问信的内容。这部分可以说明慰问的背景和原因；叙述赞扬被慰问者的先进事迹或鼓励受灾受难者；表示慰问、学习、愿望和决心。

（四）结尾

结尾表示祝愿或慰问、鼓舞之情。

（五）签署

在右下方适当位置写单位名称或个人姓名。署名下方写上年、月、日。

三、慰问信的写作要求

1. 感情要真挚，落在实处，落在对方心坎上
2. 语气要诚恳，语言要富有感染力

四、例文阅读与评析

【例文】

致××电信全体劳动模范的慰问信

××电信各位劳动模范：

值此××电信各级企业深入实施企业转型战略，喜迎“五一”国际劳动节之际，省公司、省电信工会谨向××电信各个岗位上的劳动模范以及离退休的老劳模们致以节日的问候和崇高的敬意！

劳动创造历史，劳模书写崇高。多年来，你们在××电信不同的岗位上，以强烈的主人翁责任感、精湛的技术、大公无私的奉献精神，在不同的历史时期为××电信的改革创新、现代化建设和企业转型作出了巨大的贡献，你们身上所体现出的求真务实、锐意创新、知难而进、无私奉献的精神，突出展示了××电信人的精神风貌和崇高品格，是××电信的宝贵财富，是鼓舞和带动员工做好本职工作的强大动力。你们不愧为××电信的精英和楷模。你们的崇高精神和光辉业绩，历史不会忘记、企业无比珍惜、员工倍加崇敬。

当前，固网运营企业正面临着前所未有的严峻考验，移动通信对固定通信的替代趋势不断加剧，传统语音业务低值化、个人化的趋势更加明显，使得国内电信市场竞争格局严重失衡，我们在增量市场取得的份额日渐减少。在这样的形势下，省公司提出了“强化执行、锐意创新、全面深入地推进企业战略转型”的总体要求。这不仅对我们提出了新的挑战和要求，也为我们提供了发挥智慧和才华的广阔天地。各位劳动模范是公司的精英、企业的中坚和员工的楷模。劳模精神的传承和弘扬，对于实现企业转型的宏伟战略将起到至关重要的作用。希望你们珍惜自身荣誉，继续做好楷模，以更高的标准做好今后的工作，不辜负各级组织、员工群众对劳模寄予的厚望；要以身作则，重视学习，勇于实践，切实发挥劳动模范在工作、学习上的示范带头作用，以自身言行弘扬时代正气，坚定地站在时代潮头，走在改革和发展前列，为员工群众树立起学习的榜样；要继续做好传帮带的工作，你们的劳模精神和工作的经验心得是××电信的宝贵财富，希望你们及时进行归纳、总结、提炼，积极参加即将在全省开展的“劳模先进知识经验共享”活动，将你们的知识经验传授给更多的员工，做创造知识、传播知识、共享知识的典范。各位离退休劳模要一如既往地关心和支持××电信，为电信事业的改革与发展献计献策，发挥余热，齐心协力，共同把××电信建设得更好。

我们正站在电信业发展的一个崭新的起点，面临新的伟大的征程。让我们上下一

心，努力奋斗，为实现××电信战略转型的宏伟目标，为构建社会主义和谐企业做出新的贡献！

祝劳模们身体健康、工作顺利、节日快乐！

江苏省电信有限公司
江苏省电信工会
×年×月×日

【评析】

这是一封节日慰问信。首先表达对劳模的节日慰问；接着说明慰问的原因是劳模们做出“巨大的历史上的贡献”；然后就现实工作的困难，向劳模提出新的要求，“切实发挥劳动模范在工作、学习上的示范带动作用”，“齐心协力，共同把××电信建设得更好”；最后是祝愿的话。全文情真意切，集慰问、鼓励、希望为一体，具有较强的感染力。

思　考　题

一、你觉得慰问信多用于灾难慰问还是成绩慰问，为什么？

二、湖北省部分县市 2016 年 7 月受到持续暴雨侵袭，造成洪涝灾害，数千解放军官兵奋战在抗洪第一线。请给灾区的群众或抗洪官兵写一封慰问信，表达对他们的问候、鼓励与祝福，字数要求在 800 字左右。

第六节　贺　　信

一、贺信概说

（一）含义

贺信是指行政机关、企事业单位、社会团体或个人向其他集体单位或个人表示祝贺的一种信函文书。

（二）特点

1. 祝贺性

贺信是对对方取得成绩、成就的祝贺。

2. 函电性

贺信的写作采用信函或电文的结构方式。

（三）种类

1. 按性质范围分

可以分为三类：重大成就贺信、重大会议贺信、重要任职贺信。

2. 按行文方向分

可以分为四类：上级机关对下级单位的贺信、下级单位对上级机关的贺信、平级单位之间的贺信、以个人名义对某单位或个人的贺信。

二、贺信的结构与写法

贺信一般由标题、称呼、正文、结尾和签署五部分构成。

（一）标题

贺信的标题通常就写文种，在第一行正中书写“贺信”二字。也可以在“贺信”前写上谁给谁的贺信。

（二）称呼

顶格写明被祝贺单位或个人的名称或姓名。写给个人的，要在姓名后加上适当的称呼，如“同志”“先生”“女士”等，称呼之后用冒号。

（三）正文

贺信的正文要交待清楚以下几项内容。

1. 结合当前的形势状况，说明对方取得成绩的大背景，或者某个重要会议召开的历史条件。

2. 概括说明对方在哪些方面取得了成绩，分析其成功的主观、客观原因。这一部分是贺信的重点，一定要交待清楚祝贺的原因。

3. 表示热烈的祝贺。要写出自己祝贺的心情，由衷地表达自己真诚的慰问和祝福。要写一些鼓励的话，提出希望和共同理想。

（四）结尾

写祝愿的话，如“此致　敬礼”“祝争取更大的胜利”“祝您健康长寿”等。

（五）签署

写发文单位名称或个人的姓名，并署上成文时间。

三、贺信的写作要求

1. 祝贺事由要明确，成就评价要适当

2. 语言简练概括，感情真挚、浓烈，给人以鼓舞

四、例文阅读与评析

【例文】

中共中央、国务院致第29届奥林匹克运动会中国体育代表团的贺信

中国体育代表团：

在举世瞩目的第29届奥林匹克运动会上，中国体育健儿肩负祖国和人民的殷切期望，怀着为国争光的强烈信念，顽强拼搏，奋勇争先，取得了51枚金牌、21枚银牌、28枚铜牌的优异成绩，位居金牌榜第1位，创造了中国体育代表团参加奥运会以来的最好成绩，实现了重大历史性突破，书写了中国体育事业发展的新篇章，为把北京奥运会办成一届有特色、高水平的奥运会作出了重大贡献。祖国和人民为你们自

豪！党中央、国务院向为祖国和人民赢得巨大荣耀的中国体育代表团，致以热烈的祝贺，表示亲切的慰问！

在北京奥运会赛场内外，中国体育健儿大力弘扬中华体育精神和奥林匹克精神，以坚定的意志品质、精湛的运动技艺、良好的文明礼仪，取得了运动成绩和精神文明双丰收，实现了你们出征前许下的为人生添彩、为奥运增辉、为民族争气、为祖国争光的誓言，向世界展现了中华儿女积极进取、昂扬向上的蓬勃朝气，展现了中华民族自强不息、团结奋斗、和平进步的精神风貌。你们同世界各国各地区体育健儿交流技艺、提高水平、增进友谊，为促进世界各国各地区人民的相互了解作出了新的贡献。你们用自己的实际行动，极大激发了全国各族人民的爱国热情和拼搏精神，给正在积极推进改革开放和社会主义现代化建设的全国各族人民以巨大鼓舞，为国际奥林匹克事业作出了突出贡献。

希望你们发扬优良传统，认真总结经验，戒骄戒躁，再接再厉，不断为祖国和人民赢得更大荣耀，为推动我国体育事业向前发展，为弘扬奥林匹克精神和促进国际奥林匹克运动，为争取全面建设小康社会新胜利、开创中国特色社会主义事业新局面再立新功！

中共中央、国务院

二〇〇八年八月二十四日

【评析】

这是一份上级单位对下级单位的贺信。贺信首先祝贺中国体育代表团取得的巨大成就：“创造了中国体育代表团参加奥运会以来的最好成绩，实现了重大历史性突破，书写了中国体育事业发展的新篇章，为把北京奥运会办成一届有特色、高水平的奥运会作出了重大贡献。”接着说明这一成就的意义：“极大激发了全国各族人民的爱国热情和拼搏精神，给正在积极推进改革开放和社会主义现代化建设的全国各族人民以巨大鼓舞，为国际奥林匹克事业作出了突出贡献。”最后提出希望：“认真总结经验，戒骄戒躁，再接再厉，不断为祖国和人民赢得更大荣耀。”全文语言流畅，热情洋溢，给读者以极大的鼓励。

思　考　题

一、某人最近被提拔为部门一把手，其下属可否为他写一封贺信？

二、写一份贺信，祝贺×××当选市劳动模范。

第七节　倡　议　书

一、倡议书概说

（一）含义

倡议书是个人或集体公开提出某种建议，倡导共同完成某项任务或开展某项有意义活动的信函文书。

（二）特点

1. 群众性

倡议书不是对某个人、某一集体或某一单位而言的，它往往面向广大群众，或对一个部门的所有人，或对一个地区的所有人，甚至向全国发出，所以广泛的群众性是倡议书的根本特征。

2. 公开性

倡议书是一种广而告之的书信。它要让广大的人民群众知道和了解倡议的内容，从而激起更多的人响应，以期在最大的范围内引起共鸣。

3. 感染性

倡议书本身没有行政约束力，只能依靠真情实感打动人心。群众可能理会也可能不理会，这就要求以倡议的内容本身所具有的感染力来吸引群众的参与。

（三）种类

1. 从作者角度分

有个人倡议书和集体倡议书两种。

2. 从传播角度分

有传单式倡议书、张贴式倡议书、广播式倡议书和网络式倡议书。

二、倡议书的结构与写法

倡议书一般由标题、称呼、正文、结尾、签署五部分组成。

（一）标题

倡议书标题一般由文种单独组成，即在第一行正中用较大的字体写“倡议书”三个字。另外，标题还可以由倡议内容和文种共同组成，如“节约用水、用电的倡议书”。

（二）称呼

倡议书的称呼可依据倡议的对象而选用适当的称呼，如“广大的青少年朋友们”“社区全体住户”等。有的倡议书也可不用称呼，而在正文中指出。

（三）正文

倡议书的内容需包括以下一些方面。

1. 写明倡议书的背景原因和目的

倡议书的发出旨在引起广泛的响应，只有交待清楚倡议活动的原因，以及当时的各种背景事实，并申明发布倡议的目的，人们才会理解和信服，才会自觉地行动。如果这些因素交待不清就会使人觉得莫名其妙，难以响应。

2. 写明倡议的具体内容和要求

这是正文的重点部分。倡议的内容一定要具体化。开展什么样的活动、要做哪些事情、具体要求是什么、它的价值和意义都有哪些均需一一写明。倡议的具体内容一般是分条列项写，这样写可以清晰明确，一目了然。

（四）结尾

表示倡议者的决心和希望，或者写出某种建议。倡议书一般不在结尾写表示敬意或祝愿的话。

（五）签署

在右下方写倡议者单位、集体名称或个人姓名，署上发倡议的日期。

三、倡议书的写作要求

1. 倡议的原因、目的要清楚，以便得到人们的理解
2. 倡议的事项要合情合理，以便得到人们的响应

四、例文阅读与评析

【例文】

节约用水倡议书

全体同学：

水是生命之源，是万物赖以生存的基础。长期以来，人们认为水是“取之不尽，用之不竭”的，没有意识到节约用水的重要性。事实上，全世界的淡水只占所有水资源的7%，而可以饮用的淡水只有0.8%，世界约有80个国家正面临着水危机，发展中国家约有10亿人喝不到清洁的水，17亿人没有良好的卫生设施，每年约有2 500万人死于饮用不清洁的水。

我国人均水资源拥有量仅为世界平均水平的1/4，属于水资源紧缺的国家。目前全国2/3的大中城市面临缺水。在中国的北方，尤其是西北水资源奇缺，沙漠化、半沙漠化的趋势越来越明显，水危机已经严重制约了人类的可持续发展。为此，我国于2002年1月颁布新水法，明确规定“国家实行计划用水，厉行节约用水”。

为积极落实新水法，建设节约型校园，提高节水、保水意识，我们向全校同学发出倡议：

一、充分认识节约用水的重要性和紧迫性，提高节水意识，大力宣传节约用水对国民经济建设及居民生活稳定的重要性，在全校形成“节约用水光荣，浪费用水可耻”的良好氛围。

二、树立正确的用水观念、科学的用水态度和合理的用水方式，从我做起，从现在做起，身体力行，勤俭节约，杜绝“跑、冒、漏、滴”等现象的发生。

三、用水时避免大开水龙头，减少水的流量，要使用脸盆洗脸、洗手。用完水后要及时拧紧水龙头，避免长流水现象。

四、节约淋浴用水，缩短淋浴时间。坚持使用节水设备，对于用水量较大的绿化及生活用水提倡一水多用，分质使用，将水耗降至最低。

五、遇到有浪费水资源的现象，要及时制止；发现水管有漏水现象，要及时向有关部门反映。

老师们、同学们，节约用水事关民族事业、国家前途和人类的发展。让我们积极行动起来，时时、处处、人人节约用水，积极开展节水活动，保护好水资源。让

“节约用水光荣、浪费用水可耻”的理念在校园里蔚然成风，用实际行动努力构建节约型校园，为学校的发展、为现代化建设作出应有的贡献！

××中学高一（2）班全体同学
×年×月×日

【评析】

这是一份学校班级发出的节水倡议书，虽然是面向该校发出倡议，但适用于国民生活的大多数场合。文章首先交代发出倡议的原因、目的：水资源紧张，要节约用水；接着从五个方面发出倡议，这些倡议的内容合情合理，可操作性强，师生容易接受和实行；最后发出呼吁：“让我们积极行动起来，时时、处处、人人节约用水。”全文结构完整，语言朴实流畅，内容具体明确，容易获得人们的积极响应。

思　考　题

一、倡议书的内容包括哪些方面？

二、写一份保护环境的倡议书。

第八节　申　请　书

一、申请书概说

（一）含义

申请书是个人或集体向组织、企事业单位或社会团体表述愿望、提出请求时使用的一种信函文书。

（二）特点

1. 请求性

“申请”是申述自己的理由并有所请求的意思。无论是个人在政治生活上入团入党的申请，或者个人、单位在其他方面的申请，均是一种请求满足要求的文书。所以请求性是申请书的一个根本的特点。

2. 书信体

申请书是一种专用书信，因此它也必须按照书信的格式来行文。内容因要求不同而不同，形式基本保持不变。

（三）种类

从用途上划分，申请书有以下几类。

1. 思想政治方面的申请

一般是指加入某些党派团体，如申请加入中国共产主义青年团、中国共产党、工会或参军等。

2. 工作学习方面的申请

一般是求学或在实际工作中所写的申请，如入学申请书、带职进修申请书、工作调动申请书等。

3. 日常生活方面的申请

日常生活中，我们常常会遇到一些问题，需要个人申请才可以被组织、集体、单位考虑、照顾或着手给予解决，如个人申请开业、领养子女、困难补助等。

二、申请书的结构与写法

申请书通常由标题、称呼、正文、结语、签署五部分构成。

（一）标题

申请书的标题有两种写法：一是只写文种名称“申请书”。二是事由加文种，如“入党申请书”“开业申请书”“住房补贴申请书”。

（二）称呼

写接受申请书的单位名称，也可写有关领导的姓名后加职务；然后加上冒号。

（三）正文

正文是申请书的主体部分，应写明以下内容：

1. 申请事项

具体明确地写明申请的事项，不可含糊不清。

2. 申请理由

要针对申请事项，充分陈述理由。

3. 申请人的态度

申请人应明确提出诚恳的希望和要求，以求申请被批准。

（四）结语

可写上表示祝颂、敬意或感谢的话作为申请书的结尾，这是对接受申请书的人的一种礼貌。也可写上申请获准后的态度和决心。

（五）签署

在结语右下方写申请人的姓名和申请日期。

三、申请书的写作要求

1. 一文一事，一份申请书只能提出一个申请要求

2. 申请的事项要明确，理由要充分

四、例文阅读与评析

【例文】

助学贷款申请书

尊敬的中国农业银行××分理处领导：

我是××大学经济管理系××级会计与审计专业学生×××，男性，××省××

县××镇人，身份证号：×××××××××。由于家庭经济贫困，全家上下6口人的生活来源仅靠双亲微薄的农业收入，加上爷爷病重，常年在床无法下地行走，弟弟还在读书；家里每年必须拿出大部分收入来供给我和弟弟上学。父母亲的担子一天比一天重，身体状态也大不如前，如今已无力支付我的学杂费。为了顺利完成学业，我特向贵行提出申请，希望可以获得国家助学贷款，请求贵行依据国家助学贷款的相关政策以及本人的实际经济状况，贷给我剩余三年的学杂费共计人民币×万元整。

本人愿意遵守与贵行所签订贷款合同所有条款并承担相应法律责任和经济责任，认真履行相关义务，按时缴付利息和到期还本付息，保证按期还清所有贷款。恳请领导批准我的申请，不胜感激！

此致

敬礼！

申请人：×××

×年×月×日

【评析】

这是一份因家庭经济困难而向银行写的助学贷款申请书。正文部分首先介绍自己的基本情况；接着说明申请的理由：家庭经济贫困无力支付学杂费，国家有助学贷款的相关政策；然后直陈申请事项：给予三年学杂费贷款；最后是本人承诺“保证按期还清所有贷款”。全文结构完整，条理清晰，申请事项明确，理由充分，语言谦和，符合申请书的写作要求。

思　考　题

一、申请书和行政公文中请求批准的“请示”有哪些异同？

二、写一份加入××市写作协会的申请书。加入××市写作协会的条件是：赞成本协会章程的人员，发表或出版过具有一定水平的作品，由本人申请（或由各地写作单位推荐，或本会会员一人介绍），经本会审议批准，即可成为本会会员。

第七章　常用事务文书

第一节　计　　划

一、计划概说

（一）含义

计划是为完成一定时期的任务而预先作出安排部署的一种事务文书。规划、方案、安排、打算等，也属于计划。

（二）特点

1. 预见性

计划是着眼于将来的，是对工作目标、进程的预见，其预见是一种科学的预测，是建立在事实和对有关信息的分析研究基础上的。

2. 指导性

计划是工作的先导。制订计划，是为了避免工作中的随意性和盲目性。计划一旦成文，就对实际工作起规定和约束作用，使有关人员在开展工作时有了参照和依据。

（三）种类

计划可以分为若干类型。从内容上分，有工作计划、生产计划、学习计划等；按时间分，有年度计划、季度计划、月度计划、周计划。一般可按内容的宽窄，将计划分为两类：专项计划和综合计划。

专项计划是机关单位对某项具体工作作出的专项部署和安排，如《大学语文教学计划》。

综合计划是机关单位对各项工作作出的全面部署和安排，如《××大学二〇一七年工作计划》，是对这一年学校的教学、科研、后勤等各方面工作作安排。

（四）计划和规划辨析

计划和规划都属于计划类文体，它们之间的差别主要是：

1. 规划范围大，计划范围相对较小

规划是对全国或某一大的地区工作的谋划，规模宏大，涉及面广，如《中华人民共和国国民经济和社会发展第十四个五年规划》。而计划的规模、范围没有规划大。

2. 规划时间长，计划时间相对较短

规划是比较长远的发展计划，时间可以是 5 年甚至 10 年，计划是在较短的期限内完成某一任务。

3. 规划概括性强，计划较具体

规划的内容是全面概括和原则性地展示发展蓝图，一般不作具体安排，而计划在内容上要具体得多。

二、计划的结构与写法

计划一般由标题、正文、签署三部分组成。

（一）标题

计划的标题一般包含计划者、计划内容、计划时限和文种，如《××纸业公司二〇一七年质量工作计划》。亦可根据需要省略其中的某些项目，但至少需要计划内容和文种两项，如《大学英语学习计划》。

（二）正文

1. 结构

计划正文一般采用条文式和表格式两种写法。条文式结构是将正文内容分条列项写出来；表格式结构是将计划制成表格形式，然后将计划内容逐项填入，如企业的周程表、学校的课程表等。

2. 内容

正文是计划的主要部分，一般包括目的和依据、目标和任务、措施和步骤、希望和要求四个部分。目的和依据是计划的前言，通常简要说明编制计划的指导思想、目的、依据等；目标和任务是计划的核心，要具体、明确地写明计划的目标、任务和各项主要指标；措施和步骤具体说明计划的各种措施和步骤安排，如何执行计划、分工配合、检查考核等，可分条列项，逐一表述；希望和要求是计划的结语，要简洁地提出执行本计划的希望、要求等，以激发执行者的热情和信心。有的计划没有结语，写完目标任务、措施步骤就结束全文。

（三）签署

包括制订计划的单位名称或个人姓名，计划的制订日期。也有的计划把署名和日期写在标题下方。

三、计划的写作要求

（一）目标要合理

计划中目标的制订要在充分调查研究的基础上得出，最好是"跳一跳，能摸到"的目标，切勿过高而实现不了。

（二）措施步骤要具体

在计划里，做什么、怎么做、何时做完等基本要素要在深入调查、集思广益的基础上具体明确地提出，计划具有可操作性，目标才能实现。

（三）结构要清晰、语言表达要简明

计划是务实性的，因此结构要一目了然，不能有悬念。语言要简洁明了，一看就清楚明白。

四、例文阅读与评析

【例文】

××厂开展植树造林美化厂区的活动计划

根据第×届全国人大第×次会议通过的《关于开展义务植树造林活动的决议》，结合我厂厂区建设的实际，决定在今年春季开展植树造林、美化厂区活动。拟做好以下几项工作。

（一）任务与要求

1. 今年春季在厂区内植树×××株，铺草坪×××平方米，种植各种花草×××棵。要求平均每人植树×棵，铺草坪×平方米，种花×棵。要做到栽种后有管理，保证成活，并在植树节前完成上述任务。

2. 这项活动以厂办为领导，以各车间、科室为单位，以园林管理科作为指导部门来进行。具体要求：

（1）各车间、科室的领导要带头，并指定专人负责此项工作。

（2）充分发动群众，认真组织好力量，采取分片包干的办法。

（3）要因地制宜，针对厂区环境的不同条件，种植各种不同的花草树木。

（4）园林管理科要及时做好花草树苗的备运等各项工作。

（5）加强对每一阶段工作的检查，二月中旬做一次全面检查。

（二）措施

1. 二月下旬召开一次植树造林美化厂区的工作会议，参加人员为各车间、科室负责人，重点研究植树造林美化厂区的领导工作，采取必要的措施予以落实。

2. 加强各部门对植树造林美化厂区的领导工作，认真解决各部门存在的问题。

3. 从园林管理科抽调几名同志到各科室、车间的植树造林现场进行指导。

4. 在植树节前，要把这项任务基本完成。

××厂

×年×月×日

【评析】

这是一份专项计划。前言写开展植树造林美化厂区活动的根据，是第×届全国人大第×次会议通过的《关于开展义务植树造林活动的决议》。正文分为“任务与要求”和“措施”两部分，任务清楚，指标落实到人，要求明确，措施具体，便于执行。在结构上采取分条列项式，清晰明了，语言简洁。这是一份可作为基层单位和个人学习参考的计划。

思　考　题

一、计划和规划有什么不同？

二、计划的正文包括哪几部分？

三、写好计划要注意哪些问题？

四、写一份下学期的学习计划或下一年度的工作计划。

第二节　总　　结

一、总结概说

（一）含义

总结是对某一时限内的工作或任务加以回顾、分析、研究，概括出经验教训，指导今后工作的一种事务文书。

（二）特点

1. 回顾性

所有的总结都是对一件完成了的事情进行回顾、概括，为下一阶段的工作开展提供借鉴。

2. 理论性

总结的目的，在于归纳出经验教训，形成带规律性的结论，具有鲜明的理论色彩。

3. 客观性

总结是以单位或个人自身的实践活动为依据，所列举的事例和数据都必须客观真实，经验教训也必须来自客观的概括，任何歪曲事实的做法都会使总结失去应有的价值。

（三）种类

总结，按不同标准可以分为许多类别。按内容来分，有工作总结、学习总结、思想总结等；按范围来分，有单位总结、班组总结、个人总结等；按时间来分，有月度总结、季度总结、年度总结等。一般按总结反映内容的范围不同，可将总结分为两类：全面总结和专题总结。

全面总结是对一定时限内所做的所有工作进行全方位的总结，如《××大学二〇一五年工作总结》，是对学校的教学、科研、后勤等工作作全方位的总结。

专题总结是对某个专门的问题进行总结，如《××公司后勤工作总结》，是对公司的后勤保障工作作出专项总结。

二、总结的结构与写法

总结的结构，包括标题、正文、签署三部分。

（一）标题

总结的标题写法多样，最常见的是由单位名称、时限、主要内容、文种组成，如

《××市教育局二〇一五年工作总结》。全面总结一般多采用这种形式的标题。专题总结的标题写法比较灵活，如《奥运冠军是怎样得来的?》《构建市场新机制——××××的实践与总结》等。无论哪种标题，都要注意简洁而且突出文章的主旨。

（二）正文

正文一般包括前言、主体、结尾几个部分。

1. 前言

主要概述基本情况，写明总结的指导思想、原因、目的等，为主体部分的展开做铺垫。

2. 主体

这是总结的核心部分，内容包括做法与成绩、经验和教训等。这一部分要求在回顾过去工作情况的基础上，认真细致地分析取得成绩的原因、做法，不足之处及其原因。这一部分要揭示工作中带有规律性的东西，力求有一定的理论性。

3. 结尾

在总结经验教训的基础上，提出今后的努力方向、目标、改进措施等，表明决心，展望前景。

（三）签署

写总结的单位名称或个人姓名，总结的写作日期。这两项一般写在正文后面右下方适当位置，但也有将作者名称写在标题正下方，写作日期写在正文右下方的写法。

三、总结的写作要求

（一）材料要充分

充分占有材料，全面掌握情况，是写好总结的前提。在写作时，还要对材料进行选择，突出典型材料，注意点面结合。

（二）找出带规律性的东西

要深入细致地对掌握的材料进行分析，找出其中能够揭示事物本质的带有规律性的东西，把经验上升到理论，以指导今后的工作。

（三）表述要客观

对工作中的成绩和缺点要实事求是，不夸大成绩，也不隐瞒失误，客观真实地展示优点和不足，以利于今后工作的开展。

四、例文阅读与评析

【例文】

××××年个人工作总结

一年来，在办公室各位主任的领导下，在各位同事的密切配合下，我较好地完成了自己的本职工作和领导交办的其他工作。现简要回顾总结如下。

一、加强政治理论学习，提高思想政治素质

为了适应新形势下政府工作需要，一年来，我始终把学习放在重要位置，努力在提高自身综合素质上下工夫。我重点学习了国家领导人的一系列重要讲话精神，提高了理论水平和思想政治素质，进一步增强了党性，提高了自己政治洞察力，并在实际工作中勤思考、多动脑，结合实际多想办法，把上级的各项政策指令贯彻到各项工作中去。

二、推进办公室工作的全面进步

一年来，在办公室的日常管理、人事管理、公文档案管理等工作方面都取得明显进步。主要表现在以下几个方面：

1. 不断提高政策水平和写作能力

作为办公室文员，写文章是我的日常工作之一。为提高写作能力，我不定期地参加市、区有关部门组织的专业培训课程，时刻关注中央、省、市委、厅、处等各级领导机关的重大决策，结合我办实际，做好宣传和落实工作。尤其是在重要文件的起草、工作总结、报告的撰写方面，能紧密结合上级要求和号召，努力做到适应形势、符合实际，文章逻辑性强、文字简洁、格式规范。通过不断学习，自身的政策和文字水平在逐渐提高。

2. 日常管理更加规范

一是对办公室的物品进行了登记造册，专人管理。从业务机械设备、各类药物出入仓到办公室日杂物品等，都进行了规范管理，达到整洁有序、齐全完善的要求。二是加强对办公设施的管理。重点做好节能降耗工作，采取措施节约纸张，减少不必要的浪费。整合办公资源，调整了人事办公电脑，购买了新打印机，对旧电脑进行更新升级，提高了工作效率。

3. 人事管理工作成效明显

我认真做好公务员管理登记，使用积分培训管理系统，使人事管理工作更加规范，做到人事信息掌握准确、更新及时。今年机关事业单位进行工资改革，我认真学习和把握好政策，详细核对每个员工的资料，在工资套改过程中未出现差错。

三、团结同事，努力工作

在工作中，我注意团结同事，宽以待人，不计较个人得失，任劳任怨，努力做好自己的工作。同时严于律己，不把小事当无事，不把小错当无错，时时处处以大局为重，讲团结，讲正气，讲原则。

办公室工作纷繁琐碎，很容易出现错误和失误。在日常工作中，同事出现了失误，我总是给予他们安慰和鼓励。与自己有关的工作出现了错误，我总是主动承担责任，不把责任推给他人。

办公室工作无小事，任何一件领导交办或同事托付办理的事情，我都会千方百计地去做好。对于要印发的文件，我每次都进行认真核稿和校对，并请其他同事帮助校稿，最后送给办公室主任把关，减少了出错的几率，保证了文件准确及时发送。

四、存在的不足及改进措施

总结一年来的工作，深感仍存在很多不足之处，如理论学习不够系统和深入，工作上尚有急躁情绪，工作开展不够全面，有时情况了解得不够细不够多，以致工作被动等。我决心在今后的工作中努力做到以下两点，以改进自己的工作：

1. 自觉加强理论和业务学习，进一步提高自己的理论水平和业务能力。
2. 提高工作的主动性，不怕多做事，不怕做小事，力求把工作做得更好。

×××
×年×月×日

【评析】

这是一位成人班学员的工作总结。总结从政治思想、业务工作、同事关系、不足之处四个方面展开，回顾自己在过去一年里所做的工作，成绩优点有哪些，做得不好的又有哪些方面，以及今后如何完善、提高自己。总结的内容比较实在，语言也很朴实。全文结构完整，条理清晰，语言通顺，但理论性稍显不足。

思 考 题

一、写一份上一年度的工作或学习总结。

二、指出下面总结的问题。

总　结

在××年，我入读××大学成人教育学院。在一年的学习中，本人自认有懒散的表现，因为一边要读书，一边要工作，要在工作中抽空读书，不是一件困难的事，但是要读好是一件不易的事。因为以前自己不努力，不刻苦读书，成就今天找书读的后果。在工作中，我年头是担任前台的工作，但是工作一年过后，觉得没有发展前途，而投向另一家服装公司担任文员。在这家公司，学习人事工作、考勤工作，至今仍然如此。虽然这称不上什么大公司，高职位，但是以自己的学历水平，也只许如此。走出社会至今，才深感后悔为何没有一门技术专长。

第三节 调 查 报 告

一、调查报告概说

(一) 含义

调查报告是针对某种情况而到现场进行调查，在调查研究的基础上写成书面报告的一种事务文书，也叫考察报告、调研报告、情况调查等。

（二）特点

1. 调研性

调查研究是认识客观事物的重要途径，是了解情况、解决问题的基本手段，没有调查研究就没有发言权，就不可能写出合格的调查报告。

2. 材料性

“事实胜于雄辩”，调查报告的价值来自它丰富的材料。调查报告需要列举大量的相关事例、统计数字和各方意见，在此基础上提出作者自己的看法。

3. 客观性

调查中得到的材料，以及在此基础上得出的观点，都必须是客观真实的。调查报告应如实地反映调查对象的真实情况，绝不允许从主观意愿出发，在调查研究和撰写报告的过程中虚构捏造、夸大缩小，戴有色眼镜评人论事。

（三）种类

调查报告的种类很多，按调查对象分，有工业调查报告、农业调查报告、社会调查报告等；按调查范围分，有国际性的调查报告、全国性的调查报告、区域性的调查报告等。一般可按调查内容的性质，将调查报告分为综合性的调查报告和专题性的调查报告两类。

综合性调查报告是以综合调查众多的对象及其基本情况为内容的调查报告，具有全面、系统、深入、篇幅较长的特点。如《中国农村留守儿童问题调研报告》等。

专题性调查报告是针对某个事情或问题撰写的调查报告，如《河北省××县青年农民精神文化生活调查报告》等。

二、调查报告的结构与写法

调查报告的结构一般由标题、署名、正文、时间几部分构成。

（一）标题

调查报告的标题一般是对调查内容的概括，有单标题和双标题两类。单标题如《育才中学英语教学情况的调查报告》《重视农村教育 增加经费投入》。双标题即标题中有正题和副题，一般正题揭示文章主旨，副题标明文章所调查对象、内容及文种，如《社区党建大有可为——上海市加强社区党建工作的调查》《为了造福子孙后代——××县封山育林调查报告》。

（二）署名

作者名一般署在标题正下方；也可写在正文结束的右下方。调查主体是单位的要署单位名称，主体是个人的则写个人姓名。

（三）正文

调查报告的正文一般由前言、主体、结尾组成。

前言主要概述调查目的、意图，或介绍调查的时间、地点、过程、被调查对象的有关情况、背景等，为正文做好铺垫。

主体是调查报告的核心，是对前言内容的展开。要求具体写出调查研究得来的事实和结论。

结尾，通常是归纳全文，突出文章主旨，照应开头；也可以是提出建议，引出问题，将调查问题引向深入。

(四) 时间

写作时间一般居于正文结束右下方位置。

三、调查报告的写作要求

(一) 要深入调查，掌握丰富的材料

调查报告要比较完整地写一个事物、一项工作、一个问题，阐明起因、过程和结果，并进行分析，找出规律，必须以确凿的事实为依据，通过大量的材料、数字来说明问题，因此要深入调查，才能掌握丰富的材料。这是写好调查报告的基础。

(二) 要认真研究材料，分析概括出正确的观点

调查材料有两种：一是从调查中获得的尚未经过加工的原始材料；二是参考资料。在写调查报告时需要对这些材料进行比较与鉴别、整理与归类，去粗取精，去伪存真。在对材料认真研究分析的基础上概括共性，找出规律，由表及里地认识事物的本质特征，从中提炼出最能说明问题的观点。

(三) 语言以叙为主、叙议结合

调查报告在表述方面以叙述为主，议论为辅，注意要用事实说话，议论是在叙述的基础上画龙点睛。同时还要注意合理谋篇布局，做到观点鲜明，层次清楚。

四、例文阅读与评析

【例文】

“你是中产阶层吗”调查报告

调查目的：对中产阶层的划分标准、个人生存状态的调查

调查方式：海力网问卷式调查

12 月 15 日，中国社会科学院对外发布的 2011 年《社会蓝皮书》指出，应不断壮大中产阶层，促进消费结构升级，加快形成“两头小、中间大”的纺锤形社会结构。

中产阶层应该是什么样？日前财经周刊通过本报官方网站海力网(www.hilizi.com)进行大型社会调查：你是中产阶层吗？结果显示，外资、私营企业中的高级管理人员，私营业主，公务员占据了“头三甲”的位置，85.7%的参与者认为“收入”是中产阶层最重要的衡量指标。

【结构调查】

实现中产阶层社会还要 30 年 企业高管及公务员成“公认中产”

近年来，围绕中国中产阶层的各种声音激烈交织，乐观、悲观情绪不一。您认为中国的中产阶层主要存在于哪个群体中？在本报调查中，外资、私营企业中的高级管

理人员，私营业主，公务员占据了“头三甲”的位置，分别占 85.7%、71.4%和 57.1%。此外，还有 28.6%的人将票投向了国有企业。

清华大学人文社会科学院院长李强认为，能创造大量社会财富、吸纳就业的中小民营企业，是中产阶层的重要来源，应该是经济发展的主体。但不少创业企业反映，当前企业纳税和缴费压力较大，成本不断攀升；一些行业性、地区性、经营性创业壁垒仍然存在，劳动者创业领域受到限制；一些地方行政监管不规范、不透明，多头收费、乱收费的现象仍有发生，中小企业和个体户负担较重，这些问题亟待解决。“中国现在培育中产的任务很艰巨，而且培育中产不是一个短时间的任务，它要求整个社会结构的转型。”李强分析，比如说产业结构，第三产业占主体后才可能出现大量中产阶层。此外，职业结构转型也是与产业结构转型相伴随的。

李强认为，中国现在面临的首要任务就是社会结构转型。中国低收入人群规模巨大，尤其是数量众多的农村人口，中产和富有阶层像个立柱立在低收入人群这个横杠上，形成一个“倒丁”字结构的社会。这意味着中国是中产阶级严重匮乏的社会，必须想办法扩大中产阶级的数量，才能使这个社会的结构变得更加稳定、健康。他预测，中国的结构转型需要 30 到 40 年的时间，中国真正实现中产阶层社会差不多到 2040 年。

【资产调查】

一套房子消灭一个中产？八成观点认为收入是中产“身份标志”

你对自己的月收入是否满意？感到不满意的网友占 71.4%，觉得满意的占 14.3%，还有 14.3%的网友觉得“比较迷茫，没有概念”。你认为中产阶层应该按什么划分？85.7%的参调网友认为“收入”是最重要的衡量指标，9.5%的人认为职业可以成为划分依据。值得深思的是，没有一名网友认为“学历”是中产阶层的“标志”。

6 年前，大学刚毕业就进入大连开发区一家外资企业企划部工作的辛阳对生活很满意。“每个月的工资6 000多元，生活几乎没什么负担，而且就当时的房价来说，觉得很快就能买房子了。”不过，如今的辛阳再也没有如此乐观的心态——在准备买结婚的房子时他才发现，原来自己攒下的 10 多万元在房价面前显得如此渺小，首付还要家人帮衬垫付。

你认为中产阶层的月收入应该是多少（包括工资、奖金、补贴、分红、经营纯收入、银行利息、金融投资收益、他人馈赠等）？“1 万元—2 万元”成为多数网友心目中的“中产收入”，占 57.1%，33.3%的网友认为应该是 2 万元以上。

【税负调查】

白领去年贡献 547 亿元个税　近五成参与者盼提高个税起征点

按照目前的状况，您认为税负是否影响到了您的生活质量？33.3%的受访者认为还算可以，23.8%的人认为影响很大。您认为个税起征点应该设在多少比较合理？47.6%的网友认为起征点应该提至5 000元，28.6%的网友认为应该大幅提升至8 000元。14.3%的人认为应该保持现有水平不变。

记者了解到，2009年我国个人所得税征收约3 949亿元，其中工资薪金所得项目收入约占63%，2 007年这一数字只有55%。同时，月纳税金额在5 000元以上（如加上基本扣除数2 000元和三险一金，约为税前8 000元）收入者的缴税额超过工薪所得项目总税额的50%。财政部的数据显示，2008年，在北京、天津、上海、广东、浙江等地跨国公司较为集中的地区，这部分缴税额接近或超过工薪所得项目总税额的60%，有的甚至超过80%。

根据财政部公布的数据，从全国范围来看，月工资在2万元以上者个税缴纳占到了工薪所得税项目的28%。除去这一部分，税前收入在8 000元—20 000元的中等收入者实际缴纳了工薪所得税项目的22%左右。

以2 009年全国个税总数3 949亿元计算，月收入8 000元—20 000元的白领实际缴纳的个税约为547亿元（3 949×63%×22%）。虽然这一数字在个税总金额中占比只有13%，但对于整个消费群体来说，月收入8 000元—20 000元的人群正是社会中坚群体，属于典型的消费主力人群。

麦肯锡曾将新兴中产阶层消费者的年收入界定为1.35万—11.3万美元（约合人民币9.45万—79.1万元）。让这部分群体成为个税缴纳的主力，于个人、于消费拉动，都有不可小视的影响。但是目前，以月收入1万元为例，20%的三险一金加上8.25%左右的个税比例，最后拿到手的大概只有7 175元。在高房价、高菜价、高出行费用的背景下，这个收入实在难以称得上“中产”。

【压力调查】

超半数参与者很少参加娱乐活动　社保缺失近三成网友心病

就现状而言，职业生涯给您带来的最大的不安全感体现在哪里？28.6%的网友认为是社会保障的缺失。同样比例的网友将票投给了“企业缺乏前进动力”。此外，还有23.8%的人认为目前自己的职业没有合理规划。

本报调查同时显示，大部分网友的工作、生活压力较大。52.4%的网友表示，自己很少参加娱乐活动，包括在家里和在娱乐场合。23.8%的网友认为自己能在工作压力与调整放松之间找到平衡，19%的网友表示自己“几乎没有娱乐活动”。

分析认为，各方对中国中产阶层认识的巨大差异，源于其定位模糊。虽然我国人均收入水平接连攀升，但包括环保、慈善等在内的意识层面构建却表现滞后。一个典型的例子是，开大排量汽车在国外一些国家被视为羞耻的事情，车主甚至感到犹如随地吐痰被发现一样狼狈；而在国内，大排量车却演变为炫富工具。通过细节对比，我国难言已诞生了真正庞大的中产阶层群体。

我国保障体系建设滞后、收入分配不均等因素成为了培育中产阶层的“短板”。北京、上海等一线城市，动辄数百万元的房价让月入万元的高级白领黯然；上有老、下有小的中年人士为预留医疗、教育等庞大开支而在消费中精打细算；未来养老何去何从也成为都市人的困惑。同时，社会财富向少数群体迅速集中的态势加剧了贫富分化，矿产、土地等成为暴富群体的资源载体，协助其迅速将巨额资本红利揽入怀中。

当综合考量职业分布、收入水平、消费方式、主观意识等方面因素之后，中国社科院此前一份研究报告认为，全国中产阶层仅占总人数的2.8%左右。而尚处于发展幼稚期的中国中产阶层，着实无力承载拉动消费、提振内需的重任，拉动经济的“三驾马车”也因此而失衡。

（首席记者苏琳）

【评析】

这是一份通过网络调查写出的、反映网民如何看待中产阶层的专题调查报告。全文共分两个部分：调查前言、调查主体。前言部分简述调查目的、方式、结论，主体部分从结构调查、资产调查、税负调查、压力调查四个方面具体写出调查研究得来的事实和结论。整个报告材料翔实，结构清晰，语言朴实，观点鲜明，具有相当的参考价值。完全以调查数据说话，是本文的一大特色。

思 考 题

一、调查报告与行政公文的报告有什么区别？

二、作一个企业员工工作时间的调查，然后写一份调查报告。

第四节 述职报告

一、述职报告概说

（一）含义

述职报告是指国家工作人员就一个阶段的任职情况，向有关部门及领导、群众做出全面说明的一种事务文书，是干部管理考核专用的一种文体。

（二）特点

1. 个人性

述职报告是个人对自身所负责的某一阶段的工作进行全面回顾，按照法规在一定时间（立法会议或者上级开会期间和工作任期之后）进行报告，报告内容应是个人职责范围内的事情。

2. 规律性

述职报告应写事实，但不是把已经发生过的事实简单地罗列在一起，它必须对事实、数据、材料等进行认真归类、整理、分析、研究。通过这一过程，从中找出某种普遍性规律，得出公正的评价或结论。

3. 通俗性

面对会议听众，应尽可能让个性不同、情况各异的与会代表全部听懂，这就决定了述职报告必须具有通俗性。即使是专业性很强的问题，也要尽量通俗。

（三）种类

述职报告从时间上可分为年度述职报告、阶段述职报告、任期述职报告等类型。

年度述职报告是指一年一度的述职报告，写本年度的履职情况。

阶段述职报告是指在一个较短的时间内担任某一项临时性的职务，比如组织了一次歌咏比赛，负责了一期的招生工作等，写出其任职情况。

任期述职报告是对任现职以来的总体工作进行报告，一般来说，时间较长，涉及面较广，要写出一届任期的情况。

二、述职报告的结构与写法

述职报告包括标题、正文和签署几个部分。

（一）标题

述职报告的标题有多种写法，可大致概括为单标题和双标题两种模式。

1. 单标题

由职务、时间、文种构成标题，如《××省教委办公室主任 2015 年度述职报告》。或由职务和文种构成标题，如《××公司总经理述职报告》。也可由时间和文种构成标题，如《2015—2016 学年述职报告》。最简单的是只用文种名称作标题，如《我的述职报告》或《述职报告》。

2. 双标题

将内容的侧重点或主旨概括为一句话做正标题，以年度和文种构成副标题，这就形成了双标题，如《全心全意为老干部服务——××××年度述职报告》《努力抓好“菜篮子”和“米袋子”——我的述职报告》。

（二）正文

正文一般包括前言、主体、结尾三部分。

1. 前言

一般包括三个方面的内容，一是岗位职责，二是指导思想，三是概括评价。岗位职责包括自己从何时起担任何职，主要负责什么工作。指导思想是说明自己在什么样的思想原则、方针政策指引下进行工作的。概括评价是对自己工作的基本评价。三个方面的内容都要简略地写，一般一个自然段即可。需要说明的是，上述三个方面的内容在写作中可以灵活处理，除岗位职责必不可少外，其他两个方面的内容可以安排在后面的主体部分或者结尾部分中。

2. 主体

这是述职报告的核心部分，主要工作和经验教训都在这一部分中进行表达。主体大致有三种写法：

（1）工作项目归类法。即把自己所做的工作按性质加以分类，如生产方面、销售方面、后勤方面等，每一类作为一个层次依次进行阐述。自己主持做的工作和协助别人做的工作也要分开写。另外，对自己做出突出成绩的工作、有创造性、开拓性进展的工作要重点写，即在反映一般成绩时突出重点。一般性的工作，日常事务性工作要简单一点。

（2）时间发展顺序式。即把任期内的工作按时间先后顺序分成几个阶段来写，这种形式在任期述职报告中经常采用。因为任期时间较长涉及面广，所做的工作和存在的问题较多，为了便于归纳总结，以展现工作的全貌，所以将一个时期的主要工作按时间分段，这样也便于在各个阶段中详细叙述所取得的成绩和经验。

（3）内容分类集中式。这种形式是最常用的，一般分为主要工作、成绩效益、经验教训、存在问题和对策等几部分。

主体部分是向组织和群众具体、如实地汇报自己所做的主要工作。工作过程中所取得的成绩以及由此带来的经济和社会效益，工作中出现的失误以及由此造成的损失，都要一一汇报。具体来说，主要包括以下方面：自己主持开展了哪几项工作，结果如何；协助别人开展了哪几项工作，结果如何，自己所起的作用如何；在任职期间，党和国家有哪些方针政策出台，自己是如何贯彻执行的，效果如何；在任职期间，上级有哪些重要的指示，自己是如何落实的，效果如何；在工作实践中遇到了哪些新的情况和新的问题，自己是如何处理的。以上各点，都包括成功和失误两个方面，不能只说成绩，报喜不报忧。对自身的工作实践，还要能够概括出一些规律性的认识，其中包括成功的经验有哪些，今后应该如何发扬；失败的教训有哪些，今后应该如何防止。这部分内容要有分析研究、集中概括，要提高到理论的高度来认识。对于教训，则应着重分析造成失误的主客观原因，明确自己应负什么样的责任。

3. 结尾

可以对自己做一个基本的评价，也可以简要说明自己的一些体会或今后打算。这些内容如果前面已经说过，也可以不写结尾部分。最后一般要用模式化的结束语收束全文，常用的是“特此报告”“专此述职”。

（三）签署

写上报告人的姓名及写作日期。

三、述职报告的写作要求

（一）评价要实事求是

对自己的评价要实事求是，不夸大，不缩小，要准确恰当，有分寸，不说过头话、大话、假话、套话、空话。

（二）内容要充实

要充分反映出自己在任期内的工作实绩和问题。

（三）要抓住重点、突出个性

述职报告，如果用口头报告表述，一般宜占用 30 分钟；如果用书面报告表述，一般在3 000字以内为宜。因此，报告表述的内容应抓住重点，抓住最能显示工作实绩的大事或关键问题。凡重点工作、经验、体会或问题等，一定要有理有据，充实具体，而对一般性、事务性工作，宜概括说明，不必面面俱到。

四、例文阅读与评析

【例文】

个人述职报告

我自××××年参加工作以来，一直坚持党的四项基本原则，贯彻执行党在新时期下关于素质教育的方针政策，着力于培养学生的创新能力，既教书又育人。在工作中，不怕困难，勇挑重担，顽强拼搏，敢于创新，在教育教学方面取得了一定的成绩。

一、教学工作方面

我参加工作这六年，可以说是语文教学不断改革和探索的六年。在这几年里，市、区教育局不断提倡改革，鼓励教师在教学上大胆创新。在这种教学思想指引下，我也努力探索、大胆尝试，逐渐摸索出了一套适合自己的教学方法。为了调动学生上课的积极性，发挥学生主体地位，提高课堂教学效果，我采取了如下一些措施和方法：

1. 牢牢把握“读”的环节，让语文教学课堂充满朗朗读书声

古语云：“书读百遍，其义自现”，说的就是“读”的重要性。上课时候，我着重于读，但也注重读的方式和方法，那种“南郭先生吹竽”式的“读”是没有什么效果的。从方式方法上来说，我把“读”分为个人“读”，小组“读”，带“读”，抢“读”，竞赛“读”，其中学生最喜欢的就是竞赛“读”了。具体操作是这样的：我把全班同学分为四组，以组为单位，然后进行朗读比赛。一组在“读”的时候，其他组就听，等到这组读完后，其他组就指出这组在“读”的过程中读错的字，错一个扣10分，然后把这组最后得分记入他们学期总分，学期末进行奖励。由于有这么一个强有力的竞争机制，学生读书的热情相当高，他们大多能把别人读错的字找出来，并且轮到自己读的时候也相当认真。事实证明，这种“读”效果不错。

2. 注重课堂提问艺术，引入竞争机制，让学生上课积极思考

提问是一门艺术，教师在上课时会不断地提出问题，如果教师提的问题太大、太泛、太难，就很难激起学生的思维火花。为了解决好这个问题，我在每一节课上课之前，都对要提出的问题认真准备，做到心中有数。要学生回答问题的时候，我针对学生的具体情况，分别叫不同学生来回答。由于问题设计得比较合理，学生回答的时候就容易多了。为了调动学生回答问题的积极性，我常常采取小组竞赛的方法让学生自己去发现问题，解决问题。这种做法和前面介绍过的朗读竞赛方法是一样的，学生对这种方法相当欢迎，为了给自己这一组争光，可以说个个都积极地思考，小组讨论气氛也相当热烈。学生参与提问和回答的积极性高了，上课效果自然也就好了。

3. 探索研究新教法，新课型，全面提高学生语文素质

语文课的工具性特点决定了这一门学科靠死记硬背是学不好的，它并不是体现在让你明白了多少语文知识，而是一种语文素养的全面提高，着重体现在“听、说、

读、写”四个方面。这种能力的提高，仅仅靠课堂教学是不够的。在这种教学理念指导下，我不断探索和尝试新教法、新课型。在一个学期中，我不间断地采取了诸如“朗读竞赛”“演讲竞赛”“背书比赛”“查字典比赛”“找错别字比赛”“成语接龙比赛”“IQ游戏比赛”“写字比赛”“讲故事比赛”“讲笑话比赛”“作文片段描写比赛”等教学方式和课型。这些生动有趣的教学方式，不仅是对课堂教学内容的有益补充，更能激发同学们对语文课的热爱，使他们对于语文这一门学科“爱学”“乐学”，同时，他们的语文能力、语文素养也在一种轻松活泼的氛围中得到了提高。实践证明，学生们很喜欢上这样的课，这也是我以后继续探索和努力的方向。

4. 运用多媒体教学，提高语文课堂教学效益

近几年，多媒体教学普遍运用在语文教学中。多媒体教学由于集文字、声音、图像、动画于一体，有很强的可感性和趣味性，所以受到学生们的热烈欢迎。由于运用多媒体教学效果比较好，我利用课余时间加紧钻研，努力学习，逐渐掌握了这种授课方式，让语文课取得更好的效果。

例如，初中课文中有两篇文章，岑参《白雪歌送武判官归京》和毛泽东《沁园春·雪》都是经久传诵的名篇，诗中所表现出来的和谐音韵、优美意境、作者博大的胸怀和气概，都深深地感染着学生。但这里却存在着一个关键问题，两篇作品都以雪作为背景，雪对于增强学生对诗的感知能力、审美能力起着至关重要的作用，而广州学生根本就没有见过下雪，只是从电视画面上得到过一点模糊认识。如果此时不加深学生对雪景的形象感知，即使学生对课文了如指掌，也达不到对诗歌内涵的理解，那么这堂课的效果就会打折扣。为了加深学生对雪的认知和感知能力，我从网上下载了许多雪景图片，然后把它们制作成课件，在上课时进行演示，这样既创设了良好的教学情境，也有力地调动了学生上课的积极性。整节课下来，学生们都显得意犹未尽，这是传统教学模式所达不到的效果。

在几年的语文教学中，我深深地体会到：语文教学关键是一个“活”字，死扣书本，死记硬背，是绝对出不了成绩的。对“活”的理解多种多样，有教学模式上的改变，有教学手法上的更新，因人而异罢了。我在语文教学中能“活”字当先，不拘一格，所以我的语文课受到了同学们的喜爱和欢迎。这几年的语文教学，也取得了一定的成绩。我连续四年担任初三毕业班语文教学工作，学生成绩年年超过区平均分。××年初中升学考试，我班萧媛妮同学达到了单科138分的高分，创下了我校单科分数之最。

同时，在辅导学生参加市、区各项竞赛方面也取得不错的成绩。××××年，萧美艳同学获得区文言文知识竞赛三等奖；××××年，萧丽芳同学获得区文言文知识竞赛一等奖，萧钟艳同学获得区朗诵比赛三等奖；××××年，萧晓丹同学获得市环境征文三等奖。

二、班主任工作方面

在坚持教好书的同时，我从未放弃过育好人。从参加工作第一年起，我连续五年担任班主任，其中四年是初三班主任。我觉得，做一个班主任也许不难，但做一个好班主任就很难了。我在担任班主任工作期间，主要做到了两个字：“爱”和“严”，

这使我在班主任工作中取得了较好成绩，既改变了一大批后进生，又培养了一批优秀学生。

1. 有一颗爱心，是做好工作的前提

带着一颗“爱心”去工作，可以让学生觉得你是真心地关心他，能缩短师生之间距离，同时，他们犯了什么错误，也就容易接受你的教育，很快地加以改正。这种爱，有对学生思想的正确引导，更有对学生生活上实实在在的关心。例如××届，我班有一个学生叫黄雪梅，在临近升学考试前一个多月突然提出退学申请，经过了解后我才明白，她家里有五姐妹，个个都在读书，而父母亲收入又少得可怜，家里决定让她不要读了，出去打工挣钱。我于是在班上发动学生捐款，同学们捐款十分踊跃，有的同学把自己仅有的零花钱都捐了出来。我又把这件事向学校领导作了反映，学校领导也相当重视，个个慷慨解囊为她捐款，最后为她筹得了新学期必需的费用。我又把她的情况写成书面材料，积极向上级主管部门反映，向报社反映，最后得到了上级主管部门重视，使黄雪梅同学被破格录取到一所收费相对较低的师范学校读书，这使学校领导和我班同学们都兴奋不已。

2. 细心、耐心、诚心，是做好工作的基础

教育学生是一项长期工作，这就需要足够的耐心。在平时工作中细心观察，发现学生的错误，坦诚地和他交流，学生是能够接受的。例如××届我班有一个学生叫萧汉冲，平时上课下课很爱调皮捣蛋，上课时不是身子动过来扭过去，就是嘴巴说个不停。第一次找他谈话，他就很直爽地告诉我，他也想好好学习，但就是坐不住。这时，我知道要提高他的成绩，首要是解决他的思想问题，改变他的坏习惯。但这种根深蒂固的思想和习惯又岂是一朝一夕能改变？于是，我耐下性子多次找他谈话，只要他犯了错误，我就找他谈。次数多了，他也被我的诚心所感动，努力尝试改变坏习惯。到初三最后一个学期，他基本能做到和老师积极配合上好课了。在升高中考试中，他还考上了一所较好的技工学校。

3. 严格要求，措施得力，是做好工作的保证

“严是爱，松是害”，在对学生关心爱护的同时，也不忘对他们严格要求。我班制订了严格的班级文明公约，在班上宣读、张贴后，师生一起严格遵守执行。例如，以前我班卫生工作一直达不到学校要求，针对这种情况，我把班上同学按自愿组合原则分成八个组，每组6—7人，设小组长一人，把以前值日制改为值周制，本周内该组卫生得分必须要达到学校平均分，否则重扫一周，相反，如果本周值周拿到卫生流动红旗，则奖励一个笔记本。由于措施得当，奖惩分明，学生的劳动积极性大大提高，一个学期下来，我班竟然拿到了14次卫生流动红旗。通过言传身教，五年时间，我所带的班级德育考核合格率为100%，多次获得过校“文明班”、校“学雷锋活动先进集体”等光荣称号。

由于我的工作成绩得到了学校领导和上级主管部门的肯定，××××年，我被评为“白云区优秀德育工作者”，还参加了9月10日在白云区礼堂举行的教师表彰大会，××××年，我年度考核被学校评为“优秀”，还获得了白云区嘉奖。在教学实践中，我也不忘提高自己的理论水平，积极参加市、区教育局组织的各项论文竞赛。

××××年，我的论文《诗词教学中形象思维拓展》获得区二等奖，《班会课教学设计》获得区三等奖。

“捧着一颗心来，不带半根草去”，陶行知先生的真知灼言，言犹在耳。我深感一位人民教师的责任，也深感一位人民教师的光荣。成绩属于过去，未来才属于自己，作为一个青年教师，我知道我的工作才刚刚开始，党在新时期下素质教育方针政策已经确定，我唯有勇于进取，不断创新，才能取得更大成绩。

×××

×年×月×日

【评析】

这是一份中学教师的述职报告。文章开头先有一个概括性的自我评价：“在教育教学方面取得了一定的成绩。”接着从教学工作和班主任工作两个方面进行述职，分别叙述两个方面工作中教书育人的具体做法，所取得的成绩，所获得的经验，对成绩的反映非常充分；最后是表述今后再创佳绩的决心。全文条理清晰，重点突出，层次分明，语言通俗流畅。

思　考　题

一、有人说，述职报告和总结在写法上其实是一样的，只不过名称不同而已；和公文的报告相比，则有较大的区别。你认可这个观点吗？为什么？

二、写述职报告要注意哪些问题？

三、写一份个人的年度工作述职报告。

第五节　启　　事

一、启事概说

（一）含义

启事是国家机关、企事业单位、社会团体或个人公开申明某件事情，希望公众知晓、参与或协助办理而使用的一种实用文书。“启”是陈述的意思，“事”即“事情”。启事可以通过大众传播媒介，如报纸、杂志、电视等进行传播，也可以贴在墙壁上、公告栏里，达到广而告之的目的。

（二）特点

1. 告知性

启事面向社会大众进行告知，不具有强制性和约束力。

2. 广泛性

启事使用的范围很广，既可“寻人”“寻物”进行寻找，也可以“征婚”“征文”进行征集，涉及社会生活的各个方面。

3. 时效性

启事涉及的内容往往具有一定的时效，具有新闻性质。

（三）种类

根据启事的内容，启事可以分为三类：

1. 寻找类启事

这类启事是为了求得公众的响应和协助，包括“寻人”“寻物”等。

2. 征招类启事

这类启事是为了求得公众的配合与协作，包括“招领”“征婚”“招聘”“征文”等。

3. 公告类启事

这类启事是为了开展工作和业务，把某些事项公诸于众，以便让公众知晓。这类启事有开业启事、迁址启事、变更启事、婚庆启事等。

二、启事的结构与写法

启事一般由标题、正文和结尾三部分组成。

（一）标题

启事的标题可以只写文种“启事”；可以由事由和文种构成，如“招聘启事”。

（二）正文

启事的正文主要说明启事的目的、意义、具体的事项、要求等内容。启事种类不同，正文内容的侧重点也会有所不同。比如寻物启事就必须写明丢失物品的名称、外观、数量等具体信息。而招领启事则不能写出物品的具体特征和详细数量，以防冒领。

（三）结尾

启事的结尾一般包括联系地址、电话、联系人姓名或者签署启事者姓名、时间等。

三、启事的写作要求

（一）简明扼要

启事的内容既要具体，又要注意简洁，通俗易懂，方便受众迅速接收信息。

（二）语气讲究分寸，诚挚恳切

启事的目的是为了告知，为了求得公众的响应和协助，所以用语要文明礼貌，表达出一定的诚意，这样才能得到公众积极的回应。

四、例文阅读与评析

【例文】

杰创智能广州产品经理招聘启事

——有能力，你就来

公司简介

杰创智能，股票代码：832995（创新层），注册资本4000万元，中国领先的云计算及智能系统综合服务提供商；

面向政府、企事业单位及社会各领域提供智能系统基础设施建设、设备管理智能系统、公共安全智能系统及区块链技术应用开发等；

公司实行双总部运作，设北京、广州两个总部，辐射全国十几家分公司及办事处，业务遍及海内外。

一、岗位职责

1. 负责产品的战略和规划设计；

2. 完成产品的策划、设计、定义，跟进开发的质量控制；

3. 负责搜集和提出产品需求，调查并根据用户的需求制定产品规范，研究用户行为习惯，把握用户的各层次需求，研究市场同类产品，收集、整理各方需求，推动相应产品的开发组织；

4. 组织产品与运营模式的内外部调研分析，进行用户数据分析并找到对应的提升方案，为决策提供核心依据；

5. 负责跨部门协调和沟通，推动界面、开发、测试、运维、运营等人员紧密合作达成产品目标；

6. 确定和组织实施产品策略，以及其他一系列相关产品管理活动和产品营销推广。

二、任职要求

1. 本科或以上学历；

2. 熟悉 2G、3G、4G 相关移动通讯原理；

3. 产品开发管理及营销 5 年以上工作经验，公安系统技术侦查设备、通讯类或分析类产品运作经验优先；

4. 具备良好的资源整合能力、书面报告能力、独立解决问题的能力和较强的市场分析能力；

5. 对产品和数据运营敏感，思维清晰而有条理，有极强的学习能力，能承受较大的工作压力；

6. 熟悉文档编写，熟练产品可用性分析的方法和工具；

7. 对负责过的产品的相关竞争对手有比较深入的研究和分析；

8. 在进行产品策划过程中，能指导或配合同事保质保时共同完成策划项目；

9. 具有较强的领导能力、判断与决策能力、人际能力、沟通能力、计划与执行能力。

三、待遇

1. 年薪 10 万—20 万元，详细面谈。

2. 公司双休，法定假日、有薪年假、社保、住房公积金、年终奖等福利俱全，核心人员有健全的股权激励制度。

广东杰创智能科技股份有限公司

电话：020-83988718 传真：020-83988720

地址：广州科学城科学大道 180 号创意大厦 B3 栋 3 层

邮箱：jch1@nexwise.com.cn

【评析】

这是一份产品经理的招聘启事。启事开头是杰创智能公司概括性的介绍，然后具体阐述了岗位职责、任职要求，因为产品经理的待遇与提成有较大关系，所以待遇方面说的相对含糊，留有一定余地。全文条理清晰、重点突出、专业性强，语言流畅。

思　考　题

一、小赵在学校操场跑步的时候不慎丢失了钱包，请你帮他写一篇寻物启事。

二、某快餐厅准备面向社会招聘三名服务员，男女不限，请你为该餐厅写一篇招聘启事。

第六节　会议记录

一、会议记录概说

（一）含义

会议记录是由专门人员将会议的组织情况和会议内容作如实记录的一种事务文书。

（二）特点

1. 原始性

会议记录是会议情况和内容的原始记录，是用记流水账方式实录而得，所有内容未经整理和综合，是会议的一种备查原始资料。

2. 客观性

会议记录要忠实地记录会议信息，不得随意增删改动会议内容，让会议记录真实、完整、客观，完全没有记录人员个人的主观性在其中。

（三）种类

根据会议记录反映会议情况和内容的详略程度，可分为两类：

1. 详细记录

将会议整个过程的所有信息全部记录下来。

2. 摘要记录

选择会议的主要信息、重要情况进行记录。

二、会议记录的结构与写法

会议记录由标题、会议组织情况、会议进行情况、尾部四个部分组成。

（一）标题

标题由会议名称加文种“记录”组成，如《××市教育局办公会议记录》。

（二）会议组织情况

（1）时间。写明会议进行的年份、日期，可具体到分钟。

（2）地点。写明详细地点，具体到房间或会议室名称。

（3）出席人员。写明每位出席人的姓名，重要会议常由出席人亲笔签名。出席人数多的会议，可只写出席者的身份和人数，如“各部门经理 12 人”。

（4）列席人员。写明列席人的姓名、身份。

（5）缺席人员。写明缺席人的姓名职务、缺席原因。

（6）主持人。写明主持人的职务姓名，如“公司总经理×××”。

（7）记录人。写明记录人的姓名职务，如“×××（学院办公室秘书）”。

（8）会议议题。会议要讨论或解决的问题。

（三）会议进行情况

这一部分是会议记录的主体，可根据会议的进展情况逐一依次记录。该部分一般包括：主持人开场白、会议主题报告、与会者讨论发言、会议的决定和决议等。

（四）尾部

包括结束语、署名两项内容。会议进行情况记录完毕，另起一行，空两格写上“散会”作为结束语，并可加小括号注明散会时间；会议记录完毕时，记录人和主持人要分别在会议记录全文结束处的右下方签名，以示对此负责。

三、会议记录的写作要求

（一）尊重事实

会议记录必须如实反映会议信息，不可随意增删改动。

（二）把握要点

摘要会议记录要选择主要的内容，如会议的题旨、发言人讲话的主旨等进行记录。

（三）以速为本

即书写走笔要快。只有写得快才能较好地完成记录任务。

四、例文阅读与评析

【例文】

市场秩序整顿会议记录

时间：2016 年 4 月 8 日上午 8 点

地点：管委会会议室

主持人：李××（管委会主任）

出席者：杨××（管委会副主任）、周××（管委会副主任，管城建）、李××（市建委副主任）、肖××（市工商局副局长）、罗××（工商局市管科科长）、陈××（市建委城建科科长）及建委、工商局有关科室宣传人员、秦××（街道居委会负责人）

列席者：管委会全体干部

缺席人：无

记录人：邹××（管委会办公室秘书）

讨论议题：

1. 如何整顿城市市场秩序。

2. 如何制止违章建筑、维护市容市貌。

杨主任报告城市现状：我区过去在开发区党委领导下，各职能单位同心协力、齐抓共管，在创建文明卫生城市方面取得了一定成绩，相应的城市市场秩序有一定进步，街道市容面貌也较好。可近几个月来，市场秩序倒退了，街道上小商贩逐渐多起来，水果摊、菜摊、小百货满街乱摆，一些建筑施工单位沿街违章搭棚、乱堆放材料，搬运泥土撒落大街等。这些情况严重地破坏了市容市貌，使大街变得又乱又脏，社会各界人士反应很强烈。因此今天请大家来研究如何整顿市场秩序，如何治理违章建筑、违章作业，维护市容卫生。

讨论发言（按发言顺序记录）：

肖××：个体商贩不按规定到指定市场经营，管理不得力、处理不坚决，我们有责任。这件事我们坚决抓落实：重新宣传市场有关规定，坐商归店、小贩归市、农民卖蔬菜副食到专门的农贸市场……工商局全面出动抓，也希望街道居委会配合，具体行动方案我们再考虑。

罗××：市场是到了非整不可的地步了。我们的方针、办法都有了，过去实行过，都是行之有效的。现在的问题是要有人抓，敢于抓，落到实处。只要大家齐心协力问题是能够解决的。

秦××：整顿市场纪律我们居委会也有责任。我们一定发动群众配合好，制止乱摆摊乱叫卖的现象。

李××：去年上半年创建文明卫生城市时，市里面出台了个七号文件，其中规定施工单位不能乱摆战场。工棚、工场不得临街设置，更不准侵占人行道。沿街面施工要有安全防护措施……今年有的施工单位不顾市里的文件，在人行道上搭工棚、堆器材。这此违章作业严重地影响了街道整齐、美观，也影响了行人安全。基建取出的泥土，拖斗车装得过多，外运时沿街散落，到处有泥沙，破坏了街道整洁。希望管委会召集施工单位开一次会，重申市府七号文件，要求他们限期改正。否则按文件规定惩处。态度要明确、坚决。

陈××：对犯规者一是教育，二是斗硬。“不教而杀谓之虐”，我们先宣传教育，如果施工单位仍我行我素不执行，那时按文件斗硬处理，他们也就无话可说。

周××：城市管理我们都有文件、有办法，现在是贵在执行，职能部门是主力军，着重抓，其他部门配合抓。居委会把居民特别是“执勤老人”（退休职工）都发动起来，按七号文件办事，我们市区就会文明、清洁，面貌改观……

与会人员经过充分讨论、协商，一致决定：

1. 由工商局牵头，居委会和其他部门配合，第一周宣传、第二周行动，监督实施，做到坐商归店，摊贩归点，农贸归市，彻底改变市场紊乱状况。

2. 由管委会牵头，城建委等单位配合对全区建筑工地进行一次检查。然后召开一次施工单位会议，对违章建筑、违章工地限期改正。一个月内改变面貌。过时不改者，坚决照章处理。

散会。

主持人：李××
记录人：邹××
×年×月×日

【评析】

这是一份比较详细的会议记录。这份记录将本次会议的组织情况、与会者的发言情况、会议的决议一一作了认真全面的记录。条理清晰，结构完整，保存了一次会议的原始材料，为将来写作相关文章（如总结、报告等）留下了珍贵的资料。

思　考　题

一、单位开会时，请以记录人的身份作一份会议记录。

二、会议记录与会议纪要有什么区别？

第七节　简　　报

一、简报概说

（一）含义

简报是党政机关、群众团体、企事业单位简要报道工作信息和情况的一种事务文书，也称作“简讯”“快报”等。

（二）特点

1. 简明性

简洁明了，用少量的文字概括出事情的要点，简短而无疏漏。

2. 快捷性

讲究时效，编发快捷，及时将工作中的新情况、新问题、新经验反映出来，供单位内部成员阅读。

（三）种类

简报的种类很多，按其所反映的内容来分，主要有以下几类：

1. 会议简报

会议简报是指会议期间反映会议的进展情况、会议的重要内容等方面的简报。有一个会议发一期简报的，也有一个会议发多期简报的。后一种会议简报具有连续性，从会议开始到结束的有关情况一一予以反映。

2. 动态简报

动态简报是反映本部门、本系统日常工作新情况和新问题的简报。常见的有“工作动态”“情况反映”等。

3. 专题简报

专题简报是围绕某项专门工作的开展而集中编写的简报。

（四）辨析

简报与新闻报道的区别：

（1）简报所反映的内容一般只限于本单位、本系统的事情，新闻报道的内容涉及社会生活的各个方面。

（2）简报的阅读范围限于单位、系统内部，新闻报道的阅读范围没有限定，是面向所有社会公众的。

二、简报的结构与写法

简报主要由报头、正文、报尾三部分组成，每部分用横线隔开。

（一）报头

位于首页上端三分之一处，用横线将报头与正文部分隔开。报头包括的要素有：简报名称、期数、编发单位、印发日期、密级等。

（二）正文

这是简报的核心部分，包括标题和正文文稿，有的还有“编者按”。正文文稿最常用的是新闻式写法和总结式写法，简要写出事情的概貌。“编者按”是代简报编制机关立言，是对文稿作出说明或评价。

（三）报尾

位于简报最后一页的末端，用横线与文稿部分分开。有发送单位和印制份数两个要素。发送单位指本期简报的上报、平送、下发单位名称，印制份数是指本期简报的印数。

三、简报的写作要求

（一）把握核心

要针对单位工作中的新情况、新问题，就其核心的、重要的方面给予报道，舍弃其细枝末节。

（二）客观真实

无论是材料的选择还是对事件的评价都要注意与事实相符，做到选材真实，评价客观。

（三）文字简洁

简报在于“简”，文章要开门见山，言简意赅，干净利索。

四、例文阅读与评析

【例文】

广州市语言文字工作
简　　报

第 7 期（总第 27 期）
广州市语言文字工作委员会办公室编　2005 年 12 月 8 日

香港语常会广州考察纪行

香港回归以后，普通话在香港的作用日益显得重要，推广普通话已成为一种趋势。香港政府在中小学开设普通话课的基础上，准备进一步在中小学全面推行以普通话教授中文的计划。为使这项工作更好地开展，香港语文教育及研究常务委员会（语常会）考察组一行 7 人，在广州市语委办副主任黄婉媚等人陪同下，于 2005 年 12 月 14—16 日，对广州市东川路小学、幼儿师范附属幼儿园、育才中学、广雅中学、沙面小学等五所学校的普通话和语文教学进行了考察和交流。

育才中学是广州市唯一一所获得“全国语言文字工作先进单位”称号的学校。×××副校长重点介绍了该校的语言特色——“贵以持恒，重在落实”。除校领导重视，思想认识明确，建立健全制度，抓住重点要点，措施落实到位以外，育才中学的推普活动形式生动活泼多样，使推普工作始终充满活力。同时，持之以恒的推普措施，也促进了教学质量的提高。考察组听了高一年级的古文课《项脊轩志》后，在交流时特别关心高中生要重视能力培养，粤语区的学生用普通话思维是否会影响对学习内容尤其是相对难懂的古文的理解。育才中学的老师认为不会，关键是教师要注意引导学生习惯用普通话思维，慢慢改变用粤语思维的习惯。另一所百年老校广雅中学也是广州市语言文字工作的一面旗帜，是广州市普通话培训测试基地之一。×××校长在交流中强调，在推普工作中要把一个民族的普通话程度提高到民族生存的高度去认识。如今的学生学外语积极性很高，对汉语则不重视，这是教育的危机。要引导学生重视民族的语言，尤其是民族共同语——普通话。但学校推普要重视采用学生喜闻乐见的形式，如广雅中学经常举行的学生诗歌朗诵会并即席创作诗歌，能使学生感悟民族语言的魅力。广雅中学如何营造良好的普通话氛围是考察组关注的问题。该校领导介绍学校的主要做法有：使用普通话已列入国家法规中，必须依法办事，因此把推普列入所有教师的各种类型级别的考核中；每天的行政值班巡查中有一项是检查教师在课堂上是否使用普通话；每周学生的早读有一半时间是读文学作品，使学生养成用普通话诵读作品的习惯。

考察组所到的两所小学东川路小学和沙面小学都是广州市少儿语言艺术教育特色实验基地。在观摩了东川路小学一年级的“漫游拼音王国”课以后，考察组和学校领导及教师就如何教拼音、拼音要学多久、低年级学生学习拼音与书写汉字的关系、如何将拼音渗透到以后各年级的语文教学中等问题进行了热烈的交流。内地小学在一年级第一学期开始教拼音，大约用8—10周时间集中学习，以后在各年级的语文教学中不断将拼音渗透在生字词中，让学生既学会汉字，巩固拼音，又能以拼音练习标准的普通话。这种做法可以让香港的学校参考。另一所学校沙面小学由于地处领事馆区，学校对普通话和英语均很重视。一年级上口语交际课的就是一个美语班，语文老师同时兼任该班的英语课，课堂口令使用英语。在这里，考察组关注的是如何处理好英语和普通话的关系、重视英语学习会不会影响学习普通话、内地孩子从什么时候开始学习英文国际音标。此外，生动活泼的口语交际课“找朋友”，让考察组感受到孩子们在老师的引导下普通话能力还很强。该班语文老师介绍说，从幼儿园刚进入到小学的孩子，普通话程度参差不齐，有的连听都很困难。学校从孩子一入学开始就要求他们讲普通话。对说普通话有困难的孩子，老师要和他们多交流，如讲故事。还要鼓励他们大胆说，如平时经常训练学生上台领读课文，要求小班长在处理各种问题时都要使用普通话。这样，大约三个月，大部分学生都能用普通话思维和表达。观摩课上孩子们的普通话表达能力就是最好的说明。

考察组于12月15日上午到广州幼师附属幼儿园考察。在这里，全体考察参观的大朋友又回到童年的欢乐中。小班的语言游戏课“找球”、大班的辩论会“看电视好不好”等观摩课给考察组留下深刻印象。该幼儿园孩子的家庭语言背景较杂，有外省的，在家就讲普通话；有本地的，在家讲广州话；也有讲各地方言的。幼儿园的交流语言也是普通话。考察组主要就在幼儿中如何使孩子学会正确规范的普通话，在由使用方言过渡到使用普通话的教学过程中，孩子碰到困难时是否会用方言等问题与幼儿园老师进行交流。老师们的做法和经验是，在和孩子们的日常交流中随时告诉孩子普通话正确的发音和用词，如“去尿尿”应该说“去小便”。小孩子的模仿能力很强，在与老师的经常交谈中，在生活中他们会慢慢提高普通话能力。在观摩课中，考察组也看到了老师的语言能力对孩子的影响是相当重要的。

三天的考察活动紧凑而丰富，五所各有特色的学校和观摩课使香港考察组收益不少。同为粤方言区的广州各级学校的普通话推广普及程度和语文教学情况，可为香港学校推行普通话教学提供一些有益的经验。

【评析】

这是一篇报道香港语常会三天考察活动的专题简报。考察的都是学校，考察内容都包括听校领导介绍、观摩学生上课、与老师交流。如何做到既全面报道考察的过程，不遗漏任何一所学校，又要避免千篇一律、所有学校都雷同，关键是注意对材料的选取。这篇简报注意选择各学校有代表性的材料。两所中学，育才中学选择听课（高一年级古文课），考察组关注普通话思维与粤语思维的关系。因为香港中学的古文课也不少，老师和学生习惯用保留了很多古音的粤语上课，而且用粤语读古文也琅琅上口，因此他们会关注改用普通话以后会不会影响古文学习。广雅中学选择与校领导座谈如何营造普通话氛围。两所小学都是广州市少儿语言艺术教育特色实验基地，在材料选择上，东川路小学是交流拼音教学，沙面小学是关注普通话与英语的双语教学关系。香港不少中小学是英文学校，除中国语文和中国历史以外，其他课程都使用英语教学。推行普通话教学会不会影响英语水平，是考察组关注的重点。考察幼儿园，选择的是儿童学习普通话的年龄及其与方言的关系。五所学校的材料各有重点，合起来就是考察的全部内容，但阅读时并不觉得重复。

思　考　题

一、简报与新闻报道有哪些不同？

二、简报包括哪几种类型？

第八章　宣传应用文

第一节　新　　闻

一、新闻概说

（一）含义

新闻是新近发生的事实的报道，是报刊、广播、电视等媒体大量使用的一种文体。它包括消息、通讯、新闻特写、速写等体裁。由于通讯与新闻中的其他体裁在写法上有些不同，将在下一节专门介绍通讯。

消息是新闻报道中最重要的体裁，它从现实生活中选择最新鲜的事实及时加以报道，是新闻报道的主要形式。本节主要介绍消息的写作。

（二）特点

1. 真

“真”是真实性。新闻写作是客观地记叙事实、评述事实，事实是新闻的第一性，它是构成新闻的细胞。新闻报道的内容必须真实。

2. 快

“快”是时效性。新闻要迅速及时传播信息，沟通信息，时效性是新闻区别于其他文体的重要标志。从一定意义上说，新闻的时效性决定新闻的价值。

3. 短

“短”是简明性。新闻要用有限的文字最大限度地表达文章的意图。

4. 新

“新”是新颖性。新闻的内容要新鲜，报道的角度要新颖，给人以新的感受和印象。

二、新闻的结构与写法

（一）标题

新闻的标题要简洁明快、一目了然、画龙点睛、一语破的。力争用最洗练的语言表达文章的核心意图，使标题也成为新闻，即“标题新闻”。如《广州将扩建撤并百所中小学包括多所名校》《总书记诠释奥运精神：体育强国梦与中国梦紧密相连》，读者一看就知道新闻的主要内容。当今网络新闻已成为人们了解各种消息的重要渠道，标题写得好，有吸引力，点击率就会高。

新闻的标题有两种写法。一种是引题加主题。引题一般写得虚一些，主题则要明确表达内容。例如下面的第一个例子。另一种是只用主题，如上段中的例子。标题的写作可以用一些成语、流行语或名言，也可以用数字、对比、疑问、幽默等方式。例如：

（1）秤砣虽小压千“金”（引题）

中国体操小丫首获奥运女团金牌（主题）

这条标题用轻与重形成对比，体操姑娘身材娇小，首次获得的奥运女团金牌却分量很重。

（2）莫使名片变“明骗”

标题中的“名片”与“明骗”同音但意义截然不同，这条标题在幽默中蕴含令人深思的社会内涵。

（二）正文

新闻尤其是消息的写作，一般包括导语和主体两部分。

1. 导语

导语是消息的开头部分，也是新闻的核心点，它由最新鲜、最主要的事实或精辟议论组成。导语的写作要开门见山，直截了当入题。常见的导语写作方法有以下几种。

（1）叙述式导语。通过摘要或概括的方法，简明扼要地反映出新闻中最重要、最新鲜的事实，给读者一个总的印象。如《想获十亿美元被骗 400 万元》的导语：

三名男子以合作购买美国债券获取高额利润为诱饵，伪造银行资金证明、缴款回单等文件，骗走受害人 400 万元。昨天，这三名被告人因涉嫌诈骗罪在深圳市中级法院受审。

这段导语简要概括三名骗子行骗的原因、手段、行骗结果以及犯罪后果，可谓言简意赅。

（2）描写式导语。对新闻报道中的主要事实或新闻中某个有意义的侧面进行简练的描写，给读者提供一个生动具体的印象，增强新闻的感染力。如《天资聪颖心若止水　老将爱美如小女生》的导语：

运动员中不乏美女，但像陈颖这样漂亮的却不多见，笑起来两个甜甜的酒窝，说起话来声音温柔婉转，好像生长在江南水乡的姑娘。不过，陈颖可是个地地道道的北京姑娘，今年 31 岁。

这段导语从笑容和声音两方面描写射击运动员、北京奥运会冠军陈颖的美，突出了标题的“爱美”，也给读者一个美的印象。

（3）议论式导语。采用夹叙夹议的方法引出新闻事实。如《筷子树向人们发出的环保警示》的导语：

3 月 22 日，在市中心广场许多人都被一棵树所震惊，这棵树是用近一万根筷子扎结而成，它白花花的躯干形象地告诉人们：纵然被恢复成树的模样，却永远失去了绿色和生命。

这段导语叙述了时间、地点和发生的事情，也用筷子树“白花花”的躯干警示人们加强环保意识。这是一段具有警醒意义的导语。

2. 主体

新闻主体的写作是多样化的。在内容上要注意体现新闻的“六要素”：何时、何地、何人、何事、原因、结果。在结构上多采用“倒金字塔”结构，即把最重要、最新鲜、读者最感兴趣的内容放在前面，以后依次递减。如例文《省长张左已履行率先喝水诺言》，主体第一段叙述哈尔滨全市停水原因是受有毒化学物质污染，四天后恢复供水，水质是否能保证符合饮用水标准是人们最关注的问题，而省长公开表示恢复供水后喝第一口水，无疑给广大市民吃下定心丸。

三、新闻的写作要求

（一）敏于捕捉素材

新闻在于“新”，写作者要有新闻敏感，要善于捕捉新闻素材。如采用逆向思维在“热”中找“冷”，“冷”中见“热”。只有坚持贴近实际、贴近群众、贴近生活的“三贴近”原则，才能为加工有价值的新闻创造条件。

（二）精于构思

好的新闻在于主题的构思巧妙。在构思主题时，既要“小题大做”，也要“大题小做”。“小题大做”是在小题材里酝酿大主题，“大题小做”是在大主题下挖掘小切口，也就是人们常说的“大处着眼，小处落笔”。注意从读者的关注点、兴趣点去构思主题。

（三）语言生动简洁

在准确明晰的基础上，生动简洁的语言才能吸引读者。

四、例文阅读与评析

【例文】

省长张左已履行率先喝水诺言

中国新闻社哈尔滨2005年11月27日电，记者吴兆飞报道：二十七日下午六时，在哈尔滨恢复供水约六小时之后，黑龙江省省长张左已来到位于新阳路建河小区的庞玉成老人家中，并在这里实现了他“哈尔滨恢复供水后，我喝第一口水”的承诺。

十一月十三日，吉林石化公司双苯厂发生爆炸，松花江受到严重污染。以松花江水为主要城市饮用水水源的哈尔滨市，于二十三日凌晨开始全市大停水。在停水之初，黑龙江省省长张左已便公开表示：哈尔滨四天恢复供水后，我喝第一口水。

张左已说：“在重新恢复供水的时期，我们不想搞什么仪式，就想在这种家庭的气氛中，与普通市民坐在一起，在这种平静祥和的环境下，与大家共同喝一口我们盼望了三天的清水。”约十分钟后，庞玉成的家人用玻璃杯将煮沸的水端到张左已面前，他马上喝了一口。

有人问，味道怎么样？张左已笑着说：“很甘甜！这水已经卫生检疫部门检测，水质比停水前还要好，大家可以放心地喝。”随后，在场的省市有关负责人与庞玉成老人也纷纷端起杯子喝起了期盼已久的水。

庞玉成老人显得很高兴，他对张左已说：“您说话算数！”张左已则说：“这是共产党说话算数！是政府说话算数！”

庞玉成老人接着做了一首打油诗道：喝下一杯放心水，心中感觉格外美。

【评析】

这是一篇以小见大的新闻报道。哈尔滨因水源污染全市停水三天是大事，作者却从省长在恢复供水后到普通老百姓家中喝第一口水这个小现场着笔，通过写省长的“言”与“行”，凸现了政府的承诺，也表现了党群、干群的密切关系。导语采用叙述式，突出文章的中心。全文仅600字，却把停水的原因、恢复供水后省长兑现承诺以及老百姓的心情都表现出来，是一篇具有快、短、新特点的好新闻。

思　考　题

一、新闻的六要素包括哪些？

二、新闻为什么常用“倒金字塔”结构？

三、如何写好新闻的导语？

第二节　通　　讯

一、通讯概说

（一）含义

通讯是一种比较详细和形象地报道客观事物或典型人物的新闻体裁。丰富多彩的现实生活，既需要以消息简略的形式加以报道，也需要以通讯的形式详尽及时去反映。通讯包括人物通讯、事件通讯、工作通讯、概貌通讯等，以人物通讯和事件通讯为主。

（二）特点

通讯属于新闻，具有新闻真、快、短、新的特点。但与消息相比，通讯没有消息快，但比消息长。除了真、新与消息相同之外，通讯还有自己的特点。

1. 活

把人物写活，让人物可亲。

2. 深

写人写事有深度，令人深思，具有启迪作用。

二、通讯的写法

（一）标题

与新闻标题一样，通讯的标题也要简洁明快，要有“冲击力”。如《“五毒”书记和他的官场逻辑》，标题给读者一种好奇心：这个书记有哪五毒？他的官场逻辑又有哪些与众不同？

（二）正文

通讯的写作原则是新颖别致、不拘一格。一般要求做到：开头紧扣主题，与文章立意吻合。主体内容新鲜生动，人和事要真实，角度要新颖，形式要多样灵活。通讯常常用叙述、描写、抒情、议论等方法写作，注意要用事实说话。如例文《“那一刻，我只想到要保护好火炬!”》，文章用叙述和描写的方法，通过人物的语言把火炬手金晶全力保护火炬的感人事迹表现出来。

三、通讯的写作要求

（一）内容要翔实具体、生动感人

通讯的材料要靠作者深入地调查采访，去搜集丰富具体、真实入微的材料，才能写出生动感人的通讯。通讯主要用事实说话，由此，选用的事实要典型、生动。

（二）材料要精心剪裁、点面结合

对采访搜集到的材料要认真分析，进行“去粗取精，去伪存真，由此及彼，由表及里”的工作，从中找出最有价值的材料去表现主题。在材料的选择上，要注意写好典型材料和细节，以增强感人的力量，同时还要注意典型材料和一般材料的关系，即点面结合。

四、例文阅读与评析

【例文】

“那一刻，我只想到要保护好火炬!”

“那一刻，我只想到要保护好火炬!”昨天，记者收到了奥运火炬手金晶从法国巴黎发来的短信。

金晶是上海姑娘，也是国家轮椅击剑队的队员，这次通过联想的火炬手选拔，光荣地成为一名境外火炬手。就在前天的奥运火炬传递巴黎站，金晶在等待火炬交接时受到了藏独分子的干扰，关键时刻，她不顾一切地保护了奥运火炬。随后，金晶护住火炬的照片和故事迅速在国内各大网站上流传，大家感动地称她为“用身体保护奥运火炬的姑娘”。

用微笑面对生活

金晶今年27岁，来自上海宝山区。她从小爱唱爱跳，但9岁那年，命运和她开了一个大玩笑：她被检查出右脚有恶性肿瘤——横纹肌肉瘤，被迫接受了高位截肢。失去了一条腿，但金晶没有失去生活中的欢乐。她的活泼和开朗感染着身边的每一个人。2001年7月13日，就在北京申奥成功的那一天，金晶被教练相中，进入了上海轮椅击剑队，随后进入国家轮椅击剑队。“我从小喜欢打抱不平，喜欢看《佐罗》，所以我很爱击剑!”金晶说。金晶和队友们一起获得过釜山亚运会的银牌，个人获得过世锦赛的铜牌。因为年龄原因，她无法参加北京残奥会，但为了圆自己的奥运梦，她报名参加了火炬手选拔的活动，最终脱颖而出。

用身体保护火炬

巴黎火炬传递，金晶是第三棒。那天金晶早早坐着轮椅，拿着火炬，静静等候在火炬交接点。就在那一刻，意外发生了：一个藏独分子冲破重重阻拦来到金晶面前，企图从她手上将火炬抢走。金晶从来没有见过这种场面，但她的第一反应是将火炬藏入怀中。一位在现场的法国留学生后来这样描述：“那位姑娘把后背留给了暴徒，暴徒打她，拉她的手，但她就是把火炬死死保护住。”最终，暴徒被警察制服并带走，金晶的下巴却被抓破了，但她坚强地抬起头，举起了手中的火炬。现场的中国留学生都流泪了，他们高喊着：“姑娘，要坚强！加油！中国，加油！”巴黎市民也被金晶感染，鼓掌欢送她完成火炬接力。

金晶的事迹迅速在国内各大门户网站和BBS上流传，数以千计的网民在第一时间留言，不少人直言自己看的时候流下了眼泪，他们说：“姑娘，你很坚强，我们为你骄傲！”“金晶人美心更美，我们都支持你，祖国万岁！”

用真诚感染别人

谈起这次奥运火炬传递，金晶感慨颇多：“这些人明显是别有用心，这些无耻的行为是对奥林匹克精神的亵渎。”金晶说这话的时候有些气愤。但随即她欣慰地表示：“不过我从围观的巴黎市民的表情上可以看出，他们对干扰、破坏火炬传递的行为是不赞同的。”

金晶告诉记者，她和其他火炬手都已经商量好了，无论发生什么情况，都要微笑地面对众人，向全世界展现中国人的精神风貌。事实上，金晶和她的伙伴们也做到了。“我想，大家的眼睛是雪亮的，我们对奥运会的真诚，大家都看在眼里，任何人都破坏不了！”金晶说，“在那一刻，我感到祖国就在我的身后支持着我，我们的奥运会一定会圆满成功！”

【评析】

（1）标题有震撼力。这是金晶给记者的短信中的一句话，这句话表达了一名火炬手在遇到突发事件时的信念和精神。用人物的语言作标题，未看内容已先让读者感受到新闻人物的高尚品质。

（2）导语对藏独分子抢夺火炬、金晶奋力保护奥运火炬的事件作了概述，既有人物身份，又有事件发生的时间地点，还有主人公的心声，以及事件发生后媒体和人们对金晶的评价，可谓言简意赅。

（3）主体用三个小标题分别表现金晶的人生经历、奥运火炬传递中的突发事件以及在这次事件中金晶体现出来的精神。第一部分标题用“微笑”来突出身残志坚的金晶的性格。第二部分突出金晶忍受挨打也要全力保护火炬的过程。这部分用描写和人物的语言及现场观众的评价体现了金晶“人美心更美”的高尚品质。第三部分主要通过主人公的感受表达了火炬手们向世人展现的中国人民对奥林匹克精神的诠释，使金晶保护火炬的行为得到升华。文章主要用叙述事件过程和人物朴实的语言来表现人物的可亲与可敬，真实而感人，是一篇优秀的人物通讯。

思　考　题

一、通讯与消息的相同点和不同点在哪里？

二、人物通讯如何才能写“活”？

三、例文在材料的选择上是如何做到点面结合、精心剪裁的？

第三节 广 播 稿

一、广播稿概说

（一）含义

广播稿是为宣传广播而写的一种常用文体。广义的广播稿包括电台、电视台的播音稿，以及机关单位、校园和公共场所的广播稿。狭义的广播稿不包括电台、电视台的播音稿。本节专指狭义的广播稿。

（二）特点

广播稿属于新闻的一种，具有新闻的特点。

1. 报道快

广播稿要及时报道，才有新闻价值，正所谓“先声夺人”。

2. 事实真

广播稿中的人物、时间、地点、事件、数字等内容都要准确无误，不能虚构。

3. 篇幅短

广播稿是在人们从事各种活动的同时，通过听广播来获得信息，因此，广播稿的语言要简明扼要。

4. 内容新

广播稿的内容应是最新发生的事情或最快得到的信息。

二、广播稿的结构和写法

（一）标题

广播稿的标题写法多样化，一般要求能反映广播稿的主题或内容，例如《祝福母亲节》《运动会入场式广播稿》。广播稿的标题有的在广播时是不读的。

（二）正文

广播稿由于篇幅简短，正文结构不宜复杂，多用概述的方法表现内容。广播稿的正文根据内容需要而定，一般包括何人、何时、何地、何事、原因、结果等要素。

三、广播稿的写作要求

（一）内容要单一

广播稿要一事一报，不要把不同的内容放在同一篇广播稿里。

（二）语言要口语化、通俗化

广播稿是通过广播的形式进行宣传，常用口语写作，多用短句，通俗生动，使听众易听易记，但也要注意提炼口语，合乎人们的语言习惯。如果是具有鼓动性的广播稿，语言要富有激情和号召性。

四、例文阅读与评析

【例文】

中学生运动会入场式广播稿

金风送爽，硕果飘香，欢歌笑语，彩旗飞扬。

金秋十月，二中人收获着醉人的芬芳；

十月金秋，二中人将再创崭新的辉煌！

看，雄赳赳，气昂昂，踏着整齐而有力的步伐，带着满腔的热情与力量，这是我们的队伍，是二中人的激情飞扬！他们一丝不苟，严阵以待，体现了二中学子严谨求实、团结奋进的优良传统。他们气宇轩昂，精神抖擞，象征了二中学子开拓创新、勇往直前的精神风貌。他们矫健的身姿、飒爽的风采，伴随着庄严的旗帜，正预示着二中将永远走在时代的最前方！

【评析】

这是一篇常见的运动会入场式广播稿。这类广播稿在内容上一般包括两方面：一是介绍入场运动员，包括人数、参加项目、强项以及顶尖运动员；二是介绍运动员所代表的单位的特点。这篇广播稿的内容以介绍二中特点为主。通过运动员整齐的步伐、矫健的身姿、飒爽的风采，体现了二中严谨求实、团结奋进的优良传统，展示了二中学子激情飞扬、勇往直前的精神风貌。在语言上，这篇广播稿使用排比的修辞方法，显示了一种气势。简短有力、充满激情的句式，形成一种震撼。这种语言特点与运动员入场的进行曲很协调，具有鼓舞人心的力量。

思　考　题

一、广播稿为什么要一事一报？

二、广播稿的语言有什么要求？

三、请为做一个文明市民写一份广播稿。

第四节　讲　话　稿

一、讲话稿概说

（一）含义

讲话稿包括会议发言稿和演讲稿。会议发言稿是与会者发表与会议有关的意见、看法等言论的书面稿。演讲稿是对别人进行宣传鼓动活动中的讲话文稿。

（二）特点

1. 表态性

讲话稿是发言者表达自己意见的文稿，必须准确清晰地表明自己的立场观点。

2. 说理性

表态常与说理相连，发言要能让听者接受，需要以理服人，把自己的观点说清说透。在这方面，演讲稿的说理性更强一些。

3. 情感性

会议发言与演讲都要直接面对听众，是一种双向的信息交流活动。在撰稿时要注意运用各种修辞方式和表达技巧，通过情感的交流与共鸣，有效地刺激听众的心理，从而产生良好的效果。

4. 口语性

会议发言和演讲的效果是在听觉中产生的，因此，口语是说话人和听众之间思想沟通和感情交流的主要媒介。讲话稿要使讲者顺口，听者顺耳。

二、讲话稿的结构与写法

（一）标题

讲话稿的标题形式多样，可按照不同的讲话场合灵活选择。会议发言稿标题通常由会议名称、会议内容和文种（发言）组成，例如《在2016年春节团拜会上的讲话》。演讲稿的标题多用演讲内容或主题作标题，例如《创业改变命运致富不忘乡亲》《与青年学生谈生与死》。

（二）称谓

称谓有两种，分别为提行式和段中式。提行式放在开头，提示发言开始。段中式放在发言内容各部分的衔接部位，用于调动听众气氛、转换层次或提示发言即将结束等作用。

称谓要根据听众的身份以及会议场合等情况有所不同，如“同志们”“老师们、同学们”“各位来宾、各位朋友”等。

（三）正文

讲话稿的写作因类型、场合、内容等不同而显得多样化，但在基本结构上大体都可以分为开头、主体、结束语三部分。

1. 开头

这是讲话人的“开场白”。讲话稿的开头可以阐述发言的意义、发言的原因，也可以介绍情况、提出问题，还可以表示祝贺。例文就是表示祝贺的。开头要简短，开门见山。可以采用引语、警语、趣语、妙语、赞语或俗语等方式开头，增强演讲的新鲜感和吸引力。例如：

（1）一位竞聘某公司营销部经理的竞聘者的发言开头：

今天，我走进贵公司的大门，一眼就看见正面墙壁上挂着一个非常醒目的警示牌，上面写着“懒失志，误业败家，可耻；勤生智，兴企利己，可歌”两行大字。通过这两句警言，我看到了一种最可宝贵的企业精神，看到了贵公司辉煌灿烂的明天。我愿加入你们的行列，为开创未来而努力！

这是用赞语开头。竞聘者一方面赞扬了招聘单位的企业精神，同时也巧妙地强化了自己的竞聘动因，这样容易获得评委的认同，也加大自己成功的可能性。

(2) 一位参加普通话比赛的小学生作自我介绍时的开头：

我叫沈心，来自××小学五年级。在我的家乡，沈心和“省心”发音相同，父母给我取名“沈心”，是希望我能让他们省心。确实，从小到大，我都没让父母操过心。

这个开头用姓名的谐音巧妙地体现自己的特点。“沈心”和“省心”在选手的家乡话是同音，体现了取名的原因；而在普通话里两者读音是不同的，这也是说好普通话的难点之一。小选手标准的普通话使评委在感到新鲜有趣的同时又留下一个良好的印象。

2. 主体

这是讲话稿的重点部分。应根据讲话的主题、内容具体阐述自己的意见、观点。这部分的写作要求观点鲜明，条理清晰，层次分明，有吸引力、说服力。

3. 结束语。

这部分一般用简洁有力的语言提出号召，表达祝愿。如例文。

三、讲话稿的写作要求

(一) 把好主题切入点

讲话要吸引人，开头很重要。讲话稿要根据和围绕主题选好切入点，做到有新意，有特点，激发想象，引人入胜。

(二) 材料选择“精”“新”“特”

“精”是选择最能反映讲话内容的具有典型性的材料。“新”是新颖，符合时代风貌。“特”是选择独特的个性化的材料。这样的讲话稿就不会千篇一律。

(三) 语言简洁明快、通俗生动

讲话稿多用结构简单的短句和双音节词，语意连贯，层次转换自然。注意选用生活中有鲜活感和生命力的口语。演讲稿的语言还应具有鼓动性。

四、例文阅读与评析

【例文】

在××届成人教育毕业典礼上的发言

彭　康

尊敬的各位领导、各位老师、亲爱的同学们：

大家好！

今天是个值得高兴的日子。同学们经过自己的努力，顺利完成了学业，满怀对未来的憧憬毕业了。在你们即将离开母校之际，请允许我代表全体教师向你们表示热烈的祝贺！

毕业这个词并不全是“完成”“结束”的意思，还蕴含着开始、进步的意义。我们今天隆重集会，不是庆祝“结束”，而是欢呼开始；不是纪念“完成”，而是宣布进步。广州大学，是同学们的人生驿站之一。昨天，你们沐着春风来，在这里补充给养、构筑理想；今天，你们带着硕果再出发，去更广阔的天地释放能量，去实现理想。校园生活是短暂的，但我们在这里结下的情谊是永远的。印度诗人泰戈尔说过：“无论黄昏把树的影子拉得多长，它总是和根连在一起。”同学们，无论你们走得多远，我们的心总是和你们相连。这就是母校对你们的情谊。从广州大学走出去的成教学生中，有全国劳动模范、优秀共产党员，有全国人民最喜爱的十大人民警察、广州市十佳司法干部，还有优秀企业家、技术创新能手、教书育人标兵。母校相信和期待着在你们中间继续不断涌现社会精英、杰出人才。如果你们取得了佳绩，别忘了告诉我们，母校将以你们为荣，与你们一起分享快乐；如果你们路遇坎坷，也别忘了告诉我们，母校将给你们信心，与你们一起共渡难关。

今天是1月6日，巧的是，1982年1月6日，也是我大学毕业的日子。当年，我作为学生在毕业典礼上接受老师的祝贺；今天，我作为教师在同样的场合祝贺同学们，也让我重温了毕业典礼的欢乐。谢谢同学们，也谢谢我的学校给了我这样一个机会。在这里，我用三句话与大家共勉：学习以恒，做事以敬，做人以诚。

再过一个月就是我们国家最重要的节日——春节。在这里，我代表全体教师向大家拜个早年。春节，是人们回家团聚的日子，同学们，别忘了母校，常回家看看。

最后，祝大家在新的人生路上一路高歌，大展宏图，身体健康，万事如意。

谢谢大家！

【评析】

（1）材料选择“精”与“特”。一是以“毕业”不代表结束而是蕴含新的开始说明成人教育的意义。这是毕业典礼的讲话稿，主体部分一开始就切入毕业，但却不是一般的结束。成人教育是终身教育，到学校学习，是人生旅途的加油站，充实后再出发，因此，毕业也就具有一个阶段的结束和另一个阶段的开始两重意义。二是凝练地概括从本校毕业的学生取得的成就，以此鼓励和寄语毕业生在新的人生路上不断努力和进取。三是以历史的巧合把教师当年的毕业与今天的典礼相结合，增加了现场的交流感。

（2）语言表达富于感染力。毕业典礼是师生告别的时刻，教师的发言既有惜别，也有希望，感情真诚。文章运用排比、反复等修辞方法，并引用名人的诗句加强这种感情的表达。

思 考 题

一、讲话稿的语言有什么要求？

二、写一篇竞选某一职位的演讲稿。

第五节　标语告示

一、标语告示概说

（一）含义

标语是用简短的文字写出的具有宣传、教育、规劝、鼓舞作用的语句。我国是标语大国，外国人称“中国是标语的天下”，这从一个侧面反映中国人对标语宣传作用的重视。在革命战争年代，标语在宣传革命真理、鼓励人民群众起来进行革命斗争、打击和瓦解敌人方面曾起到积极作用。今天，标语仍是宣传改革开放，鼓舞和团结人民群众进行社会主义现代化建设的有力武器。

告示在形式上与标语相似，它是一种提醒、规劝、警告的简短文字，它的政治色彩没有标语那么浓，侧重于宣传社会主义精神文明和道德规范方面的内容，带有明显的公益性。

标语告示与广告的相同点是都面向大众，语言都具有较强的冲击力。不同之处是广告侧重于介绍商品和服务，而标语告示侧重于宣传党的路线、方针、政策，宣传社会主义的道德规范。

（二）特点

标语告示的功用决定它具有如下几个特点。

1. 适时性

标语告示具有很强的政治性、政策性，好的标语告示必须符合党的路线、方针、政策，必须与政治、经济、文化大环境相吻合。其具体表现是：

一是紧密为一定时期党的中心任务服务。标语往往都打着时代的鲜明烙印，如：

（1）打土豪，分田地！

（2）抗美援朝，保家卫国！

（3）实践是检验真理的唯一标准

（4）计划生育是我国的基本国策

（5）抗震救灾，众志成城！

这些标语一看就知道是属于哪个时代的。标语好不好、美不美，不仅要看内容，还要看是否与时代精神相和谐。有的地方墙壁上还保留着“以阶级斗争为纲”“农业学大寨”之类的标语，这些“老皇历”，令人觉得碍眼、反感，还是把它处理了为宜。

二是为党的路线、方针、政策服务。好的标语告示必须抱着实事求是的态度，恰如其分地宣传党的路线、方针、政策。如：

（1）弘扬社会公德，告别不文明行为

（2）常修为政之德，常思贪欲之害，常怀律己之心

以上标语有实事求是之意，无哗众取宠之心，较好地宣传了社会文明和党风廉政建设之风。有的标语喜欢说过头话，其效果适得其反，如：

（3）违反计划生育是犯罪行为！

(4) 坚决打击盲流!

这些标语显然是与有关法律相违背的。

2. 鲜明性

标语告示要是非清楚，爱憎分明，赞成什么，反对什么，旗帜鲜明。如：

(1) 让一步桥宽路阔，争一秒车毁人亡

(2) 珍惜生命，远离毒品

这些标语运用对比手法，鲜明地表达了作者的态度。

3. 鼓动性

标语告示的语言具有较强的鼓动性和感染力，它往往运用多种语言手段，充分发挥它的宣传鼓动作用。如：

(1) 读书是个人的希望，也是家庭的希望，国家的希望

(2) 知识改变命运，现在决定未来

以上这些标语，运用排比、对偶等修辞手法，增强了鼓动性和感染力。

二、标语告示的写法

改革开放以来，随着形势的变化，标语告示也出现了新的面孔。为适应新的形势，取得更好的宣传效果，在语言运用上必须注意以下几点。

(一) 大量采用“软”性词语

“软”性词语比“硬”性词语更有魅力，更容易被人接受、认同。如：

(1) 小草在生长，请勿打扰

(2) 请别摘走那朵向您微笑的花，它要向每个人问好

这些标语告示，把冷面孔变成热面孔，具有人情味和亲和力，读来如沐春风，使人容易接受。

(二) 幽默语言的运用

幽默是一种善意的批评，这种批评比较容易使人接受。国外有不少标语告示多采用幽默语言，给人印象深刻。如：

(1) 如果你的汽车会游泳的话，请照直开，不必刹车（美国西海岸一条公路急转弯处的告示牌）

(2) 凡向鳄鱼池内抛物者须自己捡回（肯尼亚天然野生动物园的“游人须知”）

(三) 运用积极的修辞手段

标语告示为增强其语言的冲击力、感染力，常运用大量的修辞手法，常见的有：

1. 押韵

例如：

(1) 各行其道，安全有靠

(2) 语言文明，大家欢迎

(3) 想要致富，人人种树

(4) 人人爱绿化，花城美如画

以上标语告示均合辙押韵，念起来琅琅上口，容易记忆，也给人留下深刻印象。

2. 错综

例如：

清洁广州，绿化羊城，美化花城

这条标语运用错综修辞手法，使语言有变化，避免平淡单调。

3. 比拟

例如：

（1）请用你的手，擦去我的泪滴——水龙头说

（2）请不要在我的脸上抹黑——墙壁说

以上两条标语运用拟人的修辞手法，收到生动形象的表达效果。

4. 比喻

例如：

（1）知识是打开幸福之门的钥匙

（2）时间就是金钱，效率就是生命

以上标语，把抽象的东西形象化，使人们特别是青少年更容易理解。

5. 对偶

例如：

（1）同饮珠江水，共建五羊城

（2）良言一句三冬暖，恶语伤人六月寒

这两条标语运用对偶手法，句式工整，视觉形象深刻。

6. 拈连

例如：

铁十六局要以铁的意志、铁的作风、铁的纪律、铁的质量、铁的工期、铁的信誉、高速优质完成广州地铁工程！

这条标语很有创意，由铁道部铁十六局的“铁”字联想到铁的意志、铁的作风、铁的纪律、铁的质量、铁的工期、铁的信誉，非常巧妙也非常贴切。

7. 双关

例如：

绿草如茵，足下留情

“足下”语义双关，既指你的脚，也是对你的敬称，令人容易接受。

8. 呼告

例如：

（1）小朋友，你有这么高就该买票了（深圳公共汽车购票标志）

（2）爸爸再见！安全归来

这两则告示运用呼告手法，增强了亲切感，给人关心体贴的感觉。

9. 变序

例如：

一切为了孩子，为了孩子的一切，为了一切的孩子（××市××幼儿园标语）

这条标语通过词语变序，表达了对孩子们的全面关怀和爱护，给人深刻的印象。

10. 反复

例如：

老师，您是否做到：嘴巴甜一点，微笑多一点，行动快一点，效率高一点，理由少一点，做事多一点，说话轻一点，度量大一点，工作细一点，服务周一点，律己严一点，待人宽一点。（广州××学院标语）

这条标语“一点”反复出现，让人觉得教师的伟大就体现在这点点滴滴上，只有从这点点滴滴做起，才能使平凡变成伟大。

11. 排比

例如：

为人要诚实，办事要老实，学习要扎实，生活要朴实，工作要踏实，思想要务实，褒贬要事实，身体要结实。（广州××学院标语）

这条标语运用排比和反复的修辞手法，给学生提出八个方面修养要求，容易记忆，是一条好的校园标语。

12. 引用

例如：

谁知盘中餐，粒粒皆辛苦（饭堂标语）

这条标语引用现成的家喻户晓的诗句，收到言简意赅的作用。

13. 警句

例如：

（1）空谈误国，实干兴邦

（2）没有红灯的禁止，就没有绿灯的通行

以上两条标语以警句格言的形式出现，包含哲理，耐人寻味。

14. 描摹

例如：

嘤嘤鸟语，淙淙泉水，美好景致，我们共有（公园告示）

这条告示通过摹声摹色描绘出公园优美的环境，唤起人们的环保意识。

三、标语告示的写作要求

（一）要以严肃认真的态度对待标语告示的写作

标语告示是具有很强政治性和政策性的宣传文体，其内容必须反映经济社会中的大事，为两个文明的建设服务，因此写作时必须严肃认真，切不可掉以轻心，要在充分了解有关政策精神的基础上进行写作。完成初稿之后应征求同事和领导的意见，集思广益，精益求精。

（二）标语告示的写作、制作、张贴要与环境相适宜

标语的内容没有问题，但和语境不相宜，也不是好标语。

如某市在火葬场门口贴出“当好东道主，迎接奥运会”的标语，显然有点可笑，运动员们看了，肯定要生气。因此标语也不能太多太滥，更不能搞形式主义。像火葬场、殡仪馆之类场所，营造一种肃穆气氛就可以了，不必挂什么标语。标语告示除了与小环境

（具体场合）和谐之外，还必须与大环境（政治气候、时代思潮、文化传统等）相适应。

（三）标语告示的文字必须简洁明快

标语的形式短小，文字必须简洁明快，言简意赅，三言两语，要言不烦，高度概括，庄重典雅，通俗易懂，便于传诵，便于记忆。同时，标语告示的文字必须规范，不能用生僻字。

四、例文阅读与评析

【例文】

校园标语

忠心献给祖国
爱心献给社会
关心献给他人
孝心献给父母
信心留给自己

【评析】

这条标语在修辞上既运用排比又运用反复，向青少年灌输正确的人生观、价值观，修辞手法运用得当，毫无说教之嫌。另外，这条标语针对性很强，针对当今青少年的人生观、价值观以及道德观方面的缺失，娓娓道来，让人容易入心入脑。这样的校园标语，让青少年耳濡目染，必然能收到潜移默化的效果。这条标语从内容到形式都不失为一条好标语。

思　考　题

一、什么是标语告示？标语告示的特点有哪些？
二、为什么标语告示多用软性词语？
三、标语告示用幽默词语有什么好处？
四、写作标语告示常用的修辞手法有哪些？
五、下面这条标语运用了什么修辞手法：
一个娇，二个妙，三个吃不消，四个断担挑。（香港计划生育标语）
六、请写一条有关环境保护的标语告示。

第九章　经济应用文

第一节　经 济 合 同

一、经济合同概说

（一）定义

合同，在中国古代叫市券或契约，是当事人之间的一种协议。《中华人民共和国合同法》第二条给合同下了一个权威的定义："本法所称合同是平等主体的自然人、法人、其他组织之间的设立、变更、终止民事权利义务关系的协议。"经济合同则是指平等民事主体的自然人、法人、其他经济组织之间，为实现一定的经济目的，明确双方权利义务关系的协议。在现代市场经济条件下，各民事主体，往往都是独立的经济实体，都有各自的经济利益，它们之间的经济往来，权利义务关系，大多通过合同的方式加以明确。

（二）特点

经济合同，具有如下的法律性质。

1. 合同是一种民事法律行为

合同以意思表示为要素，并且按意思表示的内容赋予法律效果，故为法律行为，而非事实行为。

2. 合同是两方以上当事人的意思表示一致的法律行为

合同的成立必须有两方以上的当事人，他们相互为意思表示，并且意思表示相一致。这是合同区别于单方法律行为的重要标志。

3. 合同是以设立、变更、终止民事权利义务为目的的法律行为

任何法律行为均有目的性，合同的目的性在于设立、变更、终止民事权利义务关系。所谓设立，是指当事人通过意思表示，使他们之间产生民事权利义务关系的行为。所谓变更，是指当事人对于已经设立的民事权利义务关系，通过意思表示使其发生变化，形成新的民事权利义务关系的行为。所谓终止，是指当事人通过意思表示，使他们之间既有的民事权利义务关系归于消灭的行为。

4. 合同是当事人各方在平等、自愿的基础上产生的法律行为

在现代法上，为实现合同正义、自愿或自由时常受到限制，如强制缔约、格式合同、劳动合同的社会化等。

（三）种类

根据不同的标准，合同可以划分成不同的种类。

1. 以法律是否设有规范并赋予一个特定名称为标准

合同分为典型合同与非典型合同。典型合同，又称有名合同，指法律设有规范，并赋予一定名称的合同。《合同法》规定了十五种典型合同，如买卖、赠与、借款等合同均为典型合同。非典型合同，又称无名合同，是指法律尚未特别规定，亦未赋予一定名称的合同。

2. 以给付义务是否由双方当事人互负为标准

合同分为双务合同和单务合同。双务合同，是双方当事人互负对待给付义务的合同，即一方当事人之所以负给付义务，在于取得对方当事人的对待给付。买卖、租赁等合同均属此类。单务合同，是仅有一方当事人负给付义务的合同。赠与、借用等合同为其代表。

3. 以当事人取得利益是否须付相应代价为标准

合同分为有偿合同和无偿合同。有偿合同，是指当事人一方享有合同规定的权益，须向对方当事人偿付相应代价的合同。买卖、租赁、保险等合同是其典型。无偿合同，是指当事人一方享有合同规定的权益，不必向对方当事人偿付相应代价的合同。赠与、借用等合同是其代表。

4. 以合同的成立是否须交付标的物或完成其他给付为标准

合同分为诺成合同和实践合同。诺成合同，是指当事人各方的意思表示一致即成立的合同。买卖合同等为诺成合同。实践合同，是指除当事人的意思表示一致外，尚须交付标的物或完成其他给付才能成立的合同。如保管合同即为实践合同。

5. 以合同相互间的主从关系为标准

合同分为主合同和从合同。凡不以他种合同的存在为前提即不受其制约而能独立存在的合同，即为主合同。必须以他种合同的存在为前提，自身不能独立存在的合同，叫从合同。从合同要依赖于主合同的存在而存在，因而也叫“附属合同”。抵押合同、质押合同、保证合同与被担保合同之间的关系，也就是主从合同关系。其中，抵押合同等是从合同，被担保的合同是主合同。

二、经济合同的结构与写法

（一）经济合同的结构

经济合同的结构一般包含三个部分，即标题、正文和签署。

1. 标题

有两种排列方式：一是“合同种类+文种”，如《买卖合同》《房屋租赁合同》等；二是“当事人+合同种类+文种”，如《××培训中心安装工程合同》《××大厦空调设备安装合同》等。

2. 正文

包括首部、主文、尾部。

首部，写明合同的类型、缔约双方当事人的姓名、合同编号、合同签订地点等。

主文，即合同的主要内容，这是合同的主体部分，主要包括合同双方的具体权利义务。

尾部，注明其他待定事项，如合同是否须经公证或有关主管部门的批准、合同份数等。

3. 签署

包括双方代表签字、盖章，合同签订的日期，是否有附件等。

（二）经济合同的写法

根据《合同法》的规定，结合经济合同签订的实践，经济合同一般包含以下主要条款。

1. 当事人的名称或者姓名和住所

该条款主要是为了明确合同主体及其基本状况。当事人是法人或其他组织的，要写经过有关机关核准登记的单位全称。当事人是自然人的，其姓名应与公安机关颁发身份证上的姓名相一致。法人和其他组织的住所是指他们的主要办事机构所在地，一般是当事人的领导机构所在地。确定当事人的住所，在法律上有一定的意义，是人民法院行使管辖权的依据之一。就自然人而言，如有几个居住地，一般以他的户籍所在地为住所。如自然人离开住所地后居住一年以上的地方，为他的经常居住地，可视为住所。

2. 标的

标的是指合同双方当事人的权利义务所共同指向的对象。合同的标的一般分成财产、行为或智力成果。合同标的，是合同的重要条款，应规定得准确无误，清楚明白。对于名称、型号、规格、品种、等级、花色等都要约定得细致准确，以免引起争议。特别是不易确定的无形财产、劳务、工作成果等要尽可能地叙述准确完整。订立合同，还应当注意各种语言、方言以及习惯称谓的差异，以避免不必要的纷争。合同标的，是一切合同的必备条款。没有标的或标的不明确，当事人的权利义务无所指向，合同也就失去意义和价值。当然，合同标的，必须符合国家的法律、法规的规定，不得违背强制性的规定，否则，即使是当事人双方自主自愿的，该合同也是无效的。

3. 数量

数量是合同在量方面的规定。在合同中必须明确规定标的的数量、计量单位、计量方法、计量工具。计量单位、计量方法和计量工具，国家有规定的要依照规定；国家没有规定的，由当事人约定，但当事人必须明确其具体含义。对某些产品，必要时还应当写明有关主管部门颁发的正负尾差、合理磅差和在途自然减（增）量规定及计算方法。如果是工业产品，还应在合同中规定主机的辅机、附件、配套的产品，易损耗产品、配件和安装修理工具等。

4. 质量

质量主要是标的具体特征或称标的品质规定性。当标的为物时，质量由内在素质、外观形态等综合而成。如产品的品种、型号、规格、等级、工程项目的标准等。由于许多产品的质量往往涉及人身和财产的安全，因此，产品质量和包装质量，有国家标准的，应执行国家标准，无国家标准而有行业标准，应不低于行业标准。对产品的质量，还应明确规定对产品质量的保修范围及保修期限。对于有些产品，还应规定质量检验的方法，以样品订货的，必须由双方共同封存样品，作为检验的依据。

5. 价款或报酬

价款是取得标的物的一方当事人向另一方当事人支付的以货币表示的代价，如买方取得卖方的产品所支付的货款。报酬是根据合同取得劳务的一方当事人向对方当事人支付的货币，又可称为酬金，如保管合同中的保管费。除少数采用以物易物或劳务交换的合同外，一般合同都必须写明价款或报酬，以及价款和报酬的计算标准、结算方式或付款程序。

6. 履行期限、地点和方式

履行期限是指当事人交付标的和支付价款的时间界限。履行期限应根据各类合同的特征和需要而定。在订立合同履行期限条款时，必须明确具体，文字表述准确，不应使用容易引起歧义的字句。合同的履行期限还应包括合同有效期限。大多数合同只有履行期限，也有些合同如房屋租赁合同等有一定有效期限的规定。

履行地点，是指当事人依约履行合同义务，另一方接受履行的地点。履行的地点不同，对合同履行的风险、费用等会产生重大的影响。因此当事人应在订立合同时，对履行地点作出明确的规定。

履行方式，是指当事人采用什么方法来履行合同规定的义务。履行方式又包括时间方式和行为方式。时间方式是指合同一次性履行完毕，还是分期分批履行。行为方式，是指当事人交付标的物的方法，包括交付货物方式，如自提、送货、代运等。履行方式还包括价款或报酬的支付方式、结算方式等。履行方式应从方便当事人履行合同、实现合同目的方向去进行选择。

7. 违约责任

违约责任是指合同当事人一方不履行合同义务或履行合同义务不符合约定时应承担的对己不利的法律后果。依《合同法》的规定，承担违约责任的方式有多种，当事人可以选择适用的方式，一般有违约金、赔偿金以及修理、更换、重做等。合同规定违约责任，是督促当事人自觉履行合同的有效方式。当事人应防患于未然，将违约责任规定得具体、明确，以此来维护自己的合法权益。除违约责任外，当事人还可以约定不可抗力条款。不可抗力条款是指不可预见并不能克服的客观情况，如地震、战争等，在此情况下，尽管当事人违约，但依法可免除违约责任。

8. 解决争议的方法

解决争议的方法，是指合同的当事人发生争议后选择解决纠纷的方式。一般来说，纠纷的解决，可以采用协商、调解、仲裁、诉讼等方式。协商在当事人之间自主进行；调解在第三方主持下进行；仲裁由仲裁委员会主持；诉讼为解决纠纷的最终程序。仲裁和诉讼，两者之间存在冲突，双方如选择了仲裁，则丧失了诉讼管辖的依据。

合同的内容千差万别，以上条款只是《合同法》规定的主要条款，当事人在签订合同时，享有较大的裁量权，可在以上主要内容的基础上自主补充细化。为了规范合同的订立，各级工商行政管理机关，制订了大量的合同示范文本，供各当事人在签订合同时选择使用。

三、经济合同的写作要求

（一）熟悉相关法律法规、方针、政策

订立合同，必须遵守国家相关的法律、法规，不得违反国家有关方针、政策。因此，

订立合同的当事人必须熟悉《合同法》《民法通则》等法律，了解国家的有关政策，以保证自己所订立的合同，不致因违反国家法律、政策的规定而无效。

（二）合同条款要完备、明确

合同条款是合同的主要内容，通过具体的条款，当事人之间的权利义务才能得以定型。因此，每项条款都要订得具体、完善，力求做到定义严谨、界定精确、责权分明，不能使用内涵不清或交叉、多义的概念。合同是一个有机的统一的整体，在注意条款完备的同时，还应保持条款之间前后的衔接一致，不能前后矛盾，在执行时无所适从。

（三）文字严谨、标点符号规范

合同的语言表达要求用词确切、规范严谨，切忌使用含混不清、模棱两可或易产生歧义的文句。语言不规范、双方责任不明，容易产生纠纷，不利于合同的履行。标点符号的正确使用，在合同中也十分重要，一个符号的误用错用，往往会使结果谬以千里。

四、例文阅读与评析

【例文】

产销合同

立合同单位：

××市第×棉纺厂（以下简称甲方）

××市采购供应站（以下简称乙方）

经双方协商签订本合同，共同遵守下列条款：

第一条　本合同总值金额、具体品名、规格、交货期限、交货地点、开户银行等项条款详见附件1。

第二条　甲方根据合同要求组织生产，按时、按质、按量交货；乙方主动做好联系安排人力、库位、资金事宜，不得贻误甲方的工作。

第三条　产品质量标准。由于没有部颁、省颁统一标准，双方共同商定执行标准，详见附件2。

第四条　产品的检验。产品出厂前，由甲方严格检验，附合格证和装箱单，以示负责。甲方向乙方交货时，乙方进行抽检，如有不符合标准的产品，调换、挑选、整修、改制的费用及降价处理的损失，由甲方承担。甲方向乙方交货后，在有效期内属于产品内在质量的问题由甲方负责，属于保管不善造成的问题由乙方负责。

第五条　产品价格。按以质论价的原则，66×66白棉坯布一等品出厂价每米为5.5元，二等品出厂价每米为4.8元，三等品出厂价为每米4.5元。

第六条　产品的交货和结算。甲方到采购站2号库交货，由乙方开出收货单据，并检验入库签章后，在乙方财会科付款。结算按银行有关规定办理。

第七条　包装规定。见附件3。

第八条　违约责任。未经双方协商同意，变更产品质量品种，包装不符合本合同规定标准，影响乙方调拨供应市场的部分，乙方向甲方索赔罚金0.3%。乙方由于计划不周，安排不当造成延期收货和付款而影响甲方资金使用，甲方向乙方索赔罚金0.3%。

附则：

本合同有效期自××××年6月7日起至××××年4月2日止。本合同一式9份，正本2份，甲乙双方各执1份，副本7份，甲方3份，乙方4份，分别报送有关部门和鉴证机关监督执行。

本合同条款如有未尽事宜，由双方协商补充议定条款。在执行中如有争议，报仲裁机关解决，也可向人民法院起诉。

附件：(3件)

1.《合同附表》(略)

2.《产品质量标准》(略)

3.《产品包装规定》(略)

甲方：单位名称：××市第×棉纺厂（章）
地址：××市××区××××6号
负责人：张××（章）
签订日期：××××年×月×日

乙方：单位名称：××市采购供应站（章）
地址：××市××区××3号
负责人：李××（章）

【评析】

这份产销合同从总体上看符合合同的写作要求。结构完整，条款内容全面具体，清楚明确地规定了双方的权利和义务。主要条款中将购销合同应具备的标的、数量、质量验收方法、包装要求、结算方式、价格、履行地点、方式、违约责任等内容均依次具体细致地作了规定，“附则”部分作为补充条款对合同未尽事宜等作了规定，使合同内容十分完整、严密，责任明确。写法上亦很有特点，本合同将标的、质量标准、包装要求等这些购销合同应作细致规定的内容以附件的形式附于合同文本之后，这样既便于对这些内容做出详尽细致的规定，也使合同正文的表述简明、清晰，便于阅读。

思考题

一、经济合同的条款主要包括哪些内容？

二、经济合同的写作要注意哪些问题？

第二节　劳动合同

一、劳动合同概说

(一) 定义

劳动合同，亦称劳动合同契约或劳动协议。我国《劳动法》第十六条规定：“劳动合同是劳动者与用人单位确立劳动关系，明确双方权利和义务的协议。”《劳动合同法》第十条规定：“建立劳动关系，应当订立书面劳动合同。已建立劳动关系，未同时订立书面劳动合同的，应当自用工之日起一个月内订立书面劳动合同。用人单位与劳动者在用工之前订立劳动合同的，劳动关系自用工之日起建立。”

由以上规定可以看出，劳动合同，是确立劳动关系的重要凭证，是明确劳动者与用人单位权利义务关系的一种协议，也是劳动者用来维护自己的合法权益的重要手段。随着人事制度改革的不断深入，劳动合同的普遍性越来越广泛，越来越普及。当然，在我国现行体制下，受劳动法制约的主要是各类企业、个体工商户以及与之建立劳动关系的劳动者。各级政府部门的公务员，受《公务员法》调整，不属劳动法的调整之列。劳动合同，亦为平等主体双方的合意，但它与一般的经济合同、民事合同相比，又有其特殊性。与民事合同相比较，劳动合同是从属合同，劳动者在身份上、组织上、经济上从属于用人单位；劳动合同是有限自由合同，即用人单位的意愿要受到一定条件的限制；劳动合同是继续性合同，一旦签订，往往就会延续一定的时间；劳动合同是诚信合同，劳动合同的订立往往基于双方的高度信任，劳动合同必须亲自履行，不得代理和继承。

（二）特点

1. 劳动合同为诺成合同

劳动合同只需双方当事人意思表示一致劳动合同即可成立，法律不要求劳动者提供劳动或用人单位支付劳动报酬作为劳动合同成立的前提。

2. 劳动合同为附合合同

双方当事人就劳动合同内容意思表示一致的过程，在实践中通常表现为由劳动者对用人单位提出的劳动合同主要条款附合表示同意的过程。只要用人单位提出的合同条款不违法，这种附合性行为就为法律允许。

3. 劳动合同为双务合同

劳动者和用人单位都负有义务，并且，各方所负义务既是与各自所享有权利对应的代价，又是实现对方相应权利的保证。

4. 劳动合同为有偿合同

依据劳动合同，劳动者一方面向用人单位提供劳动，另一方面向用人单位取得劳动报酬用以作为维持劳动力再生长费用，这是一种等量劳动相交换的关系。

（三）种类

1. 以合同主体为标准的分类

从劳动者的角度分，可分为工人劳动合同、管理人员劳动合同、技术人员劳动合同和学徒工劳动合同。也可分为城镇合同制工劳动合同、农民合同制工劳动合同。从用人单位角度分，可分为工业、商业、农业、海运、家事等劳动合同。

2. 以合同期限为标准的分类

按照法律对劳动合同有效期限的要求不同，可分为固定期限劳动合同，无固定期限劳动合同和以完成一定工作为期限的劳动合同，这是大多数国家劳动立法的通例。我国《劳动法》《劳动合同法》都是坚持了这种分类。固定期限劳动合同，是明确了合同有效期限并可依法延长期限的劳动合同，劳动关系只在合同有效期限内存续，期限届满则劳动关系终止。无固定期限劳动合同，没有明确规定合同有效期限，劳动关系可以在劳动者的法定劳动年龄范围内和企业的存在期限持续存在，只有在符合法定或约定条件的情况下，劳动关系才可终止。以完成一定的工作为期限的劳动合同，是把完成某项工作规定为合同终止条件的劳动合同。

3. 以合同目的为标准的分类

在我国，依此标准可将劳动合同分为下述几种。

（1）录用合同。指以职工录用为目的，由用人单位在招收社会劳动力为新职工时与被录用者依法签订的，缔结劳动关系并约定劳动权利和劳动义务的合同。它具有普遍适用性，是劳动合同的基本类型。

（2）聘用合同。是指以招聘或聘请在职和非在职劳动者中有特定技术业务专长者为专职或兼职的技术专业人员或管理人员为目的，由用人单位与被聘用者依法签订的，缔结劳动关系并约定聘用期间劳动权利和劳动义务的合同。

（3）借调合同。是指为了将某用人单位职工借调到另一用人单位从事短期性工作，而由借调单位、被借调单位和被借调职工三方当事人依法签订的，约定借调期间三方当事人之间权利和义务的合同。

（4）停薪留职合同。是指为了使特定职工有期限地离岗停薪并保留劳动关系，而由用人单位与该职工依法签订的，约定停薪留职期间和在此期间双方权利义务的合同。

（5）学徒培训合同。是指以招收学徒并将其培训成合格职工为目的，由招徒单位与学徒依法签订的，约定学徒期间及双方权利义务的合同。

二、劳动合同的结构和写法

（一）劳动合同的结构

劳动合同的结构一般包含三个部分，即标题、正文和签署。

1. 标题

可以写成《劳务用工合同》《劳动合同》《聘用合同》《招工合同》等。

2. 正文

包括首部、主文、尾部。

首部，写明合同的类型、缔约双方当事人姓名、合同编号、合同签订地点等。

主文，即合同的主要内容，这是合同的主体部分，主要包括合同人双方的具体权利义务。

尾部，注明其他约定事项，如合同是否需要经公证或有关主管部门批准、合同份数等。

3. 签署

包括双方签字、盖章、合同签订的日期、合同的附件等。

（二）劳动合同的主要内容

劳动合同，是劳动者与用人单位建立劳动关系的重要凭证，是明确双方权利义务的协定。按照法律规定，一般应采用书面形式。从条款内容来看，可分成法定必备条款和约定必备条款。《劳动合同法》第十七条第1款规定的法定必备条款包括：

（1）用人单位名称、住所和法定代表人或者主要负责人。

（2）劳动者的姓名、住址和居民身份证号码或者其他有效身份证件号码。

（3）劳动合同期限。

（4）工作内容和工作地点。

（5）工作时间和休息休假。

（6）劳动报酬。

（7）社会保险。

（8）劳动保护、劳动条件和职业危害防护。

（9）法律、行政法规规定应当纳入劳动合同的其他事项。

约定条款是在法定必备条款以外应当事人双方或一方的要求所增加的条款，这并非所有劳动合同都具有，往往是劳动合同的个性的体现。哪些可以作为约定条款，往往由双方依法约定。《劳动法》第十七条第 2 款规定："劳动合同除前款规定的必备条款外，用人单位与劳动者可以约定试用期、培训、保守秘密、补充保险和福利待遇等其他事项"。由此看来，约定条款主要是对这些内容进行的协商增补。

（三）劳动合同的写法

1. 关于劳动合同的期限

劳动合同可以分成固定期限、无固定期限，以完成一定劳务为期限的合同。

固定期限合同，也叫短期合同，一般以 1 年或 2 年为期限。当然也有长达 8 年、10 年的。合同到期，或终止合同，或续签合同。

无固定期限合同，又称长期合同。是指用人单位与劳动者约定无确定终止时间的劳动合同。按《劳动合同法》第十四条第 2 款规定，符合如下条件的，应签订无固定期限的劳动合同：劳动者在同一用人单位连续工作满 10 年的；用人单位初次实行劳动合同制度或者国有企业改制重新订立劳动合同时，劳动者在该用人单位连续工作满 10 年且距法定退休年龄不足 10 年的；连续订立两次固定期限劳动合同的；用人单位自用工之日起满 1 年不与劳动者订立书面劳动合同的，视为用人单位与劳动者已订立无固定期限劳动合同。

2. 关于工作内容和工作地点

劳动合同所涉及的工作内容，依用人单位与劳动者的不同可以有多种。劳动合同中的工作内容条款，是劳动合同的核心条款之一，它是用人单位使用劳动者的目的，也是劳动者通过自己的劳动取得劳动报酬的缘由，因此是必不可少的。工作地点是劳动合同的履行地，是劳动者从事劳动合同中所规定的工作内容的地点，它关系到劳动者的工作环境以及劳动者的就业选择，劳动者有权与用人单位建立劳动关系时知悉自己的工作地点。

3. 工作时间和休息休假

工作时间是指劳动者在用人单位中，必须用来完成其所负担的工作任务的时间。包括工作时间的长短、工作时间方式的确定。休息休假是指用人单位的劳动者按规定不必进行工作，可以自行支配的时间。休息休假的权利是每个国家的公民都应享有的权利。

4. 劳动报酬

劳动报酬是指劳动者与用人单位确定劳动关系后，因提供劳动而获得的报酬。合理的劳动报酬，不但使职工能够维持劳动力的再生，而且对于劳动者更好地为社会创造财富，具有重要意义。

5. 社会保险

社会保险是政府通过立法强制实施，由劳动者、用人单位或社区以及国家三方面共同筹资，帮助劳动者及亲属在遭遇年老、疾病、工伤、生育、失业等风险时，防止收入的中断、减少和丧失，以保障其基本生活需求的社会保障制度。社会保险一般包括医疗保险、养老保险、失业保险、工伤保险和生育保险。

6. 劳动保护和劳动条件

劳动保护是用人单位为了保障劳动者的生命安全和健康，防止劳动过程中事故的发生，减少职业危害而采取的措施。劳动保护是用人单位在安全生产和职业卫生方面必须承担的法律义务。劳动条件主要是指用人单位为使劳动者顺利完成劳动合同约定的工作任务，为劳动者提供必要的物质和技术条件，如必要的劳动工具、机械设备、工作场地、劳动经费、辅助人员、技术资料、工具书以及其他一些必不可少的物质、技术条件和其他工作条件。

7. 其他条款

试用期，职业培训、保守秘密、补充保险、福利待遇等条款也可以在劳动合同中进行约定。

三、劳动合同的写作要求

劳动合同是明确用人单位与劳动者双方权利义务关系的协议，一经依法订立，对用人单位和劳动者都具有约束力，因此在订立过程中应高度重视，谨慎对待。

（一）劳动合同应依法订立

以《劳动法》为基础，我国颁布了一系列劳动法律和行政规章、地方性法规。这些法律法规是保护劳动者和用人单位的合法权益的重要保证。任何劳动合同的签订，必须纳入法制的轨道，否则，即便是双方自愿订立，也是无效的或可依法撤销的。

（二）劳动合同的内容应具体确定

劳动合同是约束劳动者和用人单位的“法锁”，内容应明确、具体，任何含糊不清的字句、约定不明的条款，在执行过程中都会因为双方理解的冲突而带来纷争，引发矛盾。

（三）正确对待格式条款

一般用人单位的劳动合同，往往是事先拟定的格式合同，劳动者在签订合同时，似乎没有选择的余地，这其实是一种误解。用人单位出于效率的目的，拟定的格式合同，劳动者有权对其中的条款提出修改，经双方协商一致，可以改变格式条款的内容，从而更好地维护自己的权益。

四、例文阅读与评析

【例文】

劳动合同示范文本

用人单位名称：____________________

用人单位性质：____________________

职工姓名：________________________

姓名：　　　　　　　　　　　　　　　曾用名：

性别：　　　　　　　　　　　　　　　出生年月：　　　　　　　民族：

身份证号码：　　　　　　　　　　　　户口性质：

学历：　　　　　　　　　　　　　　　党派：

参加工作时间：　　　　　　　　　　　健康状况：

职称或技术等级：　　　　　　　　　　岗位或工种：

家庭住址：

工作简历（或学习简历）：

根据《中华人民共和国劳动法》和国家有关劳动法律、法规和行政规章的规定，×××（以下简称甲方）和×××（以下简称乙方），经协商同意，签订本劳动合同。

一、合同期限（经双方协商，可以选定以下一项作为本合同的期限）

（一）有固定期限。本合同期限为　年，自　年　月　日起至　年　月　日止。其中，试用期　个月，自　年　月　日起至　年　月　日止；学徒期　个月，自　年　月　日起至

年月　日止。

（二）无固定期限，自　年　月　日起到终止劳动合同条件出现时止。其中，试用期　个月，自　年　月　日起至　年　月　日止；学徒期　个月，自　年　月　日起至　年　月　日止。

终止劳动合同的条件为：

（三）以完成一定的工作为期限。

具体工作为：

二、生产（工作）任务及条件

甲方根据生产（工作）需要，安排乙方从事工作，为岗位（工种）。具体生产（工作）任务为：

甲方根据国家有关规定，为乙方提供必要的劳动保护和劳动条件。具体内容如下：

三、双方的权利与义务

（一）甲方的权利

1. 按照岗位责任组织生产，检查考核乙方完成生产（工作）任务情况；

2. 按照国家法律、法规和本单位有关规定，决定对乙方劳动报酬的分配形式，并对乙方实施奖励或处分；

3. 根据生产（工作）或调整劳动组织的需要，在征得乙方同意后变更乙方生产（工作）岗位；

4. 当乙方不履行本合同时，有权依法向劳动争议仲裁委员会提起仲裁；

5. 双方约定的其他权利：

（二）甲方的义务

1. 按照有关劳动安全、劳动保护、职业安全卫生的规定，向乙方提供必需的生产（工作）条件；

2. 创造条件提高乙方的政治思想素质和业务技术水平；

3. 根据有关规定及本合同有关条款，按时支付乙方劳动报酬并提供保险福利待遇；

4. 向乙方提供符合国家规定的劳动安全卫生条件和必要的劳动防护用品；

5. 双方约定的其他义务：

（三）乙方的权利

1. 享有参加业务（技术）学习（培训）、参加工会、参与民主管理和提出合理化建议、评选和被评选为先进职工（生产者）等权利；

2. 按照规定领取劳动报酬和享受社会保险福利待遇；

3. 享有休息、休假与获得劳动安全卫生保护的权利。对违章指挥、强令冒险作业，有权拒绝执行；

4. 按照有关规定及本合同的有关条款，可以解除劳动合同；

5. 甲方不履行本合同时，乙方有权依法向劳动争议仲裁委员会提起仲裁；

6. 双方约定的其他权利：

（四）乙方的义务

1. 服从甲方的生产组织管理，尽职尽责，努力完成生产（工作）任务；

2. 遵守国家法律、法规和社会公德，保守国家秘密、甲方商业秘密，爱护甲方财物；

3. 遵守厂纪厂规和劳动纪律，执行生产操作规程和劳动安全卫生规程，讲究职业道德；

4. 努力学习政治文化知识，刻苦钻研技术，不断提高专业技术水平，积极参加必要的社会活动；从事技术工种或岗位的，上岗前必须接受培训；

5. 双方约定的其他义务：

四、工作时间与劳动报酬

（一）工作时间

甲方根据国家法律、法规和本单位生产（工作）实际，实行工作制。甲方对乙方实行每日工作时间　小时，平均每周工作时间　小时的工时制度。甲方确需乙方加班加点时，在征得工会和乙方同意后，一般每日不超过 1 小时，每月累计不得超过 36 小时，并按有关规定支付加班费或调休。

（二）劳动报酬

1. 乙方完成本合同规定的生产（工作）任务，甲方应以货币形式按月支付给乙方工资，支付时间为：

2. 甲方除按本款第 1 项规定之标准支付乙方工资外，另每月支付给乙方：（略）

3. 加班工资，按不低于本款第 1 项协商确定的工资标准和《劳动法》的规定计

算计发，具体标准如下：(略)

4. 从事午间（12 时至 14 时）或夜间（22 时至次日 6 时）工作的，每班应付给乙方中班或夜班津贴，具体标准如下：(略)

5. 因生产经营发展或本合同商定的其他条款变化，本款协商确定的各项劳动报酬标准需要调整时，应经甲、乙双方协商，并签订补充协议：(略)

6. 双方商定的其他报酬：(略)

五、社会保险和福利

1. 甲乙双方必须依法参加社会保险，甲方按所在地规定的一定比例按月为乙方缴纳养老、医疗、工伤、失业、生育保险费，乙方个人负担的部分，由甲方代乙方在其工资中扣缴，具体缴纳办法及标准为：(略)

2. 乙方退休养老金按国家和省有关规定在甲方投保的社会保险事业管理机构领取。

3. 乙方在甲方工作期间，患病、负伤、因工伤残或者患职业病以及生育，其有关保险福利待遇，按国家和省现行规定执行。

4. 乙方在合同期内死亡，其死亡待遇和遗属津贴按国家和省现行规定执行。

5. 乙方其他保险福利待遇，按国家、省以及甲方有关规定执行。

六、劳动合同的变更、续订、解除及终止

1. 在下列情况下，甲乙双方可以变更本合同的相关内容：

(1) 甲方转产或调整生产任务的；

(2) 甲乙双方协商同意，并且不损害国家和集体利益的；

(3) 由于不可抗拒力致使本合同无法履行的；

(4) 双方约定的其他情况：

2. 在下列情况下，甲方可以解除劳动合同：

(1) 在试用期内证明乙方不符合录用条件的；

(2) 乙方违反或不履行劳动合同的；

(3) 乙方严重失职，营私舞弊，对甲方利益造成重大损害的；

(4) 乙方严重违反劳动纪律或甲方规章制度，泄露甲方商业秘密的；

(5) 乙方被依法追究刑事责任的；

(6) 乙方患病或者非因工负伤，医疗期满后不能从事原工作，也不能从事由甲方另行安排的工作的；

(7) 乙方不能胜任工作，经过培训或者调整工作岗位，仍不能胜任工作的；

(8) 劳动合同订立时所依据的客观情况发生重大变化，致使原劳动合同无法履行，经甲、乙双方协商不能就变更劳动合同达成协议的；

(9) 经有关部门确认，甲方歇业，合营、合资期满关闭，宣告破产或者濒临破产处于法定整顿期间的；

依照第 (6)、(7)、(8)、(9) 项解除劳动合同时，甲方应提前 30 日以书面形式通知乙方并支付经济补偿金；

(10) 双方约定的其他情况：(略)

3. 在下列情况下，甲方不得解除劳动合同：

（1）劳动合同期未满，又不符合上款解除合同条件的；

（2）乙方患职业病或者因工伤残并被劳动鉴定委员会确认为丧失或者部分丧失劳动能力的；

（3）乙方患病或者负伤，在规定医疗期内的；

（4）女职工在孕期、产期、哺乳期内的；

（5）乙方在享受法定休假、探亲假期间的；

（6）法律、法规规定的其他情形；

（7）双方约定的其他情况：（略）

4. 在下列情况下，乙方可以解除本劳动合同：

（1）在试用期内的；

（2）甲方以暴力、威胁或者非法限制人身自由的手段强迫劳动的；

（3）甲方不按国家、省和本合同约定支付劳动报酬或者保险福利待遇的；

（4）甲方劳动安全、卫生条件恶劣，严重危害劳动者身体健康的；

（5）甲方有侵害乙方合法权益行为的；

（6）经甲方同意，乙方自费离职学习和培训的；

（7）乙方参军、入学或出境定居的；

（8）双方约定的其他情况：（略）

5. 在下列情况下，乙方不得解除劳动合同：

（1）由甲方出资培训（包括送大、中专院校或技工学校学习），培训后为甲方服务期未满的；

（2）属于技术骨干，承担某项重点工程的建设、改造任务或科研项目而任务未结束的；

（3）双方约定的其他情况：（略）

七、违反劳动合同的责任

1. 甲方违反劳动合同的责任（双方约定）：

2. 乙方违反劳动合同的责任（双方约定）：

八、其他有关事项

1. 甲方违反或解除劳动合同，应按照国家有关法律、法规的规定，支付给乙方经济补偿金，具体标准为：（略）

2. 甲、乙双方经协商一致，解除劳动合同时，乙方应交回：（略）

九、双方需要约定的其他事项

十、甲、乙双方签订本劳动合同后，应在15日内将劳动合同送劳动行政部门鉴证

十一、本合同的签订、变更、续订、解除、终止及履行要接受劳动行政部门监督检查

十二、甲、乙双方在履行本合同过程中发生争议时，任何一方在法定期限内可以向劳动争议仲裁委员会申请仲裁，对裁决不服的，可向人民法院起诉

十三、本合同一式三份，具有同等法律效力

甲方：______________（签章）　　法定代表人：____________（签章）

______年____月____日

乙方：______________（签章）

______年____月____日

合同鉴证

（______）鉴字第______号

经审查，本合同符合劳动法律、法规和有关规定，予以鉴证。

鉴证机关：________________（签章）　鉴证人：____________（签章）

______年____月____日

【评析】

本合同为示范文本，合同内容条款完备，既包含了必备条款，也包含了补充条款，是用人单位及劳动者签订合同时可以作为重要参考的范本。其中的很多条款，双方当事人都可以依法进行协商，使之具体化，便于双方遵守，也便于以此作为依据来维护自己的合法权益。

思　考　题

一、劳动合同有哪些必备条款？

二、签订劳动合同时要注意哪些问题？

第三节　产品说明书

一、产品说明书概说

（一）含义

产品说明书，也叫商品说明书，是用来介绍说明产品性能、构造、用途、规格、维修、使用方法、保管方法、注意事项等的一种应用性文体。一般印刷在产品的包装上，或单独印刷成册，随产品赠送。随着科学技术的进步，各种产品的性能越来越多，使用方法越来越复杂，没有产品说明书的帮助，消费者往往寸步难行，因此，产品说明书成了联系消费者与产品的一个重要桥梁和纽带，在社会经济生活和人们的日常生活中，起着重要的作用。

首先，是认识作用。通过产品说明书，消费者可以获得有关某产品的知识，加深对该产品的认识和了解，进而为购买和使用产品创造条件。

其次，是教育作用。产品说明书，往往在介绍产品性能的同时，普及某种知识或技术，使消费者从中有所收获。

再次，是宣传作用。产品说明书，印刷精美，不但能给人美的享受，而且可以依靠它对生产厂家和产品进行宣传，激发消费者的购买欲望，扩大厂家和产品的影响力和知名度。

（二）特点

1. 实用性

这是产品说明书最基本的特性。用户购买了产品，往往需要了解一系列与产品有关的问题，而说明书能切实指导用户，回答消费者关心的问题，使消费者能正确使用产品，实现购买的目的，因此，是否实用成了衡量说明书好坏的一个重要标准。如果说明书不具有实用价值，或实用性不强，无论其介绍的知识再多，传达的信息再新，表达的语言再清晰，也没有什么价值。

2. 科学性

每一种产品都是按严格的程序和科学方法生产出来的，所以说明书在介绍产品性能、构造、用途和使用方法时必须符合科学原理，具有科学依据。说明书所表达的应当是客观存在的事理，不带任何感情色彩，不能有任何的虚构和浮夸。

3. 简明性

产品说明书是一种说明告知性的文体，语言应通俗易懂，简洁明了，让一般的消费者都能看得懂。

（三）种类

产品说明书，按不同的方式可以分为如下几类。

1. 按照说明书的内容划分

（1）阐释性说明书。主要用于解说事物，阐明事理，如汽车使用说明书、专利说明书、毕业设计说明书、产品使用说明书。这类说明书往往内容丰富全面，篇幅较长。

（2）简述性说明书。主要用于简述事物的概况或介绍简单情节等。如汽车简明说明书、风景区介绍、药品使用方法等。这类说明书往往文字简明，抓住主要环节进行概括性说明。

2. 按说明书的表达方式划分

（1）文字式说明书。运用文字、数字和符号，以简要叙述的方法介绍事物，文字具有表述清晰、说理性强的特点，便于传达知识、传播信息，这是最为常用的说明书。

（2）图表式说明书。某些产品单纯用语言难以表达清楚，往往需要借助于图表进行说明，如家用电器的电路图、汽车结构图、药物的分子式等。这类说明书，图文并茂，在使用文字的同时，也辅之以图形，以文为主或以图为主。

（3）音像式说明书。以动态的音像画面来说明产品的性能、维修、使用方法、结构原理，这类说明书生动、形象、直观，通俗易懂，可感可触，应该是未来说明书发展的一种方向。

二、产品说明书的结构与写法

产品说明书，一般由封面、目录、正文、封底等部分组成。封面简洁美观，目录清楚明白，正文要言不繁，封底整洁大方。

（一）标题

标题有三种形式：一种是商品名称+文种构成，如“××牌电风扇使用说明书”。二是直接写商品名称，如“××感冒冲剂”。三是只写“说明书”或“使用说明”。

（二）正文

正文有以下几种写法。

1. 概述式

用简洁的文字，对商品的性能、成分、规格和用途作概括而简要的介绍。凡是结构不复杂、使用方法较简单的商品，常用此种方法。

2. 条文式

分条列项对商品的有关知识进行介绍。常用逐层展开的方式，从不同的侧面来介绍商品是什么，有什么用，如何使用，出现故障如何处置，怎样保管和维修。以上各项，不一定都具备，往往是以用户作为核心、站在消费者的立场，对其进行或详或略地介绍。这种介绍方式，有的用序数词一一排列，有的将主题突出，用黑体字表示，让人一目了然。

3. 图文并茂式

既有文字说明，也有相应的表格图像，一般用于专业性较强、结构功能较为复杂的产品，因为文字具有描述性，配合图片、表格的直观形象，二者相互配合，达到准确说明产品的目的。现在很多说明书采用这种方式。

（三）尾部

尾部一般写明出产厂家或经销单位的名称、地址、电话、邮政编码、使用期限、标准代号或批准文号等。

三、产品说明书的写作要求

（一）态度认真负责

商品说明书是给消费者看的，因此，写作者必须站在消费者的立场上，以认真负责的态度来完成。一份产品说明书，看似简单，但如果遗漏或表达不清，校核不准，用户按图索骥，往往会不得要领，甚至会因说明不当而造成用户人身财产的损失，引发某些事故。

（二）内容真实准确

产品说明书不是商品广告，不能因为追求吸引力而破坏内容的真实性和实用性。产品说明书，是对产品的科学说明，要求用语规范准确，恰如其分，做到科学严谨，这样才能对使用者进行正确的指导。

（三）语言通俗易懂

关心产品说明书的读者是广大用户，他们文化水平不一，阅读理解的能力有高有低，因此，应满足不同用户的需求，做到文字通俗易懂，专门术语名词尽量少用，这样才能有助于用户准确使用。但有些专业性强的设备、机械，阅读对象是专业人员，当然不能一律排斥使用专业术语。

四、例文阅读与评析

【例文】

竹林牌多媒体有源音响使用说明书

一、产品简介

本产品是我公司采用最新引进技术、专业设计、优质材料制作而成，为音乐重放时提供滴水不漏、连贯无隙的音响舞台，营造一个丰富多彩、如梦如幻的现场气氛，再现原音乐之本色。无论观看碟片、欣赏音乐，都能极大地满足你的视听新追求。该产品以充足的功率、绝佳的声场效果、美轮美奂的外形，使您在身心愉悦的同时，也让您的居室为之增光添彩。

二、产品特点

（1）全新开发最新引进技术，呈现瑰丽多彩的现场感。让各种声场效果展现各自魅力，重播效果达到一个崭新的境界。

（2）双声道立体声效果，使您无论对浪漫温馨的音乐厅、气象万千的大自然、惊心动魄的战争烽火、扣人心弦的谍海风云都如身临其境、感同身受。

（3）新颖美观、精致大方的造型出自名家之手，再现竹林产品的精益求精、勇于创新的风范。

（4）适用音频范围：DTS、DVD、VCD、CD、MP3、CDR、RCE、WKM、TUNER、TAPE、AUX、MULTIMEDIA、PC、TV、MD 等。

三、使用方法

（1）系统连接：将输入信号与音箱背面输入端相连接，音箱连接线分别连接在背面板输出的正、负输出端子，再将电源插头接到电网插座上，此时电源开关应处于“关”的位置。

（2）开机：将面板电源开关拨至“ON”位置，前面板上 POWER（电源）指示灯亮（发光），音响就可以接受外来的信号开始工作了，调节前面板上 VOLUME（音量）使其达到您所想要的音量效果。

（3）使用完毕，应该先关小音量，然后将电源开关拨至“关”位置。长期不用应从电源插座上拔下电源插头。

四、注意事项

（1）本机使用电网电源，机内有高压电！如遇故障，请联系销售商或指定维修部门检修，自行拆修可能造成的损失或人身伤害，本公司概不负责。

（2）请将本机置于干燥、凉爽、通风、清洁处使用。切勿使用化学溶剂、汽油擦拭表面，以防损坏。

（3）本产品室内使用，远离窗户、热源，防止雨淋、日晒、受潮、水溅。

（4）欣赏结束时，请先关掉音箱电源，或将音量调至最小，再关信号源电源。

五、特征指标

（1）电源：AC220V/50 Hz。

（2）信号噪音比：≥70 dB。

（3）放大频率效应：60 Hz~20 kHz（±3 dB）。

（4）输入灵敏度：≤MV。

六、装箱清单

（1）超重低音响一个。

（2）卫星音响两个。

（3）说明书一份（含保修卡）。

七、安装使用说明图

（1）前面板说明图（略）

（2）后面板说明图（略）

（3）竹林多媒体系统安装与连接图示（略）

【评析】

这份说明书总的说明形式属于条款式，同时也在后一部分采用了图表式。标题由品牌名称+文种构成。正文共分七部分，分别从产品简介、产品特点、使用方法、注意事项、特征指标、装箱清单、安装使用说明图等多方面对该产品进行了介绍，内容具体详细，用数字标明层次，条理清晰。文字简练，具有实用性、科学性、简明性等特点，符合说明书这一文体的写作要求。

思 考 题

一、产品说明书有哪些特点？

二、产品说明书的正文有哪几种写法，适合用在哪些说明书上？

第四节 商 业 广 告

一、商业广告概说

（一）含义

我们身处的世界，可以说是被广告包围的世界，从天空到地下，从平面到立体，从静止到移动，从文字到音像，广告无所不在。我们的生活离不开广告，广告已经渗透到生活的每一个环节。

广告，有广义、狭义之分。广义的广告是指一种传播信息的手段，如党政机关、社会团体、企业单位或者个人的海报、启事、声明、招聘、寻人、征婚等。狭义的广告，通常是指商业广告，也称经济广告，它是以盈利为目的，在付费的基础上，通过大众媒介采取一定的艺术表现形式，向目标公众传播商品、劳务、观念以及自身形象等方面的信息。本节所谈广告，即指狭义广告。

（二）特点

1. 真实性

广告是一种推销商品、树立形象的应用文体，真实性是它的生命。对于广告的真实性，《广告法》有明确的规定，严格禁止虚假广告、欺诈性的广告。但是现实生活之中，夸大其词的虚假广告时有所见，以致于人们对广告的真实性产生了怀疑，这其实是虚假广告把广告这一新兴的产业推进了死胡同。这是我们应极力避免的。

2. 独创性

世界上的商品琳琅满目，不可胜数，世上的广告也是纷纭万象，目不暇接。在广告的汪洋大海里如何脱颖而出，让别人记得住，印象深刻，无疑是每一个广告主梦寐以求的事情。这就要求广告的策划者、制作者应具有创造性。新颖独特的形式、朗朗上口的内容，总是让人难以忘怀的。广告能否吸引公众，激发人们的兴趣，最重要的就是看你是否具有创造性。

3. 针对性

广告的目的是树立企业或产品的形象，推销商品。商品的消费具有相对稳定的人群，这就要求广告宣传应针对具体对象、具体商品，采用不同的广告策略。如化肥农药主要销往农村，这类广告文字应浅显一些；儿童商品，必须迎合儿童的心理、生理特点，文情并茂，生动形象，简练概括，才能让人记得住。没有针对性的广告，无异于浪费钱财，虚掷感情。

（三）作用

1. 传播信息，促进生产

当今社会，正处于信息爆炸的时代，各种信息不断出现。广告，无疑是信息传播的重要手段，通过各种各样的商品广告，我们可以了解到各地商品的需求，价格的差异，进而有针对性地组织生产，产销对路，减少商品物资的积压，提高经济效益，促进社会进步。

2. 指导有责，有利竞争

作为市场竞争主体的企业，为使自己在竞争之中立于不败之地，必须根据消费者的潜在需求，不断开发新产品，改进产品质量，降低生产成本。而这些成果必须通过一定的信息渠道才能传递给消费者，使他们在购买商品时能有更多更好的选择。广告则是消费者选择商品时一条重要的信息参照渠道。

3. 美化环境，丰富生活

随着时代的发展，广告已不仅仅是销售商品的手段，它已成为一种独特的艺术。优美的造型，睿智的语言，幽默的画面，已超越了单纯的功利目的，成为美化生活的重要手段，成为现代社会人文环境的重要内容。

（四）种类

按不同的标准，广告可作如下分类。

1. 根据广告传播媒体划分

广告可分成印刷广告、影视广告、广播广告、户外广告，网络广告。影视广告是以电影、电视为媒体进行经济信息宣传的广告。广播广告是以广播为媒体所作的广告。户外广告是利用装置在户外建筑物或公共场所和街道旁的各种形式的广告。网络广告是以互联网为传播媒介的广告。

2. 根据广告的内容划分

广告可以分为商品广告、劳务广告、观念广告、公关广告等。商品广告是最为普通的广告，主要向人们介绍商品的用途、特点、质量、价格、性能等，以推销商品作为广告的直接内容。劳务广告，也叫招聘广告，是企业发布的招用管理人员或普通员工的广告。观念广告是以树立一种新观念或改变某种旧观念为主要内容的广告，传播的往往是企业哲理或价值理念。公关广告主要是提升企业或产品的知名度或美誉度的广告，着眼于企业形象，不直接表现销售内容。

3. 根据广告传播区域划分

广告可分为国际性广告、全国性广告、区域性广告、销售性广告。国际性广告是超越国界的广告，针对的往往是国际市场的消费者。全国性广告是在全国范围内进行推广的广告。区域性广告是仅仅在某一区域性的媒介上所刊播的广告。销售广告是覆盖销售现场及周围地区的广告，如销售点柜台宣传册页、海报等。

二、商业广告的结构和写法

商业广告的结构一般包括标题、正文、结尾三部分。

（一）标题

标题是广告的眼睛和灵魂，在广告中地位特殊而且重要。广告标题应能反映广告的主题，概括广告的主要内容，还必须新颖，富有吸引力。

广告标题有三种形式：

一是直接性标题。直接以商标名、商品名或企业名称作标题，揭示广告的内容。如“美的空调，美的享受”“房屋租售”等。

二是间接性标题。不直接介绍产品、服务而是采用暗示、迂回等方法，看似与产品无关，阅读之后才知道广告的目的。《南方日报》曾刊登过这样的广告，标题为“1 000 万元 1 个粥煲”，非常吸引人的注意力，不就是一个粥煲吗？怎么会如此昂贵？读了正文才知道是“泰奇八宝粥”的一条生产线，价值 1 000 万元。

三是复合式标题。这是将直接性标题和间接性标题结合起来使用的标题形式。复合式标题一般由引题、正题、副题所组成。如“悠悠寸草心，报得三春晖——三九胃泰的承诺”就采用了“引题——正题”的形式。

广告标题的写作方式多样，大致有如下几种。

1. 新闻性标题

使用能引起大众兴趣的具有新闻价值的广告标题，如香港一强力胶企业曾用该品牌胶水把一枚金币粘到墙上，然后在报纸刊登广告，其广告标题是“只要用手把这枚金币揭下，金币归本人。”

2. 问题式标题

用设问或反问的方式，引起人们的注意和思考，达到宣传商品的目的，既可以自问自答，也可以只问不答，将答案放在正文之中披露。如“想知道谁在找你吗？摩托罗拉告诉你!”“有比脸面更重要的吗?”等。

3. 祈使性标题

用恳求、劝说、号召等语气创作的标题，礼貌地命令读者去做某一件事，关注某一商品，如“只要青春不要痘”“请大家告诉大家”。当然有些祈使标题用得不当，也会引起读者的反感，如“购买××，是您明智的选择。”

4. 寓意性标题

用比喻、双关、暗示等语言形式作标题，引人回味深思，如联想电脑的一则广告：“假如人类失去联想，世界将会怎么样?”

5. 幽默性标题

用语俏皮轻松，消费者在阅读中体会广告的创造力，给人的印象往往深刻而持久，如荷兰一家旅行社的广告标题：“请飞北极度蜜月吧，当地夜长 24 小时。”

(二) 正文

1. 开头

一般是承接标题，对产品或服务作简要说明，并引出主文。开头的写法因主题而异，常见的有概括式、提问式、声明式、陈述式、描写式、对话式、答谢式等。

2. 主体

这是广告的主干，要具体列举事实，说明商品的特点、质量、功能和使用方法，阐明消费者可以得到的利益，作出对消费者的承诺。主体的写法多种多样，主要有以下几种：

(1) 陈述体。具体向消费者陈述产品的名称、商标、规格、用途、服务等，突出产品给消费者带来的好处，使消费者在理性上接受这些产品。多用于工业产品及部分日用品的广告。

(2) 故事体。用故事形式写出广告的主文，类似微型小说。故事不能太复杂，但要求情节生动，引人入胜，具有很强的吸引力，而且篇幅不能太长。

(3) 对话体。采用一问一答或集中回答的方式，对商品的有关知识进行分解介绍。在广播、电视、媒体中使用极为广泛。与故事一样，对话不能太长，应抓住商品的主要特色设置对话，对话要符合广告人的地位、身份、职位等。

(4) 证言体。运用企业、品牌或产品获得荣誉证书或奖赏的事实作为主文，或者提供权威的鉴定机构、权威人士、社会名流的鉴定、赞扬事实以提高广告的说服力。国外此类广告较多，而且对名人的言行有严格的规范。

(5) 幽默体。幽默是一种智慧，幽默、风趣的广告，能使消费者在轻松愉快中接受广告信息。也可采用夸张、拟人、谐音等修辞手段。在电视广告中，常通过动画、相声等方式来表现。这类广告多适用于价格不昂贵的日用品，高档商品或生产资料不太适宜。

(6) 抒情体。用抒情的、具有感染力的语言渲染商品，烘托气势，以情感人，以情动人，让消费者在动情、愉悦的环境中接受产品或服务。

(三) 结尾

这是广告的结束部分，文字简洁，但作用重大。一般包括两方面的内容：一是促使顾客采取购买行动的言词；二是写明有关广告刊户的厂名、厂址、邮编、电话等联系方式。结尾要求生动有力，具有鼓动作用，激发消费者的欲望，达到促销的目的。

三、商业广告的写作要求

（一）内容真实、语言准确

真实性是广告具有生命力的基本要求。虚假广告不但违法，而且会最终失去消费者的信任，自己埋葬自己的产品或品牌。为了广告的生动，可以采用多种方式，但无论哪种方式都应以不违背真实性为原则。“今年二十，明年十八”只是自欺欺人的梦想。广告用语要求规范，没有语法逻辑错误，而且也要慎用谐音，以免引起误会、产生歧义。如“买了××楼，包你有钱途”，就不是一则成功的广告。

（二）主题鲜明、新颖生动

广告宣传的目的，或是推销商品，或是推广形象、品牌，无论出于何种考虑，在撰写时都必须有明确的认识，根据自己的目的选取不同的主题，做到新颖独特，人有我有，人无我有，心中有广告，而文字上并不是一定要有强烈的表现。能让人在不知不觉之中接受你提供的信息，享受你提供的服务，这则广告的功能就得到了完全的体现。

（三）注重情感、追求创造

以情感人，以情动人，情景交融，情文并茂，情理相生，通过使观众“移情”来提升观众对产品的亲和度，诱导其进行购买。“孔府家酒，叫人想家”“想家就打200”。英国小说家威廉·萨默赛特·毛姆在出名之前，生活清贫，为以文章显达，在各大报刊上登了一则“征婚广告”：本人喜好音乐、运动，年轻富有，希望能与毛姆小说中的女主角一致的女性结婚。仅几天，伦敦书店毛姆的小说全部卖光。

四、例文阅读与评析

【例文】

不倒的金牌　驰名的商标

在中国数千年酿酒历史长河中，××老窖曾给时代留下不可磨灭的殊荣。××老窖股份有限公司拥有我国“老窖”最多，“窖龄”最老的老窖池群。在3 000多口窖池中，百年以上的老窖池就有400多口，而独有的全国保存最完好、连续使用时间最长的明朝万历年间所建的老窖池群，成为我国酿酒行业唯一的国家重点文物保护单位，享有“中国第一窖”的美誉，是中国浓香型白酒的发源地。故称浓香型白酒为泸型酒。回顾××老窖百年的创业和奋斗史册，××老窖一个世纪的荣誉与辉煌令人鼓舞。

一百年过去了。在这里我们无法一一介绍××老窖获得的全部金奖，只能选择数例，以便管中窥豹：

新中国成立前，××老窖大曲酒曾经获得南京劝业会场一等奖，北洋劝业会一等奖，上海展览会、重庆劝业会甲等奖，成都劝业会特等奖以及昆明、成都等城市展览会的奖章和奖状，并于1915年在美国旧金山举办的巴拿马万国博览会上，一举夺得金奖，叩击国人的心扉。正是：××饮誉旧金山，老窖浓香遍寰宇。

旧金山夺魁，开创了××老窖蓬勃发展的新起点。酿酒技艺越来越高，由于它具有“浓香、醇和、爽甜、回味长”的四大特点，常被冠以“醇香浓郁、饮后尤香、清冽甘爽、回味悠长”四句评语，来概括其典型风格。

新中国成立后，风卷红旗如画，××老窖锦上添花。1952年全国首届评酒会上，××老窖大曲与贵州的茅台等被列入全国十大名酒之列。专家根据其浓香爽口、柔和纯净，将其作为“浓香型”白酒的典型代表（又称泸型酒），奠定了“浓香正宗”的崇高地位。继1952年全国评酒会授予的“国家名酒”称号后，改革开放和建立社会主义市场经济的新时期，其“××”牌注册商标被消费者评为首批“中国十大驰名商标”之一。

所有的奖项直观、真实地反映出××老窖绝技相传、挥汗如雨、艰苦奋斗、开拓进取的精神。今天，××老窖股份有限公司已是国家500强的大型企业。沿着这百年金奖、世纪辉煌的历程，××老窖将走向更加美好的未来！

【评析】

这是一篇比较成功的广告，它的成功不是源于形象的叙述、生动的抒情，而是来自于百年辉煌历史的展示。通过百年国内国际大奖的一一再现，企业、品牌的形象已不言自明地立在人们面前。一方面述说着自己的悠久历史，另一方面与享誉世界的茅台进行对比，在看似漫不经心中达到宣传自己的目的。本文以新闻稿件的形式出现，更加增添了其可信度。

思　考　题

一、商业广告与产品说明书有什么区别？

二、广告写作要注意哪些问题？

三、在电视和报刊等媒体上找一些广告，评价它们的特点。

第五节　经济活动分析报告

一、经济活动分析报告概说

（一）含义

经济活动分析是经济职能部门和企业根据计划指标、统计资料、核算资料以及调查研究所掌握的情况，在正确的经济理论和经济政策的指导下，运用科学方法，对一个单位、部门或地区一定时期的经济活动进行系统的分析研究的一种活动。用以反映分析结果的书面材料，就叫经济活动分析报告。

经济活动分析的目的，在于评价现状，总结经验，揭示矛盾，找出差距，查明原因，并且提出改进措施或意见，以求获得更好的经济效益。科学的经济分析，对宏观微观经济决策都具有重要的价值和意义。

（二）特点

1. 科学性

科学性是指分析报告在科学理论的指导下，通过对经济现状的分析研究，抽象概括出符合客观实际的结论，并用这一结论去指导经济实践，对经济活动中暴露出来的问题进行及时的调整，采取相应的对策。

2. 及时性

及时性是指经济活动分析应是经济职能部门和企业经常性的专门活动。作为经济主管部门，对经济活动中的新现象、新趋势要及时进行分析总结，为决策部门制订政策提供有价值的参考。

3. 指导性

指导性是指经济活动分析报告来自于经济活动的实践，是对现实经济状况的科学总结，因此，反过来又对经济实践具有指导价值和意义。

（三）作用

1. 诊断作用

企业完成各项计划指标的情况往往是不平衡的。就企业来说，通过对本单位各项计划指标与实现情况的分析对比，可以找出存在的问题，分析其中的原因，摸清其中的规律，然后对症下药，去发挥优势，克服缺点和弱点。

2. 建议作用

在经济活动分析报告中，除了要对当前的经济活动进行分析以外，一般还应该就今后的经济活动提出建议。由于这种建议是建立在科学分析的基础之上的，所以往往是建设性的、切实可行的，容易为领导者和决策者所接受。

3. 反馈作用

一个地区、一个单位或一个部门、行业，实施某项经济决策后效果如何，需要通过经济活动分析做出评价，进行反馈。反馈与建议相辅相成，反馈的目的是使领导者、管理者了解决策实施后的真实情况，建议的目的是使领导者或管理者做出正确的决策。

4. 预测作用

经济工作离不开预测，离不开对未来的设想和安排。任何经济活动，都是历史、现实和未来紧密相联的，历史为人们提供经验和教训，现实为人们提供经济运行的真实样本，通过对这些历史经验和现实状况的分析研究，可以为未来的走向进行把脉，可以对未来的运行轨迹进行预测。

（四）种类

按不同的标准，经济活动分析报告可以分成不同的种类。

1. 按分析报告的范围分类

可分为宏观、中观和微观报告。

宏观经济活动分析报告是以国民经济总体发展为对象，从全局、整体上对国民经济的发展水平、发展速度以及国民经济中的一些重大比例问题所作的高瞻远瞩的分析。它是在各部门、各地区、各行业分析报告的基础上，经过全面整理和综合研究，系统全面地反映整个国民经济的运行趋势以及经济运行中存在的问题，为党政领导掌握经济全局，进行宏观决策、全面安排提供科学依据。

中观经济活动分析报告是指各地区、各部门、各行业对本系统的经济发展情况和经济活动所作的分析。它是处于宏观与微观的中间层次，对地区、行业、系统的工作具有指导意义和参考价值，如《珠三角外向型企业分析报告》《西部地区农民增收情况分析》等。

微观经济活动分析是从局部对某一企业、某一种商品进行具体的分析。这种分析对企业的生产经营有重大的参考价值，是企业经营过程中的一种经常性工作。一般包括对经济生存和发展条件及其利用状况的分析、微观经济主体在竞争中所处地位与竞争对手的条件和竞争策略的分析、经营成本与经济效益的分析等，如《××公司上半年销售情况分析》。

2. 按分析内容不同分类

可分为综合分析报告和专题经济分析报告。

综合分析报告又叫系统分析报告或全面分析报告。它适用于经济部门、单位对一定时期的全部经济活动，按照原定计划，利用会计、统计和业务核算等资料进行全面的分析，通过综合分析，从中总结经验，找出存在问题，为今后改进工作、研究对策提供依据。如财政部门对预算收支完成情况的分析，统计部门对经济计划指标、完成情况的全面分析等。

专题分析报告也称单项分析报告。它是相对于全面分析而言的，是针对某一专门经济活动要素的分析研究。由于企业经营管理的需要，企业及其主管部门针对经济活动中某些亟待解决的重大问题，以及工作中的薄弱环节，经常进行分析研究，提出对策，以便采取措施加以解决。这种较单一的经济活动分析过程，一般采用专题分析报告的形式，如成本分析、费用分析、产品质量分析、资金使用情况分析等。

3. 按时间的不同分类

可分为定期经济活动分析报告和不定期经济活动分析报告。

定期经济活动分析报告是指对活动进行周期性的分析，如按月、季度、年等进行分析而提出的报告。定期分析报告反映的是在一定时限里各项指标的完成情况，如财务报表、年终结算等属于这一类。不定期经济活动分析报告不具有周期性的特点，不需要按时提交，主要是对经济活动中出现的各种新问题、新情况进行分析，如对市场波动、原材料短缺、汇率变动等作出的分析。

二、经济活动分析报告的分析方法

要做好经济活动分析，掌握正确的分析方法是必不可少的。

（一）对比分析法

通过比较，可以发现本地区、本部门或本单位成绩的差距，分析存在差距的原因，找到解决问题的方法。常见的对比内容有：实际指标与计划指标对比、实际指标与历史指标相比、实际指标与国内先进指标相比。在实际比较中，要注重指标的可比性，要将纵比与横比结合起来。

（二）因素分析法

所谓因素分析法，就是剖析制约事物发展的各个因素及因素变化对事物产生的影响程度，为调控事物的发展提供依据。运用因素分析法，要抓住主要问题中的主要因素作重点分析，要注意分析主客观因素，要抓住带有倾向性的问题进行分析。

（三）平衡分析法

平衡分析法是利用有关相对应的指标间的平衡关系进行分析的一种方法。经济发展规律要求的是经济活动的各方面必须保持平衡协调，如社会总供给与社会总需求的平衡，积累与消费比例的平衡等。运用平衡分析法的目的就在于发现经济活动中的不平衡因素，找出解决的方法，组织新的平衡，促进经济平衡、协调地向前发展。

（四）趋势分析法

所谓趋势分析法，就是以揭示客观现象发展趋势的数量特征为标准，判断被研究现象的发展是否符合正常发展的要求，并探求其偏离正常发展趋势的原因，以便采取措施，促进客观事物的发展。

三、经济活动分析报告的结构和写法

经济活动分析报告，通常由标题、正文、签署三部分组成。

（一）标题

经济活动分析报告的标题有两种类型。

1. 公文式标题

由单位名称、时间、内容和文种构成，如《中国×××公司××年度新增用户经济情况分析报告》、《××公司财务成本分析》。在写作时，可根据具体情况，省略分析对象或单位名称。一般来说，文种不能省略。

2. 主题式标题

将经济活动分析报告提出的主题、观点、意见作为标题，如《农业发展的关键在于增加科技投入》、《节能减排是实现经济可持续发展的必由之路》等。这类标题形式灵活，也有用主副标题结合式的。

（二）正文

1. 前言

这是经济活动分析报告的开头部分。一般是概括介绍分析对象的基本情况、分析的背景、表明分析的目的，也有的直接写出对经济活动的评价或基本结论。从文章结构来说，这部分的主要目的是揭示矛盾，提出问题，引出下文。

2. 主体

这是经济活动分析报告的核心，主要是对经济活动进行分析的过程及结果。一般应从分析的目的和要求出发，紧扣观点，运用数据和资料，结合具体情况进行深入细致的分析，得出正确的结论。在这部分中，作者一方面要分析介绍成绩和经验，或揭露问题和矛盾，另一方面还要进一步分析取得成绩或出现问题的原因，包括主要原因与次要原因、一般原因与特殊原因、客观原因与主观原因等。

在经济活动分析报告的主体部分，应回答“怎么样”和“为什么这样”的问题。一方面是列举具体资料，包括供分析的各个单位的情况和数据，各项指标要准确，完整；另一方面是用恰当的分析方法针对具体资料进行分析论证，在分析过程中，要抓住问题的实质，作出客观、准确的判断。写作时要根据不同种类的分析报告，选取不同的侧重点。全面分析报告，要对所有经济指标逐个分析；专题分析报告，是对专项问题展开分析。在分析中要主旨集中，观点鲜明，既要总结突出的经验，又要揭露主要的矛盾，得出明确的结论。

3. 结尾

主要是提出建议和意见，即针对正面分析的结果，回答“怎么办”的问题。这部分分析观点要明确，态度要鲜明，意见和措施要提得具体中肯，切实可行。有些分析报告没有独立的结尾，而是将其与分析部分结合在一起。

（三）签署

写作者（单位或个人）名称及写作日期，年、月、日要完整。

四、经济活动分析报告的写作要求

（一）立足全局、把握好宏观和微观的关系

经济活动分析有明确的目的性和实际要求。无论是写宏观经济活动分析报告，还是某个单位的微观经济活动分析报告，都应从宏观经济着眼，树立全局观念，将部门或企业的局部经济利益同国家的整体经济利益结合起来，自觉地以党和国家的宏观政策、计划为准进行分析。

（二）要掌握资料、善于分析

写好经济活动分析报告，不仅要占有丰富翔实的资料，还要会运用资料，注意死资料与活资料的有机结合。切忌堆砌各种数字和经济指标而不作具体的综合分析。

（三）提炼语言、讲究表达技巧

经济活动分析报告的语言要准确、精练实在，尤其是数字运用更要反复、认真地加以核对。表达时要综合运用叙述、说明、议论等多种手法。叙述要简明扼要，有高度的概括性；说明要条理分明，层次清楚；对原因的分析、结果的判断要恰如其分，合乎逻辑。

（四）及时发现问题及时行文

经济活动分析报告对未来的经济活动具有指导作用，但这种指导作用具有时效性。发现问题，及时进行调整，迅速作出判断分析，用以纠正决策的偏差，避免出现大的失误。行文不及时，即使有价值的观点看法，也因为时过境迁而变成了明日黄花，失去了对现实经济调控的价值。

五、例文阅读与评析

【例文】

××××年上半年财务分析

我们百货大楼是我市首批“四放开”试点单位，今年上半年在省政府《关于进一步搞活流通若干问题的决定》、市政府《关于深化国营商业改革实行“四放开”的通知》的精神鼓舞下，充分利用政府为搞活企业、不断改善外部条件的有利时机，在转换经营机制、搞活经营、强化管理上，克服困难，不断进取，大胆开拓，初步建立起适应大楼发展的企业机制，取得了较好的经济效益和社会效益。

一、主要财务指标完成情况

商品总销售完成 873.6 万元，较上年同期 736.9 万元增加 136.7 万元，增长 18.55%。实现税利 46.8 万元，完成挂钩基数 84 万元的 55.71%，较上年同期 54.4 万元减少 7.6 万元，按同比口径计算实现税利 59.6 万元，较上年同期增长 9.56%，其中实现利润 17.7 万元，较上年同期减少 12.3 万元，按同比口径计算实现 30.9 万元，增长 3%。费用水平 7.05%，较上年同期 5.25%上升 1.8%，按同比口径计算费用率为 5.64%，上升 0.39%。全部流动资金周转 3.51 次（51.3 天），较上年同期 3.11 次（57.9 天）加快 0.4 次（6.6 天）。

二、各项指标升降原因

（1）销售总额 873.6 万元，增加 136.7 万元，增长 18.55%。其中：一营业厅完成 450.1 万元，较上年同期增长 100.6 万元；二营业厅完成 206.2 万元，和上年同期基本持平；三营业厅完成 204.6 万元，增加 26.2 万元。五月中旬开展批发业务以来，短短一个月时间销售 13 万元。上半年根据我楼“四放开”方案，在经营上进一步拓宽业务，抓住机遇，面向市场。1—2 月是市场旺季，我们在全市开展了“即开型”有奖销售活动，广大消费者纷纷前来我楼光顾，最高日销售额达 14 万元，1—2 月销售额达 402 万元，较上年同期增长 38.49%；5—6 月我楼又增加了黄金首饰和批发业务。仅黄金二十天时间销售额达 16 万元，改变了淡季商品销售不畅的状况，使前六个月较上年同期都有不同程度的增长，6 月份较上年同期增长 15.55%。

（2）实现税利 46.8 万元，其中利前税 29.1 万元，较上年同期增加 4.7 万元，这是随销售增长相应地增加了营业税等。利润实现 17.7 万元，较上年同期 30 万元减少 12.3 万元。利润减少主要是政策性费用和支出增加：一是实行工效挂钩（总挂总提）后工资基数和新增效益工资全部列入费用，按上级核定全年税利基数 84 万元，工资基数 41.84 万元计算含量，百元税利应提工资额为 51 元，上半年应提 23.8 万元，实际提取 21.7 万元，再加上按规定进入成本的各种补贴共增加 9.7 万元；二是按销售额的 0.2%流动资金列入费用 1.8 万元；三是修理费增提 2%，为 0.9 万元；四是退休统筹基金统筹比例提高后上半年多支 0.9 万元。剔除以上诸因素且并入利润，上半年可实现利润 30.9 万元，较上年同期 30 万元增长 3%。利润和销售增长不同步，主要是开展有奖销售让利于消费者，影响了效益的增长。

从附表一看影响利润的因素：由于总销售额增加 136.7 万元，影响利润增加 6.5 万元。销售毛利下降 0.37%，影响利润减少 3.2 万元。从各营业厅毛利看：一厅下降 1.25%，二、三营业厅分别上升 1.16%和 0.95%，加上 5 月份以来批发业务的开展和销售结构的变化致使全楼毛利率下降。费用水平上升 1.80%，影响利润减少 15.7 万元。上半年费用总支出 61.6 万元，较上年同期 38.7 万元增加 22.9 万元。从费用对比情况看，大部分呈上升趋势，变化较大的有：① 利息增加 1.2 万元，是随着销售的增长和经营业务的拓宽必然要占用一定的资金，贷款增加了，利息相应地要上升。

② 工资项增加9.7万元，除实行工效挂钩资金成本因素外，从去年5月以来国家两次提高粮食统销价格后发给职工的粮价补贴增加1.2万元。③ 业务费用支出7万元，其中有奖销售奖品及费用5万元，其他业务接待及会议费2万元（包括去年庆祝建店十周年部分支出）。④ 其他费用增加2.2万元。

（3）流动资金管理和运用。上半年全部流动资金平均占用249万元，较上年同期233.2万元增加15.8万元，周转3.51次（51.3天），较上年同期3.11次（57.9天）加快0.4次（6.6天）；商品资金平均占用131.5万元，和上年同期基本持平，上半年6.64次，较上年加快1.27次。

从流动资金结构变动表看，期末全部流动资金占用261.3万元，较上年242.5万元增加18.8万元，流动资金结构表现不够合理，商品资金所占比重太小，而结算资金所占比重过大。其主要原因：一是各营业厅对已付款不能按月入库做账务处理；二是在结算货款上，一般延长至月底付款较多，和我楼月账务截止日期相矛盾；三是销售计划前松后紧，月底几天营业款回收量大，造成库存减少、银行存款加大。

在资金管理方面，我们充分发挥内部银行的调控作用，加强企业内部资金管理，根据“四放开”方案规定，进一步将资金定额到柜组、商品部和营业厅，并列入考核制度。上半年平均调剂内部银行贷款40余万元，共节约利息2万余元。百元销售占用流动资金20.50元，较上年同期减少3.68元，流动资金利税率（按同比口径计算）23.94%，较上年同期提高4.3%。

三、存在问题及建议

上半年我楼在贯彻“决定”转换机制方面做了大量工作，并取得了良好的效果，各项经济指标都比上年有不同程度的增长。但由于主客观因素影响，在经营管理方面还存在一定的问题。主要是：一是经济效益和销售没有同步增长，费用总额增大，费用水平上升，管理不严，开支较乱，大部分项目费用都呈上升状态；二是资金管理制度没有严格执行，特别是各营业厅，货款不能及时做账务处理，造成大楼未达账项多，结算资金在全部流动资金所占比重极不合理；三是对有问题商品清查不认真、不彻底、处理不及时，资金不能及时解放、不能参与周转。

下半年我楼财会工作应围绕转换经营机制，提高经济效益而开展，进一步完善“四放开”实施方案，搞好会计核算和财务监督，建立健全财务监督检查制度，针对财务管理中存在的问题，把好财务关，当好领导参谋。同时建议我楼各级领导严格执行费用开支审批制度，杜绝一切不合理的开支，以保证全年利润计划的完成；对资金的管理也应引起我楼各级领导和财会人员的重视，彻底清理未达账项和一切悬账悬案，使国家财产免遭损失。各级管理人员要坚决克服重经营轻管理的思想，为完成我楼今年的各项经济指标共同努力。

附表：（略）

××市××百货大楼
×年×月×日

【评析】

这是一篇全面分析报告，对本单位上半年的经营情况，即主要财务指标完成情况进行了全面分析。文章结构完整，内容也较充实。

这篇报告由标题、正文、签署、附表等部分组成。其中正文的主体部分，又包括基本情况、内容分析、存在问题及建议三部分，符合经济活动分析报告写作的基本类型。现在一些较大的商业企业定期向上级报送的分析报告，多采用这种形式。

正文主体部分，先运用比较分析法，通过计划、统计和会计核算数字，对本单位上半年总销售额、税利、费用和资金周转天数等项主要财务指标逐项进行了分析，比较全面地反映了商店经济活动的状况和效果。接着用因素分析法，对各项经济指标升降的原因进行了深入的分析。整个分析是建立在掌握充分数据和材料基础上的，能抓住重点，把握关键，将文字分析与数据说明有机结合在一起，不仅分析较为细致、周密，结论客观可信，而且充分显示出分析报告数据多、信息量大，重在分析的特点。文中所指出的在经营管理方面存在的主要问题和提出的今后改进意见，重点突出，针对性强，内容比较具体，文字比较简明。

这篇报告没有单独的结尾部分，在写完意见之后，紧接上文，以一句号召性话作结，自然而有力。

思　考　题

一、经济活动分析报告有哪些种类？

二、写好经济活动分析报告要掌握哪些分析方法？

三、经济活动分析报告为什么要重分析？

第十章　涉外应用文

第一节　涉外应用文概述

一、什么是涉外文书

涉外应用文也叫涉外文书，是应用文书的一个分支。它是与外国、外地区有关单位或个人商洽问题、交流情况、达成协议、介绍产品而制作的，具有实际应用价值的文书的总称。

十一届三中全会以来，由于我国实行对外开放、对内搞活经济的政策，使对外贸易往来、中外科学技术和文化交流、我国人民与世界各国人民的友好交往日益频繁，涉外文书的使用范围越来越广，使用频率越来越高。尤其广东省是改革开放的前沿，毗邻港澳，且拥有分布在世界各地的大批华侨，因此在引进外资、发展外向型经济等方面，都走在其他地区前面，与外国人、华侨和港澳台同胞的交往也较之内地频繁，涉外文书的使用也就更广泛。

上述这些为了处理涉外事务，有明确的收受对象和惯用格式的文书，统称为涉外文书。

二、涉外文书的特点、作用和种类

（一）特点

涉外文书是应用文书的一个分支，因此，具有国内一般应用文书的共性。但由于它的内容和形式的涉外性，又决定了它具有区别于国内一般应用文书的个性。综观它的共性和个性，它的特点为：真实性、凭据性、及时性、法规性、程式性。

1. 真实性

真实性是指涉外文书中所使用的事实材料必须完全符合客观实际情况，不夸大，不缩小，更不能任意虚构或无中生有。在涉外文书中，材料的不真实往往会给国家带来不良的政治影响和巨大的经济损失，当事人的合法权益也无法得到保护。比如，在项目建议书和可行性研究报告中，如果事实不确凿或者有意“谎报军情”，就可能导致决策的失误，既影响我国的声誉，又让国家蒙受经济损失。

2. 凭据性

凭据性也即证据性。涉外文书中合同、协议、章程等一类文书一经签署，即在法律上具有证据的效力，对当事者具有很强的约束性，当事者双方或多方，都必须对它承担义务和责任，不能随便反悔和违约。这类文书一经签署，还将成为日后发生争议时，要求调解或裁决，进行其他诉讼活动的法律依据。因此，制作时必须严肃认真，切不可马虎草率，也不可以感情代替政策和法律，以免影响它的凭据性。

3. 法规性

法规性包括两方面内容：一方面是指制作这类文书时，既要以我国有关法规为准绳，按有关法规办事，同时又要参照国际惯例，按国际惯例来处理问题，不要与我国有关法规和国际惯例相抵触。另一方面是指涉外文书中具有契约性的文书，一经制作和签署，经有关部门批准或公证，便具有法律的效力，双方必须自觉执行。如果一方违约，另一方可以根据中国法律的规定，向法院申诉，由法院强制执行。

4. 及时性

及时性是指它具有很强的时效性，即必须在限定的时间内制作并送达有关当事人手里，才是有效的，否则是无效的。例如外贸函电、协议、合同等一类文书，时效性很强。这是因为国际市场的商品、价格等瞬息万变，如果迟缓拖延，就会失去时机，造成重大的经济损失，有时还会造成不良的政治影响。如收到外方发盘信函时，不及时回复，超过了对方承诺的期限，对方就可以不予接受，交易就无法达成。又如项目建议书、可行性研究报告、合营合同、章程等也宜及时制作，以便审批机关及早批准。如果无特殊原因而拖延，外方就会怀疑我方合作的诚意，甚至导致合营合作项目受挫或失败。

5. 程式性

程式性是指涉外文书有相对固定的格式。这些格式既受国内应用文书格式的制约，又受国外文书格式的影响。为了便于外方阅读和接受，涉外文书常采用一些国际上惯用的格式，如外贸信函的标题，只须简要地概括出事由，这与国内的公函标题显然是有所不同的。又如涉外事务信函的首部和尾部的写法与国内信函也是不同的。其他各类文书也有相对固定的格式，这些约定俗成的格式的好处是便于阅读和写作，也便于立卷和存档。

（二）作用

涉外文书是一种具有直接实用价值的文书，它的各类文种各有其功用，从总体来看，它的功用主要是：法规作用、凭据作用、商洽作用、宣传作用等。

1. 法规作用

法规作用是指涉外文书中的大部分，如协议、合同、章程等一经签署便具有法律效力，对双方具有极强的约束性，成为双方在合营、合作活动及行为的规范和准绳。又如外贸信函，一经送达对方手里，发信人便应承担所许诺的条件，并承当法律责任。

2. 凭据作用

凭据作用是指涉外文书中的一部分文书，如会谈纪要、意向书、礼宾接待计划、协议、合同、章程等，是涉外事务的文字记录，可以证实彼此许诺承担的义务和责任，可以作为日后督促、检查、交涉的依据。

3. 商洽作用

商洽作用是指涉外文书中的函电等是用于磋商交易和其他事务的，具有明显的交际作用。一项贸易的达成，往往要经过多次磋商，而函电等一类文书正是起着商洽、联系、交流作用的。

4. 宣传作用

宣传作用是指涉外文书中的广告等文书，起沟通信息、宣传产品的作用。它在厂家和客户之间架起桥梁，疏通销售渠道，是使商品顺利进入国际市场、扩大销售的重要手段。

（三）种类

涉外文书按其写作目的和内容，可以分为以下几类：

1. 凭据性文书

如会谈纪要、意向书、礼宾接待计划等。

2. 申报性文书

如项目建议书、可行性研究报告、仲裁申请书、仲裁答辩书等。

3. 法规性文书

如协议书、合同书、章程、调解书、裁决书、公证书等。

4. 商洽性文书

如函电等。

5. 宣传性文书

如广告等。

当然，这样分类是相对的，只是就该文书内容的主要特性而言，有的文书是兼有多种特性的，比如协议书、合同书、章程等，既具有法规性，又具有凭据性；外贸信函，既具有商洽性，又具有凭据性，以上分类只是根据它们在某一方面的特性比较明显和突出来划分。由于篇幅所限，本章只介绍几种较常用的文书。

三、涉外文书的写作要求

涉外文书是处理涉外事务时使用的，而处理涉外事务时必须符合本国法律和国际惯例，符合客观实际情况，文书的内容必须真实可靠，格式必须合乎规范，语言必须准确、简明、周密、庄重。涉外文书的这些基本要求，决定了作者必须具有多方面的修养，主要有以下几方面。

（一）熟悉本国法律和国际惯例

上面谈到，涉外文书具有很强的法规性，它的内容必须符合我国法律和国际惯例，要体现我们在处理涉外事务时以我国法律为准绳、以国际惯例为依据，必要时，还要正确引用有关法律条款。

首先，作者必须熟悉本国法律，特别是涉外经济方面的法规，如《中华人民共和国中外合资经营企业法》《中华人民共和国中外合资经营企业法实施条例》《中华人民共和国涉外经济合同法》《中华人民共和国中外经营法》《中国国际贸易仲裁委员会规则》等。此外，对一些地方法规，也应有所了解，如《中华人民共和国广东省经济特区条例》《广东省经济特区涉外公司条例》《广东省经济特区企业登记管理暂行规定》等。

其次，作者必须熟悉国际惯例。这是因为涉外文书除了要以我国法律为准绳之外，还应符合国际惯例。国际惯例是指不同国家在国际交往中，对同一个问题所采取的相同行为，是经过长期反复实践后逐渐形成的并且为各国所承认遵守的原则、准则和规则。对外经济活动中的投资洽谈、谈判签约、申请审批，外资企业的地位、出资方式和股权比例、企业自主权和组织管理权、资金筹集和原料产品购销、利润回收和处理、纠纷的仲裁等，均有一些约定俗成的国际惯例。涉外文书的内容和格式，应与国际惯例相一致，这就要求作者对涉外事务中的国际惯例应比较熟悉。

（二）了解涉外实务，学习涉外知识

涉外文书，是涉外实务文字记录。不懂得涉外实务，缺乏涉外知识，就很难写好涉外文书。涉外实务，包括外贸实务、中外合资合作实务、接待外宾实务等。如果不知道进出口磋商的内容、程序，不懂得什么是询盘、发盘、还盘、接受，就很难写好外贸信函；不了解进出口合同的基本条款，就不可能写好进出口合同书；不知道合营企业的申报程序、申报要领、申报文书的基本内容，就无从写作合营项目建议书、可行性研究报告、合同、章程等文书。此外，关于利用外资的业务知识、外贸专用术语知识、国际商务礼仪知识、外交语言知识、外国货币知识等，也应有所涉猎，写作时才能得心应手。

（三）认真负责，注重调查研究

涉外文书的制作者，往往不仅代表个人、单位，而且代表着国家。制作时稍有不慎，不仅会影响个人、单位甚至国家的信誉，而且会使个人、单位、国家的合法权益受到损害，或者造成不良的政治影响。涉外文书是为处理涉外实务而制作的，它的许多文种具有实施性，如果不负责任，不认真调查研究而草率从事，就会因内容的不当而导致行动的错误，造成不可挽回的损失。涉外文书具有很强的实施性，这就要求它的内容必须完全符合客观实际情况，要符合客观实际情况，就非得注重调查研究不可。

（四）掌握各种文书的基本格式

涉外文书的各种文体在长期应用中形成了相对固定的格式，这些格式是约定俗成的，掌握这些格式，就便于写作和阅读。当然格式不是一成不变的，它是随着时代的发展而不断变化。社会越是进步，涉外文书的格式就越趋于简便。但也应该看到，格式是在长期写作实践中形成的，它具有一定的稳固性。因此，对待格式既不可墨守成规，也不可随便标新立异，总的原则应着眼于统一、实用和简便。同时，由于各国各地区的文书格式都有一定的差异，写作时要注意采用国际上通用的格式。作者要注意了解和掌握各种文书国际上的通用格式与国内格式的共同点和不同点，特别要注意其不同点。

（五）提高语言文字的表达力

写好涉外文书除了以上提到的诸方面修养之外，还必须有较高的语言文字修养。有人以为掌握一点格式就会写涉外文书，其实这是大误会。掌握一点格式并不难，难的是如何根据交际目的、对象、场合等，随情应景地、准确无误地表情达意。涉外文书在语言表达方面，其基本要求是准确、周密、明确、平易、简洁、礼貌等。准确即用词造句符合客观实际情况，恰当地表情达意，如实地传递信息。周密即表意周全严密，无懈可击，不容易被人钻空子，杜绝引起争议的隐患。明确即清楚无误，没有歧义，不隐晦曲折，不追求含蓄，不能有言外之意。平易就是平实朴素、通俗易懂，不艰深晦涩，不装腔作势，不生造词语，不使用生僻费解的词语。使用专用术语时应该是国际上通用的。不宜采用比喻、夸张、比拟等描绘性的修辞手段，一般不采用描写、抒情等文学表达方式。简洁就是文字干脆利落，无空话废话，不拖泥带水，以尽可能少的语言材料传递尽可能多的信息，惜墨如金。礼貌就是根据待人以礼、不卑不亢的原则，在语言运用上讲究语言美，适当地使用敬词、谦词和其他礼貌词语，给人以真诚、和气、有礼的感觉。这些要求在以下各章中，讲各种文书的写作时，还要具体论及。

思　考　题

一、什么是涉外文书？

二、涉外文书的特点和作用是什么？

三、要写好涉外文书必须具有哪些方面的修养？

四、涉外文书在语言运用上很讲究，下面两种说法，你认为哪种说法效果好些？为什么？

1. “希望贵公司尽快回复。”

2. “相信不久即将可以收到贵方的回音。”或“相信不久就可以接到贵公司的订单。”

第二节　合营项目建议书

一、合营项目建议书概说

在探讨性洽谈中，如果中外双方取得比较一致的意见，可签订意向书。在签订意向书的基础上，中方主办单位即可进行初步的可行性研究，并写出项目建议书。

立项是设立中外合资企业的第一阶段工作，而立项首先要编写项目建议书。项目建议书是中方合营者向其计划主管部门（一般是省市对外经济贸易委员会）上报的文件，目的是要求上级主管部门批准立项。

因此项目建议书必须围绕项目设立的必要性和可能性来写。其主要内容应包括：对建议利用外资项目的国内外市场、生产（营业）规模、建设条件、生产条件、技术条件、外方合营者的基本情况、资金来源、经济效益和外汇平衡等情况作出初步的估算和建议，并对外资偿还的方式、中外合作的方式、产品销售市场、主要原材料、公用设施、交通运输及协作配套等方面情况的设想作概括性介绍。

项目建议书的编写和呈报，可供项目审批机关初步决策时参考，也可以促使外商做出投资的初步决策。对于中方经营者来说，可以减少项目选择的盲目性，同时为下一步的可行性打下基础，在与外商进一步洽谈时也有了依据。

二、合营项目建议书的结构与写法

（一）格式

为方便阅读和审批，项目建议书有一些特殊的格式，如首页在标题下面，先对中方单位的基本情况作一介绍。包括以下各点：

（1）项目名称。

（2）合作单位。

（3）主办单位地址。

（4）主办单位电话。

（5）主办单位项目负责人及职务。

（6）行业归属主管单位。

（7）填报日期。

【例文】（封面）

项目建议书

项目名称：合作经营钟表机械和专机生产
合作单位：广州××××厂　　　　香港××机械公司
主办单位：广州××××厂
主办单位地址：广州市××区××镇
主办单位电话：×××××××
主办单位项目负责人：×××
职务：广州××××厂厂长
行业归属单位：广州××公司
　　　　　　　广州××局
填表时间：××××年×月

以上各项均提行书写，以收醒目之效。合作单位是写明中外合作双方的单位。填报日期是写上报日期而不是写作日期。审批机关在收到项目建议书和外商资信调查情况后，一般应在一个月内给予答复，如一个月内不做答复，则视为认可，主办单位可进入可行性研究阶段。

以上各项占一页。

第二页是目录，把项目建议书的各项内容列明，也占一页。目录的作用是使人对项目建议书的主要内容先作一个总的了解。

【例文】（扉页）

目　　录

一、项目来源和依据
二、合作企业双方基本概况
三、引进设备的主要内容和引进的必要性
四、市场分析
五、主要原材料的需要量和来源
六、生产场地和劳动力的配备
七、经济效益分析

（二）结构和写法

项目建议书一般包括以下两部分。

1. 标题

标题一般采用公文标题的写法，如《关于与××国××公司合作经营××××××产××的项目建议书》《关于与香港××公司合资创办×××工厂项目建议书》。标题要准确地概括项目的内容，它实际上是项目的名称。

2. 正文

正文部分一般分条列项写，每条列出小标题，以方便阅读。正文的中心是论证项目设立的必要性和可能性，为增强说服力，必须注重事实，运用确凿可靠的事实材料和统计数字说明问题。具体来说，一份项目建议书必须包括如下内容。

（1）项目名称。应写明合作生产建设、开发和销售什么。如“合资生产和销售电动玩具”“合作经营钟表机械和专机生产”“合作兴建经营××新城”“合作兴建及经营管理×××高速公路”“合作开发×××”等。应注意将合作的内容简明扼要地点明，让人一目了然。

（2）中外合作各方的基本情况。一般必须介绍双方单位的名称，所属国（或所属地区）、法定地址、法定代表姓名、职务、资金信用情况、业务范围、规模、产品声誉、销售情况等。中方单位还须写明主管单位名称。

（3）举办合资企业的理由。应着重说明引进外资的必要性和可能性。一般可从国内技术上的空白或差距；产品质量上的差距；国内外市场的需求情况；提高产品在国际市场上的竞争能力；销售渠道和利用国外资金等方面加以阐述。

（4）项目的主要内容。一般应介绍生产经营的规模和范围；合资经营的年限；合资企业所需职工人数（包括生产工人、技术人员和管理人员）；投资总额、注册资本和各方出资比例；投资方式和资金来源；现金投资的筹措，是自筹还是银行贷款；外方投资是用现金还是以机器设备或专用技术折价出资，或者是两者兼有；产品的技术性能及销售方向（应实事求是地说明产品的技术性能在国内外达到的水平，在国内外所具有的竞争能力，产品是以内销为主还是以外销为主）；主要原材料及能源交通等配套方面的近期和今后要求以及已经具备的条件；经济效益等。

（5）项目实施的计划进度。周期较长的项目，应列出分期工程的时间安排。

（6）附件。为了使主管部门更全面地了解情况，可将有关材料作为附件同时上报。作为附件的材料一般有：合营双方的意向书；外商资信的调查报告；国内外市场的预测报告；有关主管部门对产品安排的意见；有关主管部门对主要物料（包括能源、交通等）安排的意向书；有关部门对资金安排的意向书。

以上内容是按已选定了合营的外商来考虑的。如果项目很好，为了选择更好的外商投资者，也可暂不定合营对象，先批准立项，对项目建议书中有关外商部分可待选定合营对象后补报备案。

三、合营项目建议书的写作要求

（一）必须在调查研究的基础上进行写作

项目建议书中对外方合营者的资金信用情况、合营的规模和范围、国内外市场对产品的需求情况、原材料的来源、能源交通条件等的介绍，都应在调查研究的基础上，掌握第一手的、较为可靠的材料后再动笔。有些问题，如经济效益、企业的规模和国内外市场情况等，还应请专家进行论证，切不可草率行事。否则，就有可能导致决策的失误，造成不可挽回的经济损失。

（二）明确项目建议书的主要内容

编写项目建议书的目的主要是为了争取上级主管部门批准立项。因此必须围绕立项的必要性和可能性来写，这是项目建议书写作的一个“纲”。

四、例文阅读与评析

【例文】

关于与香港××机械公司
合作经营钟表机械与专机生产项目建议书

一、项目的来源和依据

我厂与香港××机械公司已有8年的合作关系，××××年以来从香港××机械公司进口样机，直到今年小批量生产，年产量达400台。随着市场的不断变化，来样加工已不适应市场的需要和竞争，双方经过多次洽谈，一致同意在中国广州以合作经营模式，合办手表机械和专机生产制造公司。双方合作期限为10年，意向书签订后，乙方希望早日签订合作合同。

二、合作企业双方基本概况

1. 中国广州××××厂（以下简称甲方）

地址：广州市××区××

法人代表：广州××××厂厂长×××

广州××××厂已有30多年的机械与机床制造历史，具有较强的机械产品生产能力和管理水平，职工技术精湛，素质全面。广州××××厂与香港××机械公司有着多年合作关系。具有发展生产手表机械、专机生产的生产能力和技术力量。

2. 香港××机械公司（以下简称乙方）

总部：香港×××街××号×字楼

写字楼：香港×××道××号××字楼B—D座

电话：工厂××××××××

图文传真：××××××××

香港商业登记牌照号码：×××××××××

开户银行：新华商业储蓄银行

香港持牌人：×××先生（香港身份证号码：×××××××××）

联营公司：（略）

该公司每年营业额380万美元，主要是各种机械制造及买卖。合作产品全由乙方返销出口。

三、引进设备的主要内容和引进的必要性

通过合作，乙方提供先进设备，包括电脑铣床、电脑钻床和先进的办公设备，以改造和加强合作企业的生产能力和技术力量，以适应扩大和发展生产、发展生产力的要求。

四、市场分析

手表制造业是香港工业的四大支柱之一，也是香港出口创汇的重要产品。香港手表生产还有发展的趋势，所以未来手表机械需求量会增加，种类增多，先进性提高，生产能力增大。而甲方经过几年的生产，对样机进行了多次改造设计，在品种、质量、价格方面都适应香港市场的需求，特别是日本、韩国、中国台湾的货币升值后，香港都向大陆引进手表制造设备。所以，甲方产品出口是有市场、有竞争力的。

五、主要原材料的需要量和来源

（1）项目的主要原材料是钢材、铸铁、有色金属，国内完全可以提供。项目的电器元件，特殊配件，高速高精度轴承，无级变速马达、汽动、液压元件采用进口元件，由乙方提供。

（2）电力消耗方面。甲方已有320千瓦的电容量和164千瓦的发电能力，完全适应生产要求。

（3）生产用水：机械生产用水少，日用水量不超过10吨，甲方目前条件适应生产要求。

六、生产场地和劳动力的配备

（1）生产场地：目前甲方可以提供第三车间，装配车间适应生产。

（2）劳动力配备：合作公司行政管理人员12人，一人多职，从事管理工作，生产人员初期50人，随生产的拓展补充。

七、经济效益分析

（1）根据合作意向乙方全部返销产品，合作年限为10年，计划年销售额为710万元人民币，年生产产品1 175台，每年为国家取得外汇191.89万美元，10年为1 198.9万美元，减去乙方外汇分成预计每年创外汇为189万美元。

（2）成本估算：（略）

【评析】

这个项目建议书基本具备了应有的内容，格式也比较规范。项目设立的理由是项目建议书的写作重点，但本建议书写得较简略，设立的必要性只有寥寥数语，设立的可能性则未有提及，因此说服力不强。

思 考 题

一、什么是项目建议书？其主要内容是什么？

二、项目建议书的格式和结构是怎样的？

三、试对例文中的项目设立的理由部分加以修改补充。

第三节 涉外合同书

一、合营企业合同书

（一）合营企业合同书概说

1. 含义

中外合资（合作）经营企业合同（简称合营企业合同），是指合营各方为设立合营企业，就相互的权利、义务等达成完全一致的意见而订立的信用性、凭证性的文件。中外合营企业签署的各种文件中，以合同最为重要。因为合同明确规定了合营各方的权利、义务、责任等，具有法律效力，并可付诸实施，它是有关机构对合营企业进行审批、监督、仲裁、调解的依据。它在合资企业的设立过程中，是一个承上启下的文件，合同承接协议，章程又以合同为基础。

2. 特点

（1）法规性。签署合同是一种法律行为。合同一经批准就具有法律效力，对签署各方的行为均具有约束力。合营企业合同不但要由合营各方以书面形式签署，由合营各方代表签字，而且要经中国政府批准方能生效。合同的内容必须符合合同生效地国家的法律规定，否则无效。合同的法规性是它区别于项目建议书和可行性研究报告之处。项目建议书和可行性研究报告不具有法律效力。

由于合同具有法律效力，为了慎重起见，在签订合同之前可先签订协议。如双方已考虑比较周到全面，经双方同意，也可以不订立协议而只订立合同。

（2）实施性。订立合营企业合同的目的是为了设立企业，合同一经批准，便可付之实施。合同可以说是合营企业的“大宪法”，合营企业的设立、经营等，都必须按照合同的内容去做。

（3）长效性。合营企业合同不同于一般的经济合同，如贸易合同或租赁合同之类，它的标的物不是一项商业活动、一宗买卖。它的目的是为了合作设立和经营一家新的企业，而合作的时间一般是10年左右，因此，它在10年时间内均有效，不像一宗购销的合同，购销完毕便无效。

3. 原则

合营企业合同是合营公司最基本的法律文件，因此，在创办合营企业过程中，必须认真把它写好。创办合营企业的根本目的是为了发展我国经济，造福于人民，合同必须符合人民目前和长远的利益，为此签订合营企业合同必须遵守以下原则。

（1）适合中国法律的原则。合同的内容、依据、生效条件，合同的执行、解释、争议的解决等，均应适合中国的法律。具体要求是缔约双方资格要合法、合同行为要合法、权利义务要合法等。因此，写作涉外合同，必须在进行对外商的资信调查、缔约能力审查之后，遵循我国有关法律来起草，写作时要特别注意约定内容的合法性，各项条款必须符合我国现行的法律、法规及有关政策，否则合同就不能成立。

（2）平等互利的原则。合营各方在合营企业中的地位是平等的，因此，合同必须体现平等互利的原则。如果采用欺诈、胁迫的手段迫使对方就范，损害对方的权益，这种合同，有关审批机关是不予批准的。我们有些人在合同的制作中，为讨好外商，常忘记此原则。如有的来料加工合同，只写了成品交货日期及逾期罚款的规定，但未写来料逾期应该负什么责任和如何罚款的条文，这显然对加工一方是不利的。合同应体现双方责任的对等、义务权利的一致、盈利分成的合理。该得到的权益，绝不可轻易放弃。

（3）符合我国经济发展要求和不损害我国主权与社会公共利益的原则。《中华人民共和国中外合资经营企业法实施条例》规定，在中国境内设立的合营企业，应能促进中国经济的发展和科学技术水平的提高；有损我国主权的、不符合我国国民经济发展要求的、造成环境污染的、有损中华人民共和国的社会公共利益的，不予批准。

（4）适合国际惯例的原则。《中华人民共和国涉外经济合同法》第六条规定："中华人民共和国缔结或者参加的与合同有关的国际条约同中华人民共和国法律有不同规定的，使用该国际条约的规定。但是，中华人民共和国声明保留的条款除外。"我国参与缔结的国际条约有《国际工业产权巴黎公约》《国际海上运输条约》等，在签署合同时，均须适应这些国际惯例。

（二）合营企业合同的基本内容

《中华人民共和国中外合资经营企业法实施条例》第十四条对合营企业合同应包括的内容作了明确规定，现把该条例规定的内容分述于下并对其中一些条款作适当的解释。

1. 合营各方的名称、注册国家、法定地址和法定代表的姓名、职务、国籍

《中华人民共和国中外合资经营企业法》允许外国的个人作为合营者举办中外合营企业，因此，外国合营者如系个人应列明其姓名、国籍、居住地址、身份证号等项内容。注册国家包含国家或地区。地区如港、澳、台等。登记注册地址如不止一个，应以公司总部所在地址为准。

2. 合营企业的名称、法定地址、宗旨、经营范围和规模

合营企业的名称应为中文名称，同时也可以确定与中文名称相对应的外文名称。企业名称是工业产权的一部分。合营企业用什么名称必须符合我国有关法规的规定。合营企业名称一般由字号、所属行业、组织形式等部分组成。如：

港通　机动车维修　中心

字号　　行业　　组织形式

名称前面不得使用国名，也不得使用国家联名或国家与地区联名，如"中日""中港"等。字号应注意在同行业中不重复。行业要写清楚，如"服装""食品""塑料包装""机动车维修"、"技术咨询"等，不能用"实业""开发"等含糊不清的行业名称。行业名称后面是组织形式，一般用"有限公司"，也有用"中心"和"厂"等组织名

称的。

法定地址是指该合营企业总部所在地，而不是分厂、部门、分公司、办事处等分支机构的所在地。

宗旨是指设立企业的目的、企业所要从事的活动及所要达到的目标。

经营范围指企业经营活动的具体内容和经营方式。

经营规模应包括近期、中期、长期的规模。

3. 合营企业的投资总额、注册资本，合营各方的出资额、出资比例、出资方式、出资的缴付期限以及出资额欠缴、转让的规定。

投资总额是设立该企业需要投入的基本建设资金和流动资金的总和。

注册资本指为设立合资企业在登记管理机构登记的资本总额，它是合营各方认缴的资本总额。注册资本应在投资总额中占一定的比例。注册资本可以用人民币表示，也可以用约定的外币表示。

出资额是指合营各方认缴的注册资本的数额。

出资比例是指合营各方出资额在注册资本中所占的比例。根据《中华人民共和国中外合资经营企业法》规定，外方合营者的出资额在注册资本中所占比例不得低于25%。

出资方式是指合营双方出资是用现金还是用建筑物、设备或其他物料、专有技术、场地使用权等作价出资。

出资的缴付期限是指合营各方认缴出资的具体期限。

出资额欠缴规定是指未按合同规定期限认缴出资的一方应承担的违约责任。

出资额转让的规定是指合营一方可将其出资金额全部或部分转让。

4. 合营各方利润分配和亏损承担的比例

依照《中华人民共和国中外合资经营企业法》的规定，合营各方应按照出资额在注册资本中所占的比例分享利润和承担亏损。

5. 合营企业的董事会组成

合营企业董事会的组成、董事名额的分配以及总经理、副总经理及其他高级管理人员的职责、权限和聘用办法。

6. 采用的主要生产设备、生产技术及其来源

7. 原材料购买和产品销售方式、产品在中国境内和境外销售的比例

8. 外汇资金收支的安排

9. 财务、会计、审计的处理原则

10. 有关劳动管理、工资、福利、劳动保险等事项的规定

11. 合营企业的合营期限、解散及清算程序

12. 违反合同的责任

13. 解决合营各方之间争议的方式及程序

14. 合同文本采用的文字和合同生效的条件

以上内容在实际应用中可适当增减。

（三）合营企业合同的基本格式和写法

合营企业合同一般可以分为以下几部分。

1. 标题

常见的标题写法有以下两种。

（1）由企业性质、行业、组织形式和文种构成。如：

合作经营	机动车维修	中心	合同
性质	行业	形式	文种

有的标题在行业的前面加上企业的字号。如：

合作经营	飞 达	塑料包装	厂	合同
性质	字号	行业	形式	文种

（2）由合资各方名称、性质、字号、行业、组织形式、文种构成。如：

中华人民共和国××市城市建设开发总公司与香港×有限公司

合资双方名称

合作经营	××市××	建筑化工涂料	厂	合同
性质	字号	行业	形式	文种

2. 正文。

合营企业合同的正文一般可以分为三部分。

（1）总则。一般是用简明扼要的文字说明合同订立的法律依据和原则以及订立合同的目的，如例文一就采用这种写法。也可将合资各方的基本情况、合营企业的名称、性质、法定地址、利润分配办法等放在总则中来写。这种写法适合于小型合营企业。

（2）主体。主体部分应包括上面提到的基本内容。一般分章写，章下面分条，条下面如需要还可分项。条的序数全文统一编排，如例文一的第二章共一条，第三章就从第二条排起，如此类推。这种编排便于引用和指称。

（3）结尾。必要时加“附则”一章作为结尾。附则一般是说明如需要订立补充协议的理由、合同正副本及保存办法、合同生效的时间等。

（4）签署。在结尾之后署上双方单位的全称及双方法定代表姓名。签名之后，写上签署日期，年、月、日要俱全。签署之上如无正文，应注明“此页无正文”字样。

如有附件，如进口设备清单之类，可放于签署之后。

（四）合营企业合同书的写作要求

1. 注意合同条文的科学性

合同条文的科学性主要体现在合同条款的逻辑性和严密性上。合同条款不能前后矛盾，相互冲突，而应该互相关联照应。条文的安排要做到不重、不漏、不错、不乱。权利和义务的规定，必须明确、切实、具体。这样才便于执行和查对，才能使合同具有约束力。在实际写作中，常出现合同条款写得欠明确具体的毛病。主要有以下几个方面的问题。

（1）不全。如规定了产品原料的供应，只注意主料，忽略了辅料和包装材料；进口一条生产线，只写明主要设备，忽略了辅助设备；规定了途中运输费用的处理，而装卸费用的处理却没有规定；规定了生产费用，而成品的保险费用却没有规定。这就很容易引起争议。

（2）不细。如规定从生产利润中提出一定比例的劳保福利费，但缺少具体数额及如何执行。规定由外商引进先进设备，却没有写清具体规格、型号、性能、产地等，这就无从防止以劣充优、以落后设备充先进设备，以组装设备充原装设备的情况发生。

（3）不明。如对解决争议的仲裁办法，只写"本合同如有争议，仲裁解决"。这就过于笼统。万一发生纠纷，在何处，由何机构，按何种仲裁程序进行仲裁，将是十分麻烦的问题。因为碰到这种情况，缔约双方必须重新就仲裁地点、仲裁机构、程序等签订补充协议，有关仲裁机关才予以受理。

2. 注意语言表述的准确性

涉外经济合同往往因一字之差、一语不当而造成损失。所以写涉外经济合同，不可不注意准确性。写作时要反复推敲文句，做到用语肯定、概念清楚、书写正确。

用语肯定，是指合同用语必须确切肯定，不得模棱两可，含糊不清。合同中，一般不用"希望""可能""将要"等表示推测的语言，也不用"大体上""基本上""大部分"等模糊词语。特别是写到价格时，一般不用"参考""参照""核算后定价"等含糊字眼，否则将会引起争议。

概念清楚，是指条文必须明确无误，无歧义。特别是一些关键字眼，更不能含糊不清，否则也会引起争议。如国内某公司与港商合营生产汽车收录机，设备由港商提供，合同中作这样表述：由港商提供生产汽车收录机"全新先进"生产线一条。"全新"还比较明确，"先进"则是个相对概念，在彼地可能是先进的，在此地则不一定是先进的；在彼时可能是先进的，在此时就不一定是先进的。由于合同中对"先进"一语未作明确的界定，结果港商钻了空子，提供的并不是先进设备。为了避免合同条款因理解不同而发生争议，必须对可以从不同角度理解的词语作出定义或加以阐释，对某些关键词语加以修饰和限制，使概念明晰，避免歧义发生。

对于数量、计量规定，表述要完全准确。如币制若以"元"为单位，要写明是"美元"还是"港元""人民币"。又如"法郎"，也应写明是"法国法郎"还是"瑞士法郎"，丝毫不能含糊。

书写正确，是指合同中如有中外文对照，中文与外文的含义要完全一致。标点不能漏用、误用。文字书写规范端正。

（五）例文阅读与评析

【例文一】

合作经营××公司合同书

第一章　总　则

中国××公司和×国××公司，参照《中华人民共和国中外合资经营企业法》和中国的其他有关法规，本着平等互利的原则，通过友好协商，同意在中华人民共和国××省（市），共同投资举办合作经营企业，特订立本合同。

第二章　合作双方

第一条　本合同的各方

（略）

第三章　成立合作经营公司

第二条　合作各方参照《中华人民共和国中外合资经营企业法》和中国的其他有关法规，同意在中国境内建立合作经营××有限公司（以下简称合作公司）。

第三条　合作公司的名称为：××有限责任公司。

英文名称为：×××××××。

合作公司的法定地址为：××省××市××路××号。

第四条　合作公司的一切活动，必须遵守中华人民共和国的法律、法令和有关条例规定。

第五条　合作公司的组织形式为独立核算，自负盈亏，合作公司以其全部财产为限，对债务承担责任。

第四章　生产经营目的、范围和规模

第六条　合作公司经营目的是本着加强经济合作和技术交流的愿望，采用先进而适用的技术和科学的经营管理方法提高产品质量，发展新产品，并在质量、价格等方面具有国际市场的竞争能力，提高经济效益，使合作各方获得满意的经济利益。

第七条　合作公司生产经营范围是：（略）

第八条　合作公司的生产规模如下：（略）

第五章　投资总额与注册资本

第九条　合作企业的投资总额为人民币×××万元（折××万美元）。

第十条　合作公司的注册资本为人民币××万元（折×万美元）。其中：甲方×万美元，占××%；乙方×万美元，占××%。

第十一条　甲、乙双方将以下列作为出资：（略）

第十二条　合作公司注册资本由甲、乙各方按其出资比例分×期缴付，每期缴付的数额如下：（按：根据实际情况写）

合作双方的出资期限如下：（按：根据实际情况写）

第十三条　非董事长会会议一致通过决议，合作一方如向第三者转让其全部或部分出资额，须经合作他方同意，并经审批机构批准。

合作一方转让其全部或部分出资额时，合作他方有优先购买权。

第六章　合作各方的责任

第十四条　甲、乙方应各自负责完成以下各项责任：

甲方责任：（略）

乙方责任：(略)

第七章　技术转让

第十五条　甲、乙方同意，由合作公司与合作各方或第三者签订技术转让合同，以取得为达到本合同第四章规定的生产经营目的、规模所需的先进生产技术，包括产品设计、制造工艺、测试方法、材料配方、质量标准、培训人员等。(按：要具体写明)

第十六条　乙方对技术转让提供如下保证：(略)

第十七条　如乙方未按本合同及技术转让合同的规定提供设备和技术，或发现有欺骗或隐瞒之行为，乙方应负责赔偿合作公司的损失。

第十八条　技术转让费采取提成方式支付。提成率为产品出厂净销售额的××%。提成支付期限按第十九条规定的技术转让合同期限为期限。

第十九条　合作公司与乙方签订的技术转让合同期限为××年。技术转让合同期满后，合作公司有权继续使用和研究发展该引进技术。

第八章　产品的销售

第二十条　合作公司的产品，在中国境内外市场上销售，外销部分占××%，内销部分占××%。

第二十一条　产品可由下述渠道向国外销售：

由合作公司直接向中国境外销售占××%。

由合作公司与中国外贸公司订立销售合同，委托其代销，或由中国外贸公司包销××%。

第二十二条　合作公司内销产品可由中国物资部门、商业部门包销或代销，或由合作公司直接销售。

第二十三条　为了在中国境内外销售产品和进行销售后的产品维修服务，合作公司可经中国有关部门批准，在中国境内外设立销售、维修服务的分支机构。

第二十四条　合作公司的产品使用商标为×××。

第九章　董事会

第二十五条　合作公司董事会于合作公司注册登记之日为正式成立之日。

第二十六条　董事会由×人组成，甲方委托×人，乙方委托×人。董事长由甲方委派。副董事长由乙方委派，董事长任期四年，经委派方继续委派可以连任。

第二十七条　董事会是合作公司的最高权力机构，决定合作公司的一切重大事宜。

第二十八条　董事长是合作公司法人代表。董事长因故不能履行其职务时，可临时授权副董事长或其他董事为代表。

第二十九条　董事会会议每年至少召开一次，由董事长召集并主持会议。经三分之一以上董事提议，董事长可召开董事会临时会议。会议记录应归档保存。

第十章　经营管理机构

第三十条　合作公司设经营管理机构，负责企业的日常经营管理工作。经营管理机构设总经理1人，由×方推荐；副总经理×人；由×方推荐×人，乙方推荐×人。总经理、副总经理由董事会聘请，任期×年。

第三十一条　总经理的职责是执行董事会会议的各项决议，组织、领导合作企业的日常经营管理工作。副总经理协助总经理工作。

第三十二条　总经理、副总经理有营私舞弊或严重失职的，经董事会会议决定可随时撤换。

第十一章　原材料、设备购买

（略）

第十二章　筹备和建设

（略）

第十三章　劳 动 管 理

（略）

第十四章　税务、财务、审计

（略）

第十五章　利 润 分 成

（略）

第十六章　合 作 期 限

（略）

第十七章　合作期满财产处理

（略）

第十八章　保　　险

（略）

第十九章　合同修改、变更与解除

（略）

第二十章　违 约 责 任

（略）

第二十一章　不 可 抗 力

（略）

第二十二章　适 用 法 律

（略）

第二十三章　争议的解决

（略）

第二十四章　文字合同生效及其他

（略）

第六十三条（略）

第六十四条（略）

第六十五条（略）

第六十六条　本合同于××××年×月×日由甲乙各方的授权代表在中国签字。

甲方：中国××公司

　　代表：×××（签字）

乙方：×国××公司

　　代表：×××（签字）

【评析】

这是一份比较规范的合营合同文本，条款完备，可供写作此类合同时参考。根据实际情况可对某些条款进行增减。

二、外贸合同书

（一）外贸合同书概说

在对外贸易中，双方经过磋商，当一方提出的交易条件被另一方所接受之后，交易即告成立，买卖双方就构成了合同关系。双方在磋商过程中的往返函电或谈判纪要，就是订立合同的依据。根据国际贸易惯例，买卖双方都要签订书面文件，以书面形式规定双方的权利和义务，双方共同遵守履行。这种书面契约，有的叫购销合同，有的叫成交确认书。目前，我国对外贸易业务中，合同主要就是采用这两种形式。这两种形式在法律上均具有同等的效力。成交确认书与销售合同相比，比较简单，是一种简式合同，它的条款比销售合同少，一般不列入商品检验、异议索赔、不可抗力、仲裁等条款。这种格式的合同，适用于金额不大、批数较多的小土特产品和轻工产品，或者已经订有代理、包销等长期协议的交易。这里主要介绍销售合同。

要写好对外贸易合同必须明确它所包含的基本条款、基本结构和格式，同时还须注意国家有关政策、法令等问题。

（二）销售合同的基本条款

销售合同的内容比较全面详细，除了包括交易的主要条件，诸如品名、规格、数量、价格、支付之外，还包括唛头（标记）、装运口岸、保险、商品检验、单据、装运条款、装船通知、质量保证、异议索赔、不可抗拒力、迟交罚款、仲裁、附加条款等。有的合同还加上责任、目的口岸、出产国与制造商等条款。下面以本节中的例文二为例，将该合同部分条款说明如下。

1. 商品的名称、规格、数量、单价、金额等

为简明起见，例文二采用表格式。品名及规格中的“USP21”是“美国药典 21 版”之意，即质量标准按美国药典 21 版所规定的要求。单价栏中的“CIF 广州”是外贸价格术语，计价方式的一种。它是 Cost，Insurance，Freight 的缩略语，中文称“成本加运费、保险费价”，又称“离岸加运费保险费价”或“运费、保险费在内价”。“广州”是运抵目的港名称。“CIF”是国际贸易中使用最为广泛的价格术语，这是因为这种价格对买卖双方都较为方便。外贸价格术语还有“FOB”“C&F”两种，“FOB”是“Free on Board”的缩略语，中文称“船上交货价”或称“离岸价”。这一价格术语是指卖方在合同规定的装运港把货物装到买方指定的船上，并负担货物装上船为止的一切费用和风险。“C&F”是“Cost and Freight”的缩略语，中文称“成本加运费价”或称“离岸加运费价”“运费在内价”。它实际上是“CIF”的变形，它与“CIF”价不同之处，是不包括保险费在内，即卖方在装运港船上履行交货，负责安排运输，承担运输费用，但不承担货物在运输中的风险。

“金额”栏中“BY AIR”是“按空运价”之意。“USD”是美元的英文缩略。总金额分别用阿拉伯数字和汉字书写。汉字书写的好处是不便涂改。

表下面说明文字是对交货数量的机动幅度的说明。签订合同时交货数量不宜规定一个绝对肯定的数字。因为有些商品本来就不易精确计量，有些商品因受自然条件、运输条件等多方面影响，实际交货往往不能完全与合同规定的数量相符。因此，为了避免日后争执，买卖双方应事先商定并在合同中订明交货数量的机动幅度。这个机动幅度习惯上称“溢短装”，即“溢装或短装”，也就是卖方有权多交或少交若干，但以不超过成交量的百分之几为度。如例文二中便规定允许卖方在装货时溢短装 3%。

2. 唛头

“唛头”指货物的标志，一般由卖方指定。例文二中规定唛头为：

B09—M05—007 GUANG ZHOU CHINA

横线上面是合同编号，横线下面的英文是“中国广州”字样。

3. 人力不可抗拒

“人力不可抗拒”也写作“不可抗力”，是指在合同签订以后，不是由于当事人的过失和疏忽，发生了当事人所不能预见的、无法预防也不能抗拒的意外事故，以致不能履行合同或不能如期履行合同。遭受意外事故的一方可以据此免除履行合同的责任或可以延期履行合同，另一方无权要求其赔偿损失。因此，不可抗力条款也可称为免责条款。不可抗力事故一般包括：① 自然原因引起的，如洪水、暴风、地震等自然灾害；② 社会原因引

起的，如战争和政府禁止有关商品进出口等。

合同中不可抗力条款的写法常见的有概括式，例文二的不可抗力条款，其特点是不将不可抗力因素具体点明，这就使该条款具有较大的适应性。另一种写法是列举式，例如："如因战争、地震、水灾、火灾、暴风雨、雪灾等原因，致使卖方不能部分或全部装运或推迟装运，卖方对此不负有责任。……"这种条款，将不可抗力因素加以列举。这种写法，列举虽力求全面，但有时仍难免有遗漏。因此，又有综合式的写法，既列举又概括，在列举诸种不可抗力因素之后加上"或其他不可抗力的原因"这一模糊词语，使条款具有更大的适应性。

这一条款在实际应用中，还规定卖方在事故发生之后应该做的事情以及买方取消合同的条件。有的"不可抗力"条款还规定如买方提出要求，卖方在事故发生后应以挂号函向买方提供证明事故的文件。

4. 仲裁

仲裁是合同中的重要条款。在履行合同的过程中，如一旦发生争议，它是申请仲裁和进行仲裁的主要依据。这一条款要写得完整、明确，符合要求的仲裁条款应写明一旦发生争议提交仲裁的地点、仲裁机关的全称和仲裁裁决是终局裁决等内容。我国有权进行仲裁的是中国国际贸易仲裁委员会及其分会。因此，仲裁地点、仲裁机关名称的正确写法应是"……提交北京中国国际贸易仲裁委员会仲裁"，或"……提交深圳中国国际贸易仲裁委员会深圳分会仲裁"。如果仲裁地点和仲裁机关写得不明确，有关仲裁机关将不予受理。出现这种情况，补救的办法是当事人双方重新签署明确的仲裁条款的补充协议，然后仲裁机关才给予受理。但如果当事人一方有意拖延不决，不予签订补充协议，那将给仲裁带来困难和麻烦。因此，为保护自己的合法权益，仲裁条款务必写得清楚明确。

（三）销售合同的结构和写法

销售合同一般由标题、约首、主体和约尾构成。

1. 标题

标题一般由单位名称、事由和文种组成。如例文二的标题：

中国××经济特区对外贸易（集团）公司	购 货	合 同
单位名称	事 由	文 种

2. 约首

约首写于标题之下主体之上。这一部分一般包括合同编号，买卖双方的名称、地址、签订日期、签订地址，买卖双方的电传、电报、电话。在末尾处用"经买卖双方确认，根据下列条款订立本合同"一句引起下文。

3. 主体

主体部分分条写出合同的条款，一般按上文提到的基本条款来写，每一条款均中英文对照。

4. 约尾

约尾一般是双方代表签字。如有附件，也应在约尾说明。如约首未写明签订日期，应在署名之后写上签订日期。如约首已写签订的日期，则约尾不必再写。例文二约首已有签订日期和签订地点，约尾又写上"本合同于××××年 4 月 25 日在××签订"，这就有重复之嫌了。另外，年号应写全称。

（四）销售合同的写作要求

1. 合同条款要具体、明确

销售合同是确定买卖双方权利、义务、责任的法律文件，并关系到有关国家的政策、法令，签订时宜认真、慎重。出口销售合同中，对商品的质量、包装、价格、交货方式等须作具体、明确的规定，否则，就会给自己造成被动。如某年我国某公司出口女绣衣一批，价值18万元。在合同中，虽对包装有所规定，但对单件具体包装方法写得不细，货物抵达目的地后，由于样式不适合市场要求，买主以包装（每两件一袋）不合要求（每件装一袋）为借口，要求退货，以致造成纠纷。在实际交易中，有以“一”作一“件”的，有以“十”作一“件”的，也有以“十二”作一“件”，这在合同中都必须写明确。对某些量词，要专作说明，以免被人钻空子。又如我国某出口公司与西欧某国一商人订了一批用麻袋包装的农产品出口销售合同，我方认为是按以往作价方式即以“毛”作“净”计算价格，但在合同中未写明确，结果对方以合同中未写明计价方法，按惯例应按“净”重计价为借口，拒绝我方提出的按“毛”作“净”的计价方式，致使我方白白送给外商货物1000千克。例文二的有些条款是具体明确的，但条款2“出产国与制造商：意大利”，只写明出产国，并未写明制造商。条款6“装运口岸：欧洲”，欧洲的国家众多，出口岸更是不计其数，“欧洲”不知指何口岸。

2. 文字要简练、严密

应避免使用含糊不清、模棱两可的词语，并注意防止歧义。有份合同，“交货期限”写“甲方争取在五月底交货”“争取”两字有很大的弹性，结果甲方果然钻了这两个字的空子，拖至七月底才交货。如果将“争取”改为“保证”“一定”，甲方就很难钻空了。

（五）例文阅读与评析

【例文二】

中国××经济特区对外贸易（集团）公司

购货合同

合同号码：B09—M05—007　签订日期：××××年4月25日

买方：中国××经济特区贸易（集团）公司医药保健品进出口公司

对外签约地点：××××

电传：420282 COFSZ GN

地址：××市××路××大厦8楼

电报：××××　　　电话：××××××××

卖方：××实业有限公司

地址：九龙尖沙咀×××道×号××商业中心

电话：3-××××××××

电报：HNBRENT　　　电传：420282 COFSZ GN

经买卖双方确认根据下列条款订立本合同。

1. 商品名称、规格、数量、单价、金额（见表 8-1）

表 8-1 **商品明细表**

品名及规格	单位	数量	单价	金额
先锋比索针 1g/瓶 USP21；意大利	瓶	150 000	CIF 广州 USD1.60/瓶	BY. AIR USD240,000.00

合计：USD240,000.00

总金额：美元：贰拾肆万元整

金额及数量均可有 3%的增减，由卖方决定。

（注：货物的附表是合同的一部分，并与该合同一样有着合法地位）

2. 出产国与制造商

意大利。

3. 包装

须装于适宜远途运输及气候变化的结实木箱或纸箱中。海运、邮包、陆运等，并妥善防潮、防震、防锈，不可粗鲁装卸。如因不当包装引起商品损害，责任应由卖方承担。

4. 唛头

B09—M05—007 GUANG ZHOU CHINA。

5. 装船期

××××年 6 月 30 日前货到广州。

6. 装运口岸

欧洲。

7. 目的口岸

广州白云机场。

8. 保险

由卖方按发票金额的 110%，投保综合险/陆运险。

9. 付款条例

（1）不可撤销即期信用证。买方应在交货前约一个月委托深圳中国银行开立以卖方为受益人的信用证，信用证的有效期直至装船后的第 15 天为止。

（2）付款交单：买方对卖方开具的见票后（ ）天付款的跟单汇票，于提示时应即予承兑，并应在汇票到期日即予付款，付款后交单。

（3）直接汇款：买方在收到卖方所有的装船单据（ ）天内将全部货款用电汇（信汇/票汇）方式汇给卖方。

（4）货到付款：买方在收到货物后的（ ）天内将现金付给卖方。

10. 单据

卖方应将下列单据提交付款银行预付货款/托收付款。

（1）海运：整套空白抬头、空白背书标有运费已付/预付的已装船清洁提单联运提单，通知在目的港的（　）公司。

陆运：整套标有运费预付/已付的已装车清洁陆运提单，空白抬头、空白背书，通知在目的地的中国××经济特区对外贸易（集团）公司。

邮寄：寄给买方的邮包收据一式（　）份。

（2）标有合同号、信用证号及唛头的发票一式4份。

（3）由制造商出具的装箱或重量单一式4份。

（4）出厂商出具的质量与数量证明书一式2份。

（5）保险单一式2份。

（6）产地证一式2份。

（7）一俟装船完毕，立即电告或函告买方有关的装运项目。

另外，卖方应在装船后的十天内空邮买方第（　）项单据副本一套。

11. 装运条款

（1）FOB条款。

卖方应在合同规定的装运日期前30天，以电报通知买方合约号、品名、数量、金额、包件数、毛重、尺码及在装运港的可装日期，以便买方安排订舱。装运船只按期到达装运口岸后，如卖方不能按时备货装船，因而发生空舱费或延期费由卖方负担。在货物越过船舷并脱离吊钩以前的一切费用和风险由卖方负担。在货物越过船舷并脱离吊钩以后的一切费用由买方负担。

（2）CIF及C&F条款。

卖方须按时在装运期限内将货物由装运口岸装船至目的口岸。装载船只不得悬挂买方不能接受的旗帜。一俟货物运出，卖方应即电告买方合约号、品名、发票价值及发船日期，以便买方及时安排保险。

12. 装船通知

一俟装船完毕，卖方应即电告买方合约号、品名、已装载数量、发票价值、毛重、船名及启程日期等。如因卖方未及时发出装船通知，而使买方不能及时保险，所造成的损失应由卖方承担。

13. 质量保证

品质规格必须符合合同规定，品质保证期限为货到目的口岸12个月内。在保证期限内，因制造厂商在设计制造过程中的缺陷造成的货物损害应由卖方负责赔偿。

14. 检验与索赔

（1）卖方在发货前由买卖双方同意选定的×××商品检验有限公司对货物的品质、规格和数量做精密细致的检验，并出具检验证明书，检验费由卖方负担。

（2）货物到达目的口岸后，买方可委托中国商品检验局对货物进行复检。如果发现货物有损坏、残缺或规格及数量与合同规定不符，买方可于货到目的口岸的90天内凭中国商品检验局出具的检验证明书向卖方要求索赔。卖方根据买方的要求与合同规定不符部分，应予无偿换货，补发短缺或降低货价，并负担由此产生的到目的港为止的换货运费。买方检验费和利息损失，卖方以现款汇交买方，如果卖方在接到以上索赔要求后，1 个月内不答复，索赔就算已被卖方接受。

15. 人力不可抗拒

如在制作过程中或装货、运输中发生不可抗拒因素，致使货物推迟装运或不能按时成交，卖方不承担责任。卖方应将上述发生的情况及时通知买方，并在此后的 14 天内将事故发生所在地政府主管部门开具的事故证明书空邮买方，以便买方承认。然而，在这种情况下，卖方仍然有义务采取一切必要措施加速货物成交。如果事故延续 10 个星期以上，买方有权取消合同。

16. 迟交罚款

除本合同第 15 条规定的不可抗力条款外，如卖方不能按合同规定期限交货，买方可同意推迟交货期，但卖方必须同意付款银行在预付货款时扣除罚款。罚款总额不超过迟交货物总值的 5%，罚款率按每 7 天 0.5%计算，不满 7 天仍以 7 天计算。如超过合同规定运输期限 10 个星期后，卖方仍不能交货，则买方有权撤销合同，而卖方仍须立即付给买方上述罚款。

17. 仲裁

因执行本合同所发生的或者与本合同有关的一切争执，由签约双方友好协商解决。如双方经协商后尚不能解决时，得提交中国国际贸易仲裁委员会进行仲裁。仲裁委员会的裁决是最终决定，签约双方都应服从。仲裁费用由败诉方负担。仲裁也可在双方同意的第三国进行。

18. 附加条款

(略)

本合同于××××年 4 月 25 日在××签订。

卖方签字　××实业有限公司（章）　　买方签字　×××××（章）

(注：原件为中英文对照，这里英文从略)

【评析】

本合同条款比较完备，采用表格式与文字叙述方式相结合的表达方式，收到简明的效果。但有的条款欠具体明确，如：“装运口岸：欧洲。”

思 考 题

一、合同与确认书有什么区别？

二、销售合同的基本条款包括哪些？

三、销售合同的结构和基本格式怎样？

四、销售合同条款怎样做到具体明确？

第四节　涉外信函

在对外交往中除用口头形式进行联系商洽之外，还常用书面形式进行联系和商洽。主要有函和电两大类。函就是信件，从内容看，有的是专门商洽交易的，称为外贸信函；有的是联系事务的，称事务信函。

一、外贸信函

（一）外贸信函概说

外贸信函是我国进出口公司在开展对外经济贸易业务中，用来与外商磋商交易的文书。磋商交易就是买卖双方协商交易的条件，只有在双方就各项交易条件取得一致意见之后，才能达成协议，签订合同，交易才能做成。

一笔交易的达成一般要经过询盘、发盘、还盘和接受四个环节。所谓询盘又称询价，是指交易的一方向另一方询问购买或出售某项商品交易条件的表示。所谓发盘，又称报盘和报价，是买主或卖方向对方提出一定的交易条件，并愿意按照这些条件达成交易的一种表示。发盘有实盘和虚盘之分。实盘也称受约束的发盘，它是指发盘人愿按所提出的条件达成交易的肯定表示；虚盘也称不受约束发盘，它是指发盘人向受盘人虽然也提出一定的交易条件，但不作确定的达成交易签订合同的意图表示。所谓还盘，是指受盘人对原发盘条件不同意或不完全同意并提出修改意见的一种表示。所谓接受是指受盘人在有效期内对发盘人所发实盘完全同意的肯定表示。在实际业务中，有时只有发盘和接受两个环节；或一次还盘不行，要往返多次，经反复磋商，才能达成协议，订立合同。而一次实盘被有效地接受后，就成为一项对双方都具有法律约束力的契约。可见，作为磋商交易的主要书面形式的贸易信函不仅起着重要的交际作用，而且实际上成为具有法律效力的文件。

（二）外贸信函的内容

外贸信函的内容是根据交际的目的要求而定的，比如发盘信和还盘信的内容就有所不同。外贸信函是为达成交易服务的，因此，有关商品的各项交易条件就成为双方磋商的重要内容。这些交易条件可以分为两大类：一类是基本交易条件，包括商品的品名、规格、质量、数量、包装、价格、装运期、支付方式等；另一类是一般的或称保证的交易条件，包括：保险、检验、异议索赔、仲裁、不可抗力等。前一类称可变条件，每笔交易不会完全一样，买卖双方主要是就这类交易条件进行磋商；后一类称不变条件，当然不变是相对而言，是指这类条件不经常变化，它是为基本交易条件服务的，每笔交易都差不多，一般情况下不必逐笔磋商。

写各种外贸信函，内容可有所侧重。但向对方发实盘的信函，内容应该完备，即发盘中所提出的主要交易条件应该齐备，品名、规格、质量、数量、包装、价格、装运期、支付方式等均不可缺少。同时由于实盘是发盘人受约束的发盘，所以实盘应有一个发盘人受约束的期限，即实盘的有效期，超过实盘的有效期，发盘人就不再受约束了。有效期限一般采用明示写法，即规定在某日前收到回复有效，如例文一就是一封典型实盘信，信中基本交易条件俱全，有效期限也交代得准确无误，在日期前面还特地点明是“我方时间”，这就可以排除不必要的争议。

外贸信函，除磋商交易条件之外，还有请求尽早开出信用证的、要求信用证延期的、拒绝退货的、要求按期交货的等。这些信函内容都较简单，简明扼要地把自己的意图写清楚就行。

（三）外贸信函的结构和写法

外贸信函有一定的格式，写作时要依格式而写。一封外贸信函一般包括标题、发文字号、受函单位、正文、签署等部分，有时还包括附件与抄送单位。

1. 标题

标题要准确地概括出事由，让收信人一看就知道信函的主要内容，便于及时处理。如例文二标题《报胡桃实盘》只有 5 个字，简明扼要地概括了该信函的事由，一目了然，发盘又点明是实盘，让人心中有数。外贸信函的标题不必像通用公文的公函那样完整，只须写明磋商的事情“是什么”就可以了。

2. 发文字号

写在标题的右下方处，一般由发函机关代字、年号和顺号构成。

3. 受文单位

受文单位即信函的收受者，应写全称，如“××国××贸易公司”。如果信函的收受者是个人，可写上姓名、职务和称呼，如“李××董事长先生”等。也有只写称呼的，如“先生”/“女士”。格式与一般书信相同，即提行顶格书写。

4. 正文

正文是外贸信函的主要部分，一般要写明发函的目的和主要内容。内容要具体集中，要求做到一事一信。

正文一般由开头语、主体和结语几部分组成。

开头语可以根据不同的情况来写。如果是复函，开头可表明已收到对方的来函，并概述对方来函的主要内容，例如：“贵公司×月×日来函收悉。贵方要求我方于×年×月提兔毛×××吨……”

有的函件也可采用开门见山的写法，如例文一开头一句就如新闻的导语，将最重要的信息一开始就告诉对方。

如果收函者是新的客户，开头语可以作必要的自我介绍，例如：“我公司前身为××公司，以专门经营具有南方特色的土特产著名，已有 90 多年的历史。”

有的信函的开头语结尾处，用“现报实盘如下”（如例文二）或“兹列举不符点如下”等语引起下文。

主体部分一般要承接开头语，具体阐述发函者的目的意图或交易的具体条件。如果内容比较复杂，可采用条款式来写；内容比较简单，可用说明式来写。例文一、例文二的主体部分都是用说明式写的。有的信函，主体涉及的交易条件比较复杂，如有的货物的规格、数量及价格比较复杂，可另写成报价单作为附件放在正文的后面。引进生产设备的询价函，由于设备的规格、数量及价格比较复杂，因此把生产线的要求、当地的气象和地质条件、要求报价等内容以附件形式附在函后。

结束语一般是表示希望收信人复函，或对双方合作表示良好的祝愿，或提出一些与本函相关的其他要求，或说些表示感谢的礼节性的话。例如：“望能得到贵方的诚心合作”

“盼贵公司早日回复”“我公司愿借此机会，对达成此次交易表示感谢”“我们双方更紧密的合作定能有助于双方互利贸易的发展”“请贵公司放心，我们当竭尽全力为贵公司效劳”，等等。

5. 签署

在正文的右下方写上发函单位的全称。如有负责人签字，要用钢笔书写，将姓名写全，还要注明其职务。日期写在署名右下方处，年、月、日俱全。

（四）外贸信函的写作要求

1. 内容明确、具体、完备

内容明确、具体、完备，才能使对方正确地理解并作出相应的反应。明确就是含义清楚，不模棱两可、似是而非、含糊不清，不产生歧义。否则不但不能使对方正确理解，而且可能会让对方钻了空子，使我方陷于被动，给国家带来损失。具体就是不抽象、不笼统，特别是数量、规格、价格等均应用具体数字写明。价格还应注明是“CIF”价还是“FOB”价，或是“C&F”价。完备就是主要交易条件必须完整，不能或缺。在外贸信函中，“大约”“左右”“基本同意”“立即装运”“八九月”等模糊词语是不宜使用的。为避免争议，发盘函中的期限还应注明“以我方时间为准”，或在日期前面写上“我方时间”。

2. 语言简明扼要、平实朴素

外贸信函是为处理实务而写的，必须以最少的文字传递尽可能多的信息。同时，由于国际贸易的竞争十分激烈，要开拓业务，使自己立于不败之地，就必须讲求效率。信件啰唆烦琐，不但自己费时费力，还会浪费别人的时间和精力，引起人家的反感。因此，外贸信函的语言应力求简明扼要，文字要平易、实在、朴素，不必作过多的修饰。要禁用一切生造的、令人费解的词语，对国外来信的某些用语，应有条件地吸收，不可生搬硬套，不可破坏我国语言文字的规范化和纯洁性。

3. 措辞委婉得体、注重礼仪

外贸信函实际上是一种书面谈判，要注意谈判的艺术。措辞委婉得体、注重礼仪是一种谈判艺术，它有助于对方接受发函者的要求或条件。如“现特函请贵方注意成交确认书关于贵方信用证到达我处限期的规定”一句就说得委婉。如果改为：“你方成交确认书中明明写着信用证到达我处的期限，为何至今还不将信用证汇来?”这就成了责问的语气，可能会引起对方反感。行文中用委婉措辞，对方较容易接受。即使在交涉一些极不愉快的事情，也应沉着、理智，尽量使用委婉词语、敬词和谦词，如“贵公司”“歉难接受”“歉难满足”等，做到有理、有利、有节。

（五）例文阅读与评析

【例文一】

销售干酵母粉的发盘

××字（××年）×号

××贸易有限公司：

我公司可供50吨干酵母粉。含量约45%，每公斤玻璃纤维袋装，8月装运，每吨人民币495元，CIF热那亚，不可撤销即期信用证付款，我方时间6月15日函到有效。

中国××化工进出口公司
××××年×月×日

【例文二】

报胡桃实盘

××字（××年）第×号

××贸易公司：

×月×日来函收悉，贵公司询及胡桃价格，现报实盘如下：

50吨带壳胡桃，漂洗直径30毫米及以上，允许含小率3%，或漂洗大路货，由我方挑选，每吨××法国法郎（漂洗直径30毫米及以上）和××法国法郎（漂洗、大路货），两者都是每吨到岸价。

交货期在×年×月，支付条件即期信用证。

报盘以我方×年×月×日前收到贵方订单有效。过期须经我们最后确认。

××土产进出口公司
××××年×月×日

【评析】

以上两文格式比较规范，语言简洁，基本符合外贸信函的写作要求。

二、事务信函

（一）事务信函概说

涉外信函还有一种不是磋商交易，而是用于商洽事务、联系工作、沟通情况、邀请赴会等内容的，这类信函可称为事务信函。它是不相隶属的、平行的单位之间，单位与个人之间，或个人与个人之间处理公私事务用的。

（二）事务信函的结构与写法

这类函件国外和港澳地区的结构与国内略有不同，使用时应尽量采用对方习惯的方式，以便于对方阅读和归档。

国外和港澳地区事务信函一般分首部、称呼、正文、祝颂语、签署等部分。

1. 首部

一般是分别写发信人和收信人的基本情况及发信日期。在左上角依次分行写上档案编号、电话号码，右上角依次分行写上发函单位名称、地址，这些均写在首页横线之上，如例文三。有的则在左上端写上单位的名称，在右上端依次提行写上单位的地址、电话、电传、电挂、图文传真等项。有的信函，还写上邮政编码。单位名称和地址等这些发函人的基本情况写在页首，其好处是比较显眼，方便联系。

首部还有另一项内容，就是在横线下左上角依次分行写上收信人的单位地址、名称、姓名、职称或职务，如例文三。也可依次分行写上发信日期、姓名、职称（或职务）、单位名称。有的在单位名称后边还加上国别。

这样，发信人与收信人的基本情况都在首部分别写明，日期也写在首部，方便联系、归档、处理。

2. 称呼

称呼在收信人的基本情况下面空一行或几行顶格书写。因为上面已写明姓名，这里可称姓和职称或职务，如“×副教授”“×总经理”等。也可称姓和尊称，如“李先生”。有时也可以在称呼前面加上“尊敬的”等致词。总之，称呼既要有礼貌，又要亲切自然。

3. 正文

这是信函的主要部分。发函人要告诉对方什么或者要对方办理什么，都应直截了当地说出来，让对方理解发函者的意图，以便尽快给予回复，不要玩弄词句或拐弯抹角。如果谈的是一件事，可不分段。如果谈的是几件事，应分段，每段谈一件事，不要把两件事写在同一个段落里。不宜写在正文里的事项，可作为附件放在信函的后面，但须在正文的末尾注明附件的名称，例文三就是把不宜写在正文的事项作附件处理。

4. 祝颂语

一般可用“此致敬礼!”，也可根据受函者的职业来写，如例文三的受函者是教师，祝颂语用“敬祝教安!”。

5. 签署

如发函者是单位，可在正文右下方署上单位的名称。如发函者是个人，可在正文左下方依次写上单位名称和发函者的姓名。日期如已写在首部，这里不必再写日期。如首部未写日期，可写在附件下面，如例文三。

（三）事务信函的格式

要写好涉外事务信函，除了掌握其基本结构之外，还要注意它与国内信函书写格式上的差异。

首先是行款的差异。涉外信函由于一般都采用打字机或电脑打印，为提高打印的速度，凡提行处均顶格。这在国际上已经约定俗成，发往国外和港澳地区的信函，可采取这种格式。例文三是香港发来内地的，为照顾内地的习惯，采用内地惯用的写法，起段空两格。

香港、澳门地区的一些信函在行款中仍保留着挪抬写法，即提到受信人及其有关的人与事时，在原行中空一格书写，如“请　贵司……”“若　贵司……”，“请”“若”的后面空一格，再写受函者，以示对受函者的尊重。此格式可供我们写作涉外信函时参考。

其次是署名与国内信函也有所不同。国外信函的署名，除依次分行打印单位名称、姓名、职务或职称之外，一般在单位名称和姓名之间留出两行的空白，由发函者亲自签名。

（四）例文阅读与评析

【例文三】

（英文略）	（英文略）
复函请寄交	市政局
	公共图书馆办事处
（英文略）	（英文略）
并应用本署档案编号	香港爱丁堡广场
（94）in USD LIB 10/12 IV	大会堂高座七楼
TEL NO：电话：5-236857	

来函不论中英文皆同样迅速处理
广州市
××××路
××××学院
××系
×××副教授

×副教授：

你的来信收到，多谢你关注香港在推广儿童文学方面的问题。香港市政局的中文儿童读物创作奖自××××年举办以来到今年已是第九届。有关这个奖项的资料如获奖的作用、作者、奖金及获奖作品出版等事宜，请参阅随函奉上的附件。

至于索取获奖作品一事，我们很抱歉未能寄给你，因为我们所刊印的获奖作品本数有限，并且已经全部发到各香港市政局刊物销售处及分区图书馆发售，请见谅！

敬祝

教安！

香港市政总署署长×××
（香港市政局公共图书馆馆长　推广活动）
×××（签名）代行

附件：中文儿童读物创作奖获奖作品一览表

××××年×月×日

【评析】

这是香港事务信函的格式，发往港澳地区的事务信函可借鉴此格式。

思　考　题

一、什么是涉外信函？

二、外贸信函的内容包括哪些？写作时应注意什么问题？

三、外贸信函和事务信函的格式有什么不同？

附　　录

附录一

2012年《党政机关公文处理工作条例》

（中办发〔2012〕14号）

第一章　总　　则

第一条　为了适应中国共产党机关和国家行政机关（以下简称党政机关）工作需要，推进党政机关公文处理工作科学化、制度化、规范化，制定本条例。

第二条　本条例适用于各级党政机关公文处理工作。

第三条　党政机关公文是党政机关实施领导、履行职能、处理公务的具有特定效力和规范体式的文书，是传达贯彻党和国家的方针政策，公布法规和规章，指导、布置和商洽工作，请示和答复问题，报告、通报和交流情况等的重要工具。

第四条　公文处理工作是指公文拟制、办理、管理等一系列相互关联、衔接有序的工作。

第五条　公文处理工作应当坚持实事求是、准确规范、精简高效、安全保密的原则。

第六条　各级党政机关应当高度重视公文处理工作，加强组织领导，强化队伍建设，设立文秘部门或者由专人负责公文处理工作。

第七条　各级党政机关办公厅（室）主管本机关的公文处理工作，并对下级机关的公文处理工作进行业务指导和督促检查。

第二章　公文种类

第八条　公文种类主要有：

（一）决议。适用于会议讨论通过的重大决策事项。

（二）决定。适用于对重要事项作出决策和部署、奖惩有关单位和人员、变更或者撤销下级机关不适当的决定事项。

（三）命令（令）。适用于公布行政法规和规章、宣布施行重大强制性措施、批准授予和晋升衔级、嘉奖有关单位和人员。

（四）公报。适用于公布重要决定或者重大事项。

（五）公告。适用于向国内外宣布重要事项或者法定事项。

（六）通告。适用于在一定范围内公布应当遵守或者周知的事项。

（七）意见。适用于对重要问题提出见解和处理办法。

（八）通知。适用于发布、传达要求下级机关执行和有关单位周知或者执行的事项，批转、转发公文。

（九）通报。适用于表彰先进、批评错误、传达重要精神和告知重要情况。

（十）报告。适用于向上级机关汇报工作、反映情况，回复上级机关的询问。

（十一）请示。适用于向上级机关请求指示、批准。

（十二）批复。适用于答复下级机关请示事项。

（十三）议案。适用于各级人民政府按照法律程序向同级人民代表大会或者人民代表大会常务委员会提请审议事项。

（十四）函。适用于不相隶属机关之间商洽工作、询问和答复问题、请求批准和答复审批事项。

（十五）纪要。适用于记载会议主要情况和议定事项。

第三章　公文格式

第九条　公文一般由份号、密级和保密期限、紧急程度、发文机关标志、发文字号、签发人、标题、主送机关、正文、附件说明、发文机关署名、成文日期、印章、附注、附件、抄送机关、印发机关和印发日期、页码等组成。

（一）份号。公文印制份数的顺序号。涉密公文应当标注份号。

（二）密级和保密期限。公文的秘密等级和保密的期限。涉密公文应当根据涉密程度分别标注“绝密”“机密”“秘密”和保密期限。

（三）紧急程度。公文送达和办理的时限要求。根据紧急程度，紧急公文应当分别标注“特急”“加急”，电报应当分别标注“特提”“特急”“加急”“平急”。

（四）发文机关标志。由发文机关全称或者规范化简称加“文件”二字组成，也可以使用发文机关全称或者规范化简称。联合行文时，发文机关标志可以并用联合发文机关名称，也可以单独用主办机关名称。

（五）发文字号。由发文机关代字、年份、发文顺序号组成。联合行文时，使用主办机关的发文字号。

（六）签发人。上行文应当标注签发人姓名。

（七）标题。由发文机关名称、事由和文种组成。

（八）主送机关。公文的主要受理机关，应当使用机关全称、规范化简称或者同类型机关统称。

（九）正文。公文的主体，用来表述公文的内容。

（十）附件说明。公文附件的顺序号和名称。

（十一）发文机关署名。署发文机关全称或者规范化简称。

（十二）成文日期。署会议通过或者发文机关负责人签发的日期。联合行文时，署最后签发机关负责人签发的日期。

（十三）印章。公文中有发文机关署名的，应当加盖发文机关印章，并与署名机关相符。有特定发文机关标志的普发性公文和电报可以不加盖印章。

（十四）附注。公文印发传达范围等需要说明的事项。

（十五）附件。公文正文的说明、补充或者参考资料。

（十六）抄送机关。除主送机关外需要执行或者知晓公文内容的其他机关，应当使用机关全称、规范化简称或者同类型机关统称。

（十七）印发机关和印发日期。公文的送印机关和送印日期。

（十八）页码。公文页数顺序号。

第十条　公文的版式按照《党政机关公文格式》国家标准执行。

第十一条　公文使用的汉字、数字、外文字符、计量单位和标点符号等，按照有关国家标准和规定执行。民族自治地方的公文，可以并用汉字和当地通用的少数民族文字。

第十二条　公文用纸幅面采用国际标准A4型。特殊形式的公文用纸幅面，根据实际需要确定。

第四章　行文规则

第十三条　行文应当确有必要，讲求实效，注重针对性和可操作性。

第十四条　行文关系根据隶属关系和职权范围确定。一般不得越级行文，特殊情况需要越级行文的，应当同时抄送被越过的机关。

第十五条　向上级机关行文，应当遵循以下规则：

（一）原则上主送一个上级机关，根据需要同时抄送相关上级机关和同级机关，不抄送下级机关。

（二）党委、政府的部门向上级主管部门请示、报告重大事项，应当经本级党委、政府同意或者授权；属于部门职权范围内的事项应当直接报送上级主管部门。

（三）下级机关的请示事项，如需以本机关名义向上级机关请示，应当提出倾向性意见后上报，不得原文转报上级机关。

（四）请示应当一文一事。不得在报告等非请示性公文中夹带请示事项。

（五）除上级机关负责人直接交办事项外，不得以本机关名义向上级机关负责人报送公文，不得以本机关负责人名义向上级机关报送公文。

（六）受双重领导的机关向一个上级机关行文，必要时抄送另一个上级机关。

第十六条　向下级机关行文，应当遵循以下规则：

（一）主送受理机关，根据需要抄送相关机关。重要行文应当同时抄送发文机关的直接上级机关。

（二）党委、政府的办公厅（室）根据本级党委、政府授权，可以向下级党委、政府行文，其他部门和单位不得向下级党委、政府发布指令性公文或者在公文中向下级党委、政府提出指令性要求。需经政府审批的具体事项，经政府同意后可以由政府职能部门行文，文中须注明已经政府同意。

（三）党委、政府的部门在各自职权范围内可以向下级党委、政府的相关部门行文。

（四）涉及多个部门职权范围内的事务，部门之间未协商一致的，不得向下行文；擅自行文的，上级机关应当责令其纠正或者撤销。

（五）上级机关向受双重领导的下级机关行文，必要时抄送该下级机关的另一个上级机关。

第十七条　同级党政机关、党政机关与其他同级机关必要时可以联合行文。属于党委、政府各自职权范围内的工作，不得联合行文。

党委、政府的部门依据职权可以相互行文。

部门内设机构除办公厅（室）外不得对外正式行文。

第五章　公文拟制

第十八条　公文拟制包括公文的起草、审核、签发等程序。

第十九条　公文起草应当做到：

（一）符合党的理论路线方针政策和国家法律法规，完整准确体现发文机关意图，并同现行有关公文相衔接。

（二）一切从实际出发，分析问题实事求是，所提政策措施和办法切实可行。

（三）内容简洁，主题突出，观点鲜明，结构严谨，表述准确，文字精练。

（四）文种正确，格式规范。

（五）深入调查研究，充分进行论证，广泛听取意见。

（六）公文涉及其他地区或者部门职权范围内的事项，起草单位必须征求相关地区或者部门意见，力求达成一致。

（七）机关负责人应当主持、指导重要公文起草工作。

第二十条　公文文稿签发前，应当由发文机关办公厅（室）进行审核。审核的重点是：

（一）行文理由是否充分，行文依据是否准确。

（二）内容是否符合党的理论路线方针政策和国家法律法规；是否完整准确体现发文机关意图；是否同现行有关公文相衔接；所提政策措施和办法是否切实可行。

（三）涉及有关地区或者部门职权范围内的事项是否经过充分协商并达成一致意见。

（四）文种是否正确，格式是否规范；人名、地名、时间、数字、段落顺序、引文等是否准确；文字、数字、计量单位和标点符号等用法是否规范。

（五）其他内容是否符合公文起草的有关要求。

需要发文机关审议的重要公文文稿，审议前由发文机关办公厅（室）进行初核。

第二十一条　经审核不宜发文的公文文稿，应当退回起草单位并说明理由；符合发文条件但内容需作进一步研究和修改的，由起草单位修改后重新报送。

第二十二条　公文应当经本机关负责人审批签发。重要公文和上行文由机关主要负责人签发。党委、政府的办公厅（室）根据党委、政府授权制发的公文，由受权机关主要负责人签发或者按照有关规定签发。签发人签发公文，应当签署意见、姓名和完整日期；圈阅或者签名的，视为同意。联合发文由所有联署机关的负责人会签。

第六章　公文办理

第二十三条　公文办理包括收文办理、发文办理和整理归档。

第二十四条　收文办理主要程序是：

（一）签收。对收到的公文应当逐件清点，核对无误后签字或者盖章，并注明签收时间。

（二）登记。对公文的主要信息和办理情况应当详细记载。

（三）初审。对收到的公文应当进行初审。初审的重点是：是否应当由本机关办理，是否符合行文规则，文种、格式是否符合要求，涉及其他地区或者部门职权范围内的事项是否已经协商、会签，是否符合公文起草的其他要求。经初审不符合规定的公文，应当及时退回来文单位并说明理由。

（四）承办。阅知性公文应当根据公文内容、要求和工作需要确定范围后分送。批办性公文应当提出拟办意见报本机关负责人批示或者转有关部门办理；需要两个以上部门办理的，应当明确主办部门。紧急公文应当明确办理时限。承办部门对交办的公文应当及时办理，有明确办理时限要求的应当在规定时限内办理完毕。

（五）传阅。根据领导批示和工作需要将公文及时送传阅对象阅知或者批示。办理公文传阅应当随时掌握公文去向，不得漏传、误传、延误。

（六）催办。及时了解掌握公文的办理进展情况，督促承办部门按期办结。紧急公文或者重要公文应当由专人负责催办。

（七）答复。公文的办理结果应当及时答复来文单位，并根据需要告知相关单位。

第二十五条　发文办理主要程序是：

（一）复核。已经发文机关负责人签批的公文，印发前应当对公文的审批手续、内容、文种、格式等进行复核；需作实质性修改的，应当报原签批人复审。

（二）登记。对复核后的公文，应当确定发文字号、分送范围和印制份数并详细记载。

（三）印制。公文印制必须确保质量和时效。涉密公文应当在符合保密要求的场所印制。

（四）核发。公文印制完毕，应当对公文的文字、格式和印刷质量进行检查后分发。

第二十六条　涉密公文应当通过机要交通、邮政机要通信、城市机要文件交换站或者收发件机关机要收发人员进行传递，通过密码电报或者符合国家保密规定的计算机信息系统进行传输。

第二十七条　需要归档的公文及有关材料，应当根据有关档案法律法规以及机关档案管理规定，及时收集齐全、整理归档。两个以上机关联合办理的公文，原件由主办机关归档，相关机关保存复制件。机关负责人兼任其他机关职务的，在履行所兼职务过程中形成的公文，由其兼职机关归档。

第七章　公文管理

第二十八条　各级党政机关应当建立健全本机关公文管理制度，确保管理严格规范，充分发挥公文效用。

第二十九条　党政机关公文由文秘部门或者专人统一管理。设立党委（党组）的县级以上单位应当建立机要保密室和机要阅文室，并按照有关保密规定配备工作人员和必要的安全保密设施设备。

第三十条　公文确定密级前，应当按照拟定的密级先行采取保密措施。确定密级后，应当按照所定密级严格管理。绝密级公文应当由专人管理。

公文的密级需要变更或者解除的，由原确定密级的机关或者其上级机关决定。

第三十一条　公文的印发传达范围应当按照发文机关的要求执行；需要变更的，应当经发文机关批准。

涉密公文公开发布前应当履行解密程序。公开发布的时间、形式和渠道，由发文机关确定。

经批准公开发布的公文，同发文机关正式印发的公文具有同等效力。

第三十二条　复制、汇编机密级、秘密级公文，应当符合有关规定并经本机关负责人批准。绝密级公文一般不得复制、汇编，确有工作需要的，应当经发文机关或者其上级机关批准。复制、汇编的公文视同原件管理。

复制件应当加盖复制机关戳记。翻印件应当注明翻印的机关名称、日期。汇编本的密级按照编入公文的最高密级标注。

第三十三条　公文的撤销和废止，由发文机关、上级机关或者权力机关根据职权范围和有关法律法规决定。公文被撤销的，视为自始无效；公文被废止的，视为自废止之日起失效。

第三十四条　涉密公文应当按照发文机关的要求和有关规定进行清退或者销毁。

第三十五条　不具备归档和保存价值的公文，经批准后可以销毁。销毁涉密公文必须严格按照有关规定履行审批登记手续，确保不丢失、不漏销。个人不得私自销毁、留存涉密公文。

第三十六条　机关合并时，全部公文应当随之合并管理；机关撤销时，需要归档的公文经整理后按照有关规定移交档案管理部门。

工作人员离岗离职时，所在机关应当督促其将暂存、借用的公文按照有关规定移交、清退。

第三十七条　新设立的机关应当向本级党委、政府的办公厅（室）提出发文立户申请。经审查符合条件的，列为发文单位，机关合并或者撤销时，相应进行调整。

第八章 附 则

第三十八条 党政机关公文含电子公文。电子公文处理工作的具体办法另行制定。

第三十九条 法规、规章方面的公文，依照有关规定处理。外事方面的公文，依照外事主管部门的有关规定处理。

第四十条 其他机关和单位的公文处理工作，可以参照本条例执行。

第四十一条 本条例由中共中央办公厅、国务院办公厅负责解释。

第四十二条 本条例自2012年7月1日起施行。1996年5月3日中共中央办公厅发布的《中国共产党机关公文处理条例》和2000年8月24日国务院发布的《国家行政机关公文处理办法》停止执行。

附录二

党政机关公文版面样式

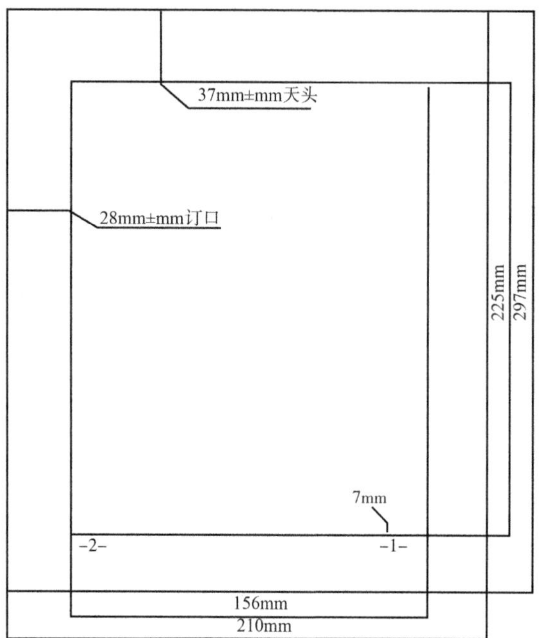

附图1　A4型公文用纸页边及版心尺寸

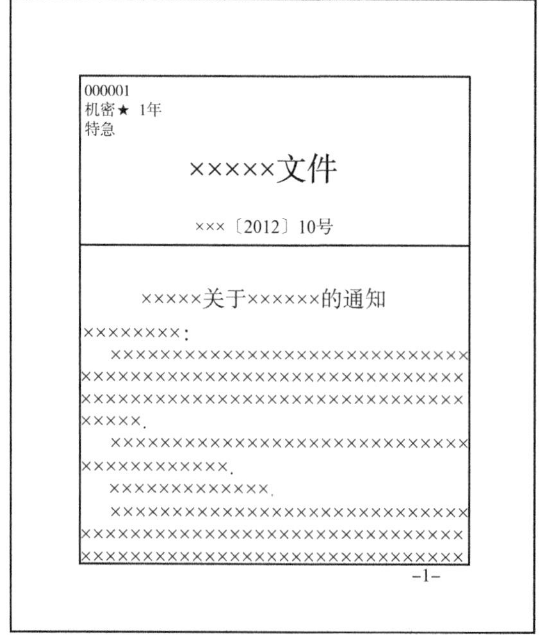

附图2　公文首页版式

注：版心实线框仅为示意，在印制公文时并不印出。

附录三

ICS 01.140.10
A 19

中华人民共和国国家标准

GB/T 15835—2011
代替 GB/T 15835—1995

出版物上数字用法

General rules for writing numerals in public texts

2011-07-29 发布　　2011-11-01 实施

中华人民共和国国家质量监督检验检疫总局
中国国家标准化管理委员会　发布

GB/T 15835—2011

目　次

前　　言

本标准按照 GB/T 1. 1—2009 给出的规则起草。

本标准代替 GB/T 15835—1995《出版物上数字用法的规定》，与 GB/T 15835—1995《出版物上数字用法的规定》相比，主要变化如下：

——原标准在汉字数字与阿拉伯数字中，明显倾向于使用阿拉伯数字。本标准不再强调这种倾向性。

——在继承原标准中关于数字用法应遵循“得体原则”和“局部体例一致原则”的基础上，通过措辞上的适当调整，以及更为具体的规定和示例，进一步明确了具体操作规范。

——将原标准的平级罗列式行文结构改为层级分类式行文结构。

——删除了原标准的基本术语“物理量”与“非物理量”，增补了“计量”“编号”“概数”作为基本术语，本标准由教育部语言文字信息管理司提出并归口。

本标准主要起草单位：北京大学。

本标准主要起草人：詹卫东、覃士娟、曾石铭

本标准所代替标准的历次版本发布情况为：

——GB/T 15835—1995。

出版物上数字用法

1　范围

本标准规定了出版物上汉字数字和阿拉伯数字的用法。

本标准适用于各类出版物（文艺类出版物和重排古籍除外）。政府和企事业单位公文，以及教育、媒体和公共服务领域的数字用法，也可参照本标准执行。

2　规范性引用文件

下列文件对于本文件的应用是必不可少的，凡是注日期的引用文件，仅注日期的版本适用于本文件。凡是不注日期的引用文件，其最新版本（包括所有的修改单）适用于本文件。

GB/T 7408—2005　数据元和交换格式　信息交换　日期和时间表示法

3　术语和定义

下列术语和定义适用于本文件。

3.1

计量　measuring

将数字用于加、减、乘、除等数学运算。

3.2

编号　numbering

将数字用于为事物命名或排序，但不用于数学运算。

3.3

概数　approximate number

用于模糊计量的数字。

4　数字形式的选用

4.1　选用阿拉伯数字

4.1.1　用于计量的数字

在使用数字进行计量的场合，为达到醒目、易于辨识的效果，应采用阿拉伯数字。

示例1：-125.03　　34.05%　　63%~68%　　1∶500　　97/108

当数值伴随有计量单位时，如：长度、容积、面积、体积、质量、温度、经纬度、音量、频率等等，特别是当计量单位以字母表达时，应采用阿拉伯数字。

示例2：523.56km（523.56千米）　346.87L（346.87升）　5.34m^2（5.34平方米）
　　567 mm^3（567立方毫米）　605g（605克）　100~150kg（100~150千克）
　　34~39℃（34~39摄氏度）　北纬40°（40度）　120dB（120分贝）

4.1.2　用于编号的数字

在使用数字进行编号的场合，为达到醒目、易于辨识的效果，应采用阿拉伯数字。

示例：电话号码：98888
　　邮政编码：100871
　　通信地址：北京市海淀区复兴路11号
　　电子邮件地址：x186@186.net
　　网页地址：http：//127.0.0.1
　　汽车号牌：京A00001
　　公交车号：302路公交车
　　道路编号：101国道
　　公文编号：国办发〔1987〕9号
　　图书编号：ISBN 978-7-80184-224-4
　　刊物编号：CN11-1399
　　章节编号：4.1.2
　　产品型号：PH-3000型计算机
　　产品序列号：C84XB—JYVFD—P7HC4—6XKRJ—7M6XH
　　单位注册号：02050214
　　行政许可登记编号：0684D10004—828

4.1.3　已定型的含阿拉伯数字的词语

现代社会生活中出现的事物、现象、事件，其名称的书写形式中包含阿拉伯数字，已经广泛使用而稳定下来，应采用阿拉伯数字。

示例：3G手机　MP3播放器　GH峰会　维生素B_{12}　97号汽油“5·27”事件“12·5”枪击案

4.2　选用汉字数字

4.2.1　非公历纪年

干支纪年、农历月日、历史朝代纪年及其他传统上采用汉字形式的非公历纪年等等，应采用汉字数字。

示例：丙寅年十月十五日　庚辰年八月五日　腊月二十三　正月初五　八月十五中秋　秦文公四十四年　太平天国庚申十年九月二十四日　清咸丰十年九月二十日　藏历阳木龙年八月二十六日　日本庆应三年

4.2.2　概数

数字连用表示的概数、含"几"的概数，应采用汉字数字。

示例：三四个月　一二十个　四十五六岁　五六万套　五六十年前
几千　二十几　一百几十　几万分之一

4.2.3　已定型的含汉字数字的词语

汉语中长期使用已经稳定下来的包含汉字数字形式的词语，应采用汉字数字。

示例：万一　一律　一旦　三叶虫　四书五经　星期五　四氧化三铁　八国联军　七上八下　一心一意　不管三七二十一　一方面　二百五　半斤八两　五省一市　五讲四美　相差十万八千里　八九不离十　白发三千丈　不二法门　二八年华　五四运动　"一·二八"事变　"一二·九"运动

4.3　选用阿拉伯数字与汉字数字均可

如果表达计量或编号所需要用到的数字个数不多，选择汉字数字还是阿拉伯数字在书写的简洁性和辨识的清晰性两方面没有明显差异时，两种形式均可使用。

示例1：17号楼（十七号楼）　3倍（三倍）　第5个工作日（第五个工作日）
100多件（一百多件）　20余次（二十余次）　约300人（约三百人）
40左右（四十左右）　50上下（五十上下）　50多人（五十多人）
第25页（第二十五页）　第8天（第八天）　第4季度（第四季度）
第45份（第四十五份）　共235位同学（共二百三十五位同学）
0.5（零点五）　76岁（七十六岁）　120周年（一百二十周年）
1/3（三分之一）
公元前8世纪（公元前八世纪）　20世纪80年代（二十世纪八十年代）
公元253年（公元二五三年）　1997年7月1日（一九九七年七月一日）
下午4点40分（下午四点四十分）　4个月（四个月）　12天（十二天）

如果要突出简洁醒目的表达效果，应使用阿拉伯数字；如果要突出庄重典雅的表达效果，应使用汉字数字。

示例2：北京时间2008年5月12日14时28分

十一届全国人大一次会议（不写为“11 届全国人大 1 次会议”）

六方会谈（不写为“6 方会谈”）

在同一场合出现的数字，应遵循“同类别同形式”原则来选择数字的书写形式，如果两数字的表达功能类别相同（比如都是表达年月日时间的数字），或者两数字在上下文中所处的层级相同（比如文章目录中同级标题的编号），应选用相同的形式。反之，如果两数字的表达功能不同，或所处层级不同，可以选用不同的形式。

示例 3：2008 年 8 月 8 日　二〇〇八年八月八日（不写为“二〇〇八年 8 月 8 日”）

第一章　第二章……第十二章（不写为“第一章　第二章……第 12 章”）

第二章的下一级标题可以用阿拉伯数字编号：2. 1，2. 2，……

应避免相邻的两个阿拉伯数字造成歧义的情况。

示例 4：高三 3 个班　　高三三个班（不写为“高 33 个班”）

高三 2 班　　高三（2）班　（不写为“高 32 班”）

有法律效力的文件、公告文件或财务文件中可同时采用汉字数字和阿拉伯数字。

示例 5：2008 年 4 月保险账户结算日利率为万分之一点五七五零（0. 015750%）

35. 5 元（35 元 5 角　三十五元五角　叁拾伍圆伍角）

5　数字形式的使用

5. 1　阿拉伯数字的使用

5. 1. 1　多位数

为便于阅读，四位以上的整数或小数，可采用以下两种方式分节：

——第一种方式：千分撇

整数部分每三位一组，以“,”分节。小数部分不分节。四位以内的整数可以不分节。

示例 1：624,000　　92,300,000　　19,351,235. 235767　　1256

——第二种方式：千分空

从小数点起，向左和向右每三位数字一组，组间空四分之一个汉字，即二分之一个阿拉伯数字的位置。四位以内的整数可以不加千分空。

示例 2：55 235 367. 346 23　　98 235 358. 238 368

注：各科学技术领域的多位数分节方式参照 GB 3101—1993 的规定执行。

5. 1. 2　纯小数

纯小数必须写出小数点前定位的“0”，小数点是齐阿拉伯数字底线的实心点“.”。

示例：0. 46 不写为 . 46 或 0。46

5. 1. 3　数值范围

在表示数值的范围时，可采用浪纹式连接号“~”或一字线连接号“—”。前后两个数值的附加符号或计量单位相同时，在不造成歧义的情况下，前一个数值的附加符号或计量单位可省略。如果省略数值的附加符号或计量单位会造成歧义，则不应省略。

示例：-36～-8℃　　400—429 页　　100—150 kg　　12 500～20 000 元

9 亿～16 亿（不写为 9～16 亿）　13 万元～17 万元（不写为 13～17 万元）

15%～30%（不写为 15～30%）　4.3×10^6～5.7×10^6（不写为 4.3～5.7×10^6）

5.1.4　年月日

年月日的表达顺序应按照口语中年月日的自然顺序书写。

示例 1：2008 年 8 月 8 日　　1997 年 7 月 1 日

“年”“月”可按照 GB/T 7408—2005 的 5.2.1.1 中的扩展格式，用“-“替代，但年月日不完整时不能替代。

示例 2：2008-8-8　　1997-7-1　　8 月 8 日（不写为 8-8）　　2008 年 8 月（不写为 2008-8）

四位数字表示的年份不应简写为两位数字。

示例 3：“1990 年”不写为“90 年”。

月和日是一位数时，可在数字前补“0”。

示例 4：2008-08-08　　1997-07-01

5.1.5　时分秒

计时方式既可采用 12 小时制，也可采用 24 小时制。

示例 1：11 时 40 分（上午 11 时 40 分）　21 时 12 分 36 秒（晚上 9 时 12 分 36 秒）

时分秒的表达顺序应按照口语中时、分、秒的自然顺序书写。

示例 2：15 时 40 分　　14 时 12 分 36 秒

“时”　“分”也可按照 GB/T 7408—2005 的 5.3.1.1 和 5.3.1.2 中的扩展格式，用“:”替代。

示例 3：15:40　14:12:36

5.1.6　含有月日的专名

含有月日的专名采用阿拉伯数字表示时，应采用间隔号“·”将月、日分开，并在数字前后加引号。

示例：“3·15”消费者权益日

5.1.7　书写格式

5.1.7.1　字体

出版物中的阿拉伯数字，一般应使用正体二分字身，即占半个汉字位置。

示例：234　　57.236

5.1.7.2　换行

一个用阿拉伯数字书写的数值应在同一行中，避免被断开。

5.1.7.3　竖排文本中的数字方向

竖排文字中的阿拉伯数字按顺时针方向转 90 度。旋转后要保证同一个词语单位的文字方向相同。

示例：

示例一

雪花牌 BCD188 型家用电冰箱容量是一百八十八升，功率为一百二十五瓦，市场售价两千零五十元，返修率仅为百分之零点一五。

示例二

海军 J12 号打捞救生船在太平洋上航行了十三天，于一九九〇年八月六日零时三十分返回基地。

5.2　汉字数字的使用

5.2.1　概数

两个数字连用表示概数时，两数之间不用顿号“、”隔开。

示例：二三米　一两个小时　三五天　一二十个　四十五六岁

5.2.2　年份

年份简写后的数字可以理解为概数时，一般不简写。

示例：“一九七八年”不写为“七八年”

5.2.3　含有月日的专名

含有月日的专名采用汉字数字表示时，如果涉及一月、十一月、十二月，应用间隔号“·”将表示月和日的数字隔开，涉及其他月份时，不用间隔号。

示例：“一·二八”事变　“一二·九”运动　五一国际劳动节

5.2.4　大写汉字数字

——大写汉字数字的书写形式

零、壹、贰、叁、肆、伍、陆、柒、捌、玖、拾、佰、仟、万、亿

——大写汉字数字的适用场合

法律文书和财务票据上，应采用大写汉字数字形式记数。

示例：3,504 元(叁仟伍佰零肆圆)　39,148 元(叁万玖仟壹佰肆拾捌圆)

5.2.5　“零”和“〇”

阿拉伯数字“0”有“零”和“〇”两种汉字书写形式。一个数字用作计量时，其中“0”的汉字书写形式为“零”，用作编号时，“0”的汉字书写形式为“〇”。

示例：“3052（个）”的汉字数字形式为“三千零五十二”（不写为“三千〇五十二”）

“95.06”的汉字数字形式为“九十五点零六”（不写为“九十五点〇六”）

“公元2012（年）”的汉字数字形式为“二〇一二”（不写为“二零一二”）

5.3　阿拉伯数字与汉字数字同时使用

如果一个数值很大，数值中的“万”“亿”单位可以采用汉字数字，其余部分采用阿拉伯数字。

示例1：我国1982年人口普查人数为10亿零817万5 288人

除上面情况之外的一般数值，不能同时采用阿拉伯数字与汉字数字。

示例2：108可以写作“一百零八”，但不应写作“1百零8”“一百08”

4 000可以写作“四千”，但不应写作“4千”

GB/T 15835—2011

中 华 人 民 共 和 国
国 家 标 准
出版物上数字用法
GB/T 15835—2011
*
中国标准出版社出版发行
北京市朝阳区和平里西街甲2号(100013)
北京市西城区三里河北街16号(100045)
网址 www.spc.net.cn
总编室:(010)64275323　发行中心:(010)51780235
读者服务部:(010)68523946
中国标准出版社秦皇岛印刷厂印刷
各地新华书店经销
*
开本 880×1230　1/16　印张 0.75　字数 13 千字
2011年11月第一版　2011年11月第一次印刷
*
书号:155066·1-43809　定价　16.00 元

附录四

ICS 01.140.10
A 19

中华人民共和国国家标准

GB/T 15834—2011
代替 GB/T 15834—1995

标点符号用法

General rules for punctuation

2011-12-30 发布　　2012-06-01 实施

中华人民共和国国家质量监督检验检疫总局
中国国家标准化管理委员会　发布

GB/T 15834—2011

目　　次

前　言

本标准按照 GB/T 1.1—2009 给出的规则起草。

本标准代替 GB/T 15834—1995，与 GB/T 15834—1995 相比，主要变化如下：

——根据我国国家标准编写规则（GB/T 1.1—2009），对本标准的编排和表述做了全面修改；

——更换了大部分示例，使之更简短、通俗、规范；

——增加了对术语“标点符号”和“语段”的定义（2.1/2.5）；

——对术语“复句”和“分句”的定义做了修改（2.3/2.4）；

——对句末点号（句号、问号、叹号）的定义做了修改，更强调句末点号与句子语气之间的关系（4.1.1/4.2.1/4.3.1）；

——对逗号的基本用法做了补充（4.4.3）；

——增加了不同形式括号用法的示例（4.9.3）；

——省略号的形式统一为六连点“……”，但在特定情况下允许连用（4.11）；

——取消了连接号中原有的二字线，将连接号形式规范为短横线“-”、一字线“—”和浪纹线“～”，并对三者的功能做了归并与划分（4.13）；

——明确了书名号的使用范围（4.15/A.13）；

——增加了分隔号的用法说明（4.17）；

——“标点符号的位置”一章的标题改为“标点符号的位置和书写形式”，并增加了使用中文输入软件处理标点符号时的相关规范（第5章）；

——增加了“附录”：附录A为规范性附录，主要说明标点符号不能怎样使用和对标点符号用法加以补充说明，以解决目前使用混乱或争议较大的问题。附录B为资料性附录，对功能有交叉的标点符号的用法做了区分，并对标点符号误用高发环境下的规范用法做了说明。

本标准由教育部语言文字信息管理司提出并归口。

本标准主要起草单位：北京大学。

本标准主要起草人：沈阳、刘妍、于泳波、翁姗姗。

本标准所代替标准的历次版本发布情况为：

——GB/T 15834—1995。

标点符号用法

1　范围

本标准规定了现代汉语标点符号的用法。

本标准适用于汉语的书面语（包括汉语和外语混合排版时的汉语部分）。

2　术语和定义

下列术语和定义适用于本文件。

2.1

标点符号　punctuation

辅助文字记录语言的符号，是书面语的有机组成部分，用来表示语句的停顿、语气以及标示某些成分（主要是词语）的特定性质和作用。

注：数学符号、货币符号、校勘符号、辞书符号、注音符号等特殊领域的专门符号不属于标点符号。

2.2

句子　sentence

前后都有较大停顿、带有一定的语气和语调、表达相对完整意义的语言单位。

2.3

复句　complex sentence

由两个或多个在意义上有密切关系的分句组成的语言单位，包括简单复句（内部只有一层语义关系）和多重复句（内部包含多层语义关系）。

2.4

分句　clause

复句内两个或多个前后有停顿、表达相对完整意义、不带有句末语气和语调、有的前面可添加关联词语的语言单位。

2.5

语段 expression
指语言片段，是对各种语言单位（如词、短语、句子，复句等）不做特别区分时的统称。

3 标点符号的种类

3.1 点号

点号的作用是点断，主要表示停顿和语气。分为句末点号和句内点号。

3.1.1 句末点号
用于句末的点号，表示句末停顿和句子的语气。包括句号、问号、叹号。

3.1.2 句内点号
用于句内的点号，表示句内各种不同性质的停顿。包括逗号、顿号、分号、冒号。

3.2 标号

标号的作用是标明，主要标示某些成分（主要是词语）的特定性质和作用。包括引号、括号、破折号、省略号、着重号、连接号、间隔号、书名号、专名号、分隔号。

4 标点符号的定义、形式和用法

4.1 句号

4.1.1 定义
句末点号的一种，主要表示句子的陈述语气。

4.1.2 形式
句号的形式是“。”。

4.1.3 基本用法
4.1.3.1 用于句子末尾，表示陈述语气。使用句号主要根据语段前后有较大停顿、带有陈述语气和语调，并不取决于句子的长短。

示例1：北京是中华人民共和国的首都。

示例2：（甲：咱们走着去吧？）乙：好。

4.1.3.2 有时也可表示较缓和的祈使语气和感叹语气。

示例1：请您稍等一下。

示例2：我不由地感到，这些普通劳动者也同样是很值得尊敬的。

4.2　问号

4.2.1　定义

句末点号的一种，主要表示句子的疑问语气。

4.2.2　形式

问号的形式是“?”。

4.2.3　基本用法

4.2.3.1　用于句子末尾，表示疑问语气（包括反问、设问等疑问类型）。使用问号主要根据语段前后有较大停顿、带有疑问语气和语调，并不取决于句子的长短。

示例1：你怎么还不回家去呢?

示例2：难道这些普通的战士不值得歌颂吗?

示例3：（一个外国人，不远万里来到中国，帮助中国的抗日战争。）这是什么精神?这是国际主义的精神。

4.2.3.2　选择问句中，通常只在最后一个选项的末尾用问号，各个选项之间一般用逗号隔开。当选项较短且选项之间几乎没有停顿时，选项之间可不用逗号。当选项较多或较长，或有意突出每个选项的独立性时，也可每个选项之后都用问号。

示例1：诗中记述的这场战争究竟是真实的历史描述，还是诗人的虚构?

示例2：这是巧合还是有意安排?

示例3：要一个什么样的结尾：现实主义的?传统的?大团圆的?荒诞的?民族形式的?有象征意义的?

示例4：（他看着我的作品称赞了我。）但到底是称赞我什么：是有几处画得好?还是什么都敢画?抑或只是一种对于失败者的无可奈何的安慰?我不得而知。

示例5：这一切都是由客观的条件造成的?还是由行为的惯性造成的?

4.2.3.3　在多个问句连用或表达疑问语气加重时，可叠用问号。通常应先单用，再叠用，最多叠用三个问号。在没有异常强烈的情感表达需要时不宜叠用问号。

示例：这就是你的做法吗?你这个总经理是怎么当的??你怎么竟敢这样欺骗消费者???

4.2.3.4　问号也有标号的用法，即用于句内，表示存疑或不详。

示例1：马致远（1250? —1321），大都人，元代戏曲家、散曲家。

示例2：钟嵘（? —518），颍川长社人，南朝梁代文学批评家。

示例3：出现这样的文字错误，说明作者（编者?校者?）很不认真。

4.3　叹号

4.3.1　定义

句末点号的一种，主要表示句子的感叹语气。

4.3.2　形式

叹号的形式是“!”。

4.3.3　基本用法

4.3.3.1　用于句子末尾，主要表示感叹语气，有时也可表示强烈的祈使语气、反问语气等。使用叹号主要根据语段前后有较大停顿、带有感叹语气和语调或带有强烈的祈使、反问语气和语调，并不取决于句子的长短

示例1：才一年不见，这孩子都长这么高啦！

示例2：你给我住嘴！

示例3：谁知道他今天是怎么搞的！

4.3.3.2　用于拟声词后，表示声音短促或突然。

示例1：咔嚓！一道闪电划破了夜空。

示例2：咚！咚咚！突然传来一阵急促的敲门声。

4.3.3.3　表示声音巨大或声音不断加大时，可叠用叹号；表达强烈语气时，也可叠用叹号，最多叠用三个叹号。在没有异常强烈的情感表达需要时不宜叠用叹号。

示例1：轰！！在这天崩地塌的声音中，女娲猛然醒来。

示例2：我要揭露！我要控诉！！我要以死抗争！！！

4.3.3.4　当句子包含疑问、感叹两种语气且都比较强烈时（如带有强烈感情的反问句和带有惊愕语气的疑问句），可在问号后再加叹号（问号、叹号各一）。

示例1：这么点困难就能把我们吓倒吗？！

示例2：他连这些最起码的常识都不懂，还敢说自己是高科技人才？！

4.4　逗号

4.4.1　定义

句内点号的一种，表示句子或语段内部的一般性停顿。

4.4.2　形式

逗号的形式是“，”。

4.4.3　基本用法

4.4.3.1　复句内各分句之间的停顿，除了有时用分号（见4.6.3.1），一般都用逗号。

示例1：不是人们的意识决定人们的存在，而是人们的社会存在决定人们的意识。

示例2：学历史使人更明智，学文学使人更聪慧，学数学使人更精细，学考古使人更深沉。

示例3：要是不相信我们的理论能反映现实，要是不相信我们的世界有内在和谐，那就不可能有科学。

4.4.3.2　用于下列各种语法位置：

a）较长的主语之后。

示例1：苏州园林建筑各种门窗的精美设计和雕镂功夫，都令人叹为观止。

b）句首的状语之后。

示例2：在苍茫的大海上，狂风卷集着乌云。

c）较长的宾语之前。

示例3：有的考古工作者认为，南方古猿生存于上新世至更新世的初期和中期。

d）带句内语气词的主语（或其他成分）之后，或带句内语气词的并列成分之间。

示例4：他呢，倒是很乐意地、全神贯注地干起来了。

示例5：（那是个没有月亮的夜晚。）可是整个村子——白房顶啦，白树木啦，雪堆啦，全看得见。

e）较长的主语中间、谓语中间或宾语中间。

示例6：母亲沉痛的诉说，以及亲眼见到的事实，都启发了我幼年时期追求真理的思想。

示例7：那姑娘头戴一顶草帽，身穿一条绿色的裙子，腰间还系着一根橙色的腰带。

示例8：必须懂得，对于文化传统，既不能不分青红皂白统统抛弃，也不能不管精华糟粕全盘继承。

f）前置的谓语之后或后置的状语、定语之前。

示例9：真美啊，这条蜿蜒的林间小路。

示例10：她吃力地站了起来，慢慢地。

示例11：我只是一个人，孤孤单单的。

4.4.3.3　用于下列各种停顿处：

a）复指成分或插说成分前后。

示例1：老张，就是原来的办公室主任，上星期已经调走了。

示例2：车，不用说，当然是头等。

b）语气缓和的感叹语、称谓语或呼唤语之后。

示例3：哎哟，这儿，快给我揉揉。

示例4：大娘，您到哪儿去啊？

示例5：喂，你是哪个单位的？

c）某些序次语（“第”字头、“其”字头及“首先”类序次语）之后。

示例6：为什么许多人都有长不大的感觉呢？原因有三：第一，父母总认为自己比孩子成熟；第二，父母总要以自己的标准来衡量孩子；第三，父母出于爱心而总不想让孩子在成长的过程中走弯路。

示例7：《玄秘塔碑》所以成为书法的范本，不外乎以下几方面的因素：其一，具有楷书点画、构体的典范性；其二，承上启下，成为唐楷的极致；其三，字如其人，爱人及字，柳公权高尚的书品、人品为后人所崇仰。

示例8：下面从三个方面讲讲语言的污染问题：首先，是特殊语言环境中的语言污染问题；其次，是滥用缩略语引起的语言污染问题；再次，是空话和废话引起的语言污染问题。

4.5　顿号

4.5.1　定义

句内点号的一种，表示语段中并列词语之间或某些序次语之后的停顿。

4.5.2　形式

顿号的形式是”、”。

4.5.3　基本用法

4.5.3.1　用于并列词语之间。

示例1：这里有自由、民主、平等、开放的风气和氛围。

示例2：造型科学、技艺精湛、气韵生动，是盛唐石雕的特色。

4.5.3.2　用于需要停顿的重复词语之间。

示例：他几次三番、几次三番地辩解着。

4.5.3.3　用于某些序次语（不带括号的汉字数字或“天干地支”类序次语）之后。

示例1：我准备讲两个问题：一、逻辑学是什么？二、怎样学好逻辑学？

示例2：风格的具体内容主要有以下四点：甲、题材；乙、用字；丙、表达；丁、色彩。

4.5.3.4　相邻或相近两数字连用表示概数通常不用顿号。若相邻两数字连用为缩略形式，宜用顿号。

示例1：飞机在6 000米高空水平飞行时，只能看到两侧八九公里和前方一二十公里范围内的地面。

示例2：这种凶猛的动物常常三五成群地外出觅食和活动。

示例3：农业是国民经济的基础，也是二、三产业的基础。

4.5.3.5　标有引号的并列成分之间、标有书名号的并列成分之间通常不用顿号。若有其他成分插在并列的引号之间或并列的书名号之间（如引语或书名号之后还有括注），宜用顿号。

示例1：“日”“月”构成“明”字。

示例2：店里挂着“顾客就是上帝”“质量就是生命”等横幅。

示例3：《红楼梦》《三国演义》《西游记》《水浒传》，是我国长篇小说的四大名著。

示例4：李白的“白发三千丈”（《秋浦歌》）、“朝如青丝暮成雪”（《将进酒》）都是脍炙人口的诗句。

示例5：办公室里订有《人民日报》（海外版）、《光明日报》和《时代周刊》等报刊。

4.6　分号

4.6.1　定义

句内点号的一种，表示复句内部并列关系分句之间的停顿，以及非并列关系的多重复句中第一层分句之间的停顿。

4.6.2　形式

分号的形式是“；”。

4.6.3　基本用法

4.6.3.1　表示复句内部并列关系的分句（尤其当分句内部还有逗号时）之间的停顿。

示例 1：语言文字的学习，就理解方面说，是得到一种知识；就运用方面说，是养成一种习惯。

示例 2：内容有分量，尽管文章短小，也是有分量的；内容没有分量，即使写得再长也没有用。

4.6.3.2　表示非并列关系的多重复句中第一层分句（主要是选择、转折等关系）之间的停顿。

示例 1：人还没看见，已经先听见歌声了；或者人已经转过山头望不见了，歌声还余音袅袅。

示例 2：尽管人民革命的力量在开始时总是弱小的，所以总是受压的；但是由于革命的力量代表历史发展的方向，因此本质上又是不可战胜的。

示例 3：不管一个人如何伟大，也总是生活在一定的环境和条件下；因此，个人的见解总难免带有某种局限性。

示例 4：昨天夜里下了一场雨，以为可以凉快些；谁知没有凉快下来，反而更热了。

4.6.3.3　用于分项列举的各项之间。

示例：特聘教授的岗位职责为：一、讲授本学科的主干基础课程；二、主持本学科的重大科研项目；三、领导本学科的学术队伍建设；四、带领本学科赶超或保持世界先进水平。

4.7　冒号

4.7.1　定义

句内点号的一种，表示语段中提示下文或总结上文的停顿。

4.7.2　形式

冒号的形式是“:”。

4.7.3　基本用法

4.7.3.1　用于总说性或提示性词语（如“说”“例如”“证明”等）之后，表示提示下文。

示例 1：北京紫禁城有四座城门：午门、神武门、东华门和西华门。

示例 2：她高兴地说：“咱们去好好庆祝一下吧！”

示例 3：小王笑着点了点头：“我就是这么想的。”

示例 4：这一事实证明：人能创造环境，环境同样也能创造人。

4.7.3.2　表示总结上文。

示例：张华上了大学，李萍进了技校，我当了工人：我们都有美好的前途。

4.7.3.3　用在需要说明的词语之后，表示注释和说明。

示例 1：（本市将举办首届大型书市。）主办单位：市文化局；承办单位：市图书进出口公司；时间：8 月 15 日—20 日；

地点：市体育馆观众休息厅。

示例 2：（做阅读理解题有两个办法。）办法之一：先读题干，再读原文，带着问题有针对性地读课文。办法之二：直接读原文，读完再做题，减少先入为主的干扰。

4.7.3.4　用于书信、讲话稿中称谓语或称呼语之后。

示例1：广平先生：……

示例2：同志们、朋友们：……

4.7.3.5　一个句子内部一般不应套用冒号。在列举式或条文式表述中，如不得不套用冒号时，宜另起段落来显示各个层次。

示例：第十条　遗产按照下列顺序继承：

　　第一顺序：配偶、子女、父母。

　　第二顺序：兄弟姐妹、祖父母、外祖父母。

4.8　引号

4.8.1　定义

标号的一种，标示语段中直接引用的内容或需要特别指出的成分。

4.8.2　形式

引号的形式有双引号"“”"和单引号"‘’"两种。左侧的为前引号，右侧的为后引号。

4.8.3　基本用法

4.8.3.1　标示语段中直接引用的内容。

示例：李白诗中就有"白发三千丈"这样极尽夸张的语句。

4.8.3.2　标示需要着重论述或强调的内容。

示例：这里所谓的"文"，并不是指文字，而是指文采。

4.8.3.3　标示语段中具有特殊含义而需要特别指出的成分，如别称、简称、反语等。

示例1：电视被称作"第九艺术"。

示例2：人类学上常把古人化石统称为尼安德特人，简称"尼人"。

示例3：有几个"慈祥"的老板把捡来的菜叶用盐浸浸就算作工友的菜肴。

4.8.3.4　当引号中还需要使用引号时，外面一层用双引号，里面一层用单引号。

示例：他问："老师，'七月流火'是什么意思？"

4.8.3.5　独立成段的引文如果只有一段，段首和段尾都用引号；不止一段时，每段开头仅用前引号，只在最后一段末尾用后引号。

示例：我曾在报纸上看到有人这样谈幸福：

"幸福是知道自己喜欢什么和不喜欢什么。……

"幸福是知道自己擅长什么和不擅长什么。……

"幸福是在正确的时间做了正确的选择。……"

4.8.3.6　在书写带月、日的事件、节日或其他特定意义的短语（含简称）时，通常只标引其中的月和日；需要突出和强调该事件或节日本身时，也可连同事件或节日一起标引。

示例1："5·12"汶川大地震

示例2："五四"以来的话剧，是我国戏剧中的新形式。

示例3：纪念"五四运动"90周年

4.9　括号

4.9.1　定义

标号的一种，标示语段中的注释内容、补充说明或其他特定意义的语句。

4.9.2　形式

括号的主要形式是圆括号“（　）”，其他形式还有方括号“［　］”、六角括号“〔　〕”和方头括号“【　】”等。

4.9.3　基本用法

4.9.3.1　标示下列各种情况，均用圆括号：

a）标示注释内容或补充说明。

示例1：我校拥有特级教师（含已退休的）17人。

示例2：我们不但善于破坏一个旧世界，我们还将善于建设一个新世界！（热烈鼓掌）

b）标示订正或补加的文字。

示例3：信纸上用稚嫩的字体写着：“阿夷（姨），你好！”

示例4：该建筑公司负责的建设工程全部达到优良工程（的标准）。

c）标示序次语。

示例5：语言有三个要素：（1）声音；（2）结构；（3）意义。

示例6：思想有三个条件：（一）事理；（二）心理；（三）伦理。

d）标示引语的出处。

示例7：他说得好：“未画之前，不立一格；既画之后，不留一格。”（《板桥集·题画》）

e）标示汉语拼音注音。

示例8：“的（de）”这个字在现代汉语中最常用。

4.9.3.2　标示作者国籍或所属朝代时，可用方括号或六角括号。

示例1：［英］赫胥黎《进化论与伦理学》

示例2：〔唐〕杜甫著

4.9.3.3　报刊标示电讯、报道的开头，可用方头括号。

示例：【新华社南京消息】

4.9.3.4　标示公文发文字号中的发文年份时，可用六角括号。

示例：国发〔2011〕3号文件

4.9.3.5　标示被注释的词语时，可用六角括号或方头括号。

示例1：〔奇观〕奇伟的景象。

示例2：【爱因斯坦】物理学家。生于德国，1933年因受纳粹政权迫害，移居美国。

4.9.3.6　除科技书刊中的数学、逻辑公式外，所有括号（特别是同一形式的括号）应尽量避免套用。必须套用括号时，宜采用不同的括号形式配合使用。

示例：〔茸（róng）毛〕很细很细的毛。

4.10 破折号

4.10.1 定义

标号的一种，标示语段中某些成分的注释、补充说明或语音、意义的变化。

4.10.2 形式

破折号的形式是“——”。

4.10.3 基本用法

4.10.3.1 标示注释内容或补充说明（也可用括号，见 4.9.3.1；二者的区别另见 B.1.7）。

示例 1：一个矮小而结实的日本中年人——内山老板走了过来。

示例 2：我一直坚持读书，想借此唤起弟妹对生活的希望——无论环境多么困难。

4.10.3.2 标示插入语（也可用逗号，见 4.4.3.3）。

示例：这简直就是——说得不客气点——无耻的勾当！

4.10.3.3 标示总结上文或提示下文（也可用冒号，见 4.7.3.1、4.7.3.2）。

示例 1：坚强，纯洁，严于律己，客观公正——这一切都难得地集中在一个人身上。

示例 2：画家开始娓娓道来——

　　数年前的一个寒冬，……

4.10.3.4 标示话题的转换。

示例：“好香的干菜，——听到风声了吗？”赵七爷低声说道。

4.10.3.5 标示声音的延长。

示例：“嘎——”传过来一声水禽被惊动的鸣叫。

4.10.3.6 标示话语的中断或间隔。

示例 1：“班长他牺——”小马话没说完就大哭起来。

示例 2：“亲爱的妈妈，你不知道我多爱您。——还有你，我的孩子！”

4.10.3.7 标示引出对话。

示例：——你长大后想成为科学家吗？

　　——当然想了！

4.10.3.8 标示事项列举分承。

示例：根据研究对象的不同，环境物理学分为以下五个分支学科：

　　——环境声学；

　　——环境光学；

　　——环境热学；

　　——环境电磁学；

　　——环境空气动力学。

4.10.3.9 用于副标题之前。

示例：飞向太平洋

　　——我国新型号运载火箭发射目击记

4.10.3.10 用于引文、注文后，标示作者、出处或注释者。

示例1：先天下之忧而忧，后天下之乐而乐。

——范仲淹

示例2：乐浪海中有倭人，分为百余国。

——《汉书》

示例3：很多人写好信后把信笺折成方胜形，我看大可不必。（方胜，指古代妇女戴的方形首饰，用彩绸等制作，由两个斜方部分叠合而成。——编者注）

4.11　省略号

4.11.1　定义

标号的一种，标示语段中某些内容的省略及意义的断续等。

4.11.2　形式

省略号的形式是“……”。

4.11.3　基本用法

4.11.3.1　标示引文的省略。

示例：我们齐声朗诵起来：“……俱往矣，数风流人物，还看今朝。”

4.11.3.2　标示列举或重复词语的省略。

示例1：对政治的敏感，对生活的敏感，对性格的敏感，……这都是作家必须要有的素质。

示例2：他气得连声说：“好，好……算我没说。”

4.11.3.3　标示语意未尽。

示例1：在人迹罕至的深山密林里，假如突然看见一缕炊烟，……

示例2：你这样干，未免太……！

4.11.3.4　标示说话时断断续续。

示例：她磕磕巴巴地说：“可是……太太……我不知道……你一定是认错了。”

4.11.3.5　标示对话中的沉默不语。

示例：“还没结婚吧？”

“……”他飞红了脸，更加忸怩起来。

4.11.3.6　标示特定的成分虚缺。

示例：只要……就……

4.11.3.7　在标示诗行、段落的省略时，可连用两个省略号（即相当于十二连点）。

示例1：从隔壁房间传来缓缓而抑扬顿挫的吟咏声——

床前明月光，疑是地上霜。

…………

示例2：该刊根据工作质量、上稿数量、参与程度等方面的表现，评选出了高校十佳记者站。还根据发稿数量、提供新闻线索情况以及对刊物的关注度等，评选出了十佳通讯员。

…………

4.12　着重号

4.12.1　定义

标号的一种，标示语段中某些重要的或需要指明的文字。

4.12.2　形式

着重号的形式是“.”标注在相应文字的下方。

4.12.3　基本用法

4.12.3.1　标示语段中重要的文字。

示例1：诗人需要表现，而不是证明。

示例2：下面对本文的理解，不正确的一项是：……

4.12.3.2　标示语段中需要指明的文字。

示例：下边加点的字，除了在词中的读法外，还有哪些读法？

着急　子弹　强调

4.13　连接号

4.13.1　定义

标号的一种，标示某些相关联成分之间的连接。

4.13.2　形式

连接号的形式有短横线“-”、一字线“—”和浪纹线“~”三种。

4.13.3　基本用法

4.13.3.1　标示下列各种情况，均用短横线：

a）化合物的名称或表格，插图的编号。

示例1：3-戊酮为无色液体，对眼及皮肤有强烈刺激性。

示例2：参见下页表2-8、表2-9。

b）连接号码，包括门牌号码、电话号码，以及用阿拉伯数字表示年月日等。

示例3：安宁里东路26号院3-2-11室

示例4：联系电话：010-88842603

示例5：2011-02-15

c）在复合名词中起连接作用。

示例6：吐鲁番-哈密盆地

d）某些产品的名称和型号。

示例7：WZ-10直升机具有复杂天气和夜间作战的能力。

e）汉语拼音、外来语内部的分合。

示例8：shuōshuō-xiàoxiào（说说笑笑）

示例9：盎格鲁-撒克逊人

示例10：让-雅克・卢梭（“让-雅克”为双名）

示例11：皮埃尔・孟戴斯-弗朗斯（“孟戴斯-弗朗斯”为复姓）

4.13.3.2　标示下列各种情况，一般用一字线，有时也可用浪纹线：

a）标示相关项目（如时间、地域等）的起止。

示例1：沈括（1031—1095），宋朝人。

示例2：2011年2月3日—10日

示例3：北京—上海特别旅客快车

b）标示数值范围（由阿拉伯数字或汉字数字构成）的起止。

示例4：25~30g

示例5：第五~八课

4.14　间隔号

4.14.1　定义

标号的一种，标示某些相关联成分之间的分界。

4.14.2　形式

间隔号的形式是“·”

4.14.3　基本用法

4.14.3.1　标示外国人名或少数民族人名内部的分界。

示例1：克里丝蒂娜·罗塞蒂

示例2：阿依古丽·买买提

4.14.3.2　标示书名与篇（章、卷）名之间的分界。

示例：《淮南子·本经训》

4.14.3.3　标示词牌、曲牌、诗体名等和题名之间的分界。

示例1：《沁园春·雪》

示例2：《天净沙·秋思》

示例3：《七律·冬云》

4.14.3.4　用在构成标题或栏目名称的并列词语之间。

示例：《天·地·人》

4.14.3.5　以月、日为标志的事件或节日，用汉字数字表示时，只在一、十一和十二月后用间隔号；当直接用阿拉伯数字表示时，月、日之间均用间隔号（半角字符）。

示例1：“九一八”事变　“五四”运动

示例2：“一·二八”事变　“一二·九”运动

示例3：“3·15”消费者权益日　“9·11”恐怖袭击事件

4.15　书名号

4.15.1　定义

标号的一种，标示语段中出现的各种作品的名称。

4.15.2　形式

书名号的形式有双书名号“《　》”和单书名号“〈　〉”两种。

4.15.3　基本用法

4.15.3.1　标示书名、卷名、篇名、刊物名、报纸名、文件名等。

示例1：《红楼梦》（书名）

示例2：《史记·项羽本记》（卷名）

示例3：《论雷峰塔的倒掉》（篇名）

示例4：《每周关注》（刊物名）

示例5：《人民日报》（报纸名）

示例6：《全国农村工作会议纪要》（文件名）

4.15.3.2　标示电影、电视、音乐、诗歌、雕塑等各类用文字、声音、图像等表现的作品的名称。

示例1：《渔光曲》（电影名）

示例2：《追梦录》（电视剧名）

示例3：《勿忘我》（歌曲名）

示例4：《沁园春·雪》（诗词名）

示例5：《东方欲晓》（雕塑名）

示例6：《光与影》（电视节目名）

示例7：《社会广角镜》（栏目名）

示例8：《庄子研究文献数据库》（光盘名）

示例9：《植物生理学系列挂图》（图片名）

4.15.3.3　标示全中文或中文在名称中占主导地位的软件名。

示例：科研人员正在研制《电脑卫士》杀毒软件。

4.15.3.4　标示作品名的简称。

示例：我读了《念青唐古拉山脉纪行》一文（以下简称《念》），收获很大。

4.15.3.5　当书名号中还需要书名号时，里面一层用单书名号，外面一层用双书名号。

示例：《教育部关于提请审议〈高等教育自学考试试行办法〉的报告》

4.16　专名号

4.16.1　定义

标号的一种，标示古籍和某些文史类著作中出现的特定类专有名词。

4.16.2　形式

专名号的形式是一条直线，标注在相应文字的下方。

4.16.3　基本用法

4.16.3.1　标示古籍、古籍引文或某些文史类著作中出现的专有名词，主要包括人名、地名、国名、民族名、朝代名、年号、宗教名、官署名、组织名等。

示例1：孙坚人马被刘表率军围得水泄不通。（人名）

示例2：于是聚集冀、青、幽、并四州兵马七十多万准备决一死战。（地名）

示例3：当时乌孙及西域各国都向汉派遣了使节。（国名、朝代名）

示例4：从咸宁二年到太康十年，匈奴、鲜卑、乌桓等族人徙居塞内。（年号、民族名）

4.16.3.2　现代汉语文本中的上述专有名词，以及古籍和现代文本中的单位名、官职名、事件名、会议名、书名等不应使用专名号。必须使用标号标示时，宜使用其他相应标号（如引号、书名号等）。

4.17　分隔号

4.17.1　定义

标号的一种，标示诗行、节拍及某些相关文字的分隔。

4.17.2　形式

分隔号的形式是“/”。

4.17.3　基本用法

4.17.3.1　诗歌接排时分隔诗行（也可使用逗号和分号，见4.4.3.1/4.6.3.1）。

示例：春眠不觉晓/处处闻啼鸟/夜来风雨声/花落知多少。

4.17.3.2　标示诗文中的音节节拍。

示例：横眉/冷对/千夫指，俯首/甘为/孺子牛。

4.17.3.3　分隔供选择或可转换的两项，表示“或”。

示例：动词短语中除了作为主体成分的述语动词之外，还包括述语动词所带的宾语和/或补语。

4.17.3.4　分隔组成一对的两项，表示“和”。

示例1：13/14次特别快车

示例2：羽毛球女双决赛中国组合杜婧/于洋两局完胜韩国名将李孝贞/李敬元。

4.17.3.5　分隔层级或类别。

示例：我国的行政区划分为：省（直辖市、自治区）/省辖市（地级市）/县（县级市、区、自治州）/乡（镇）/村（居委会）。

5　标点符号的位置和书写形式

5.1　横排文稿标点符号的位置和书写形式

5.1.1　句号、逗号、顿号、分号、冒号均置于相应文字之后，占一个字位置，居左下，不出现在一行之首。

5.1.2　问号、叹号均置于相应文字之后，占一个字位置，居左，不出现在一行之首。两个问号（或叹号）叠用时，占一个字位置；三个问号（或叹号）叠用时，占两个字位置；问号和叹号连用时，占一个字位置。

5.1.3　引号、括号、书名号中的两部分标在相应项目的两端，各占一个字位置。其中前一半不出现在一行之末，后一半不出现在一行之首。

5.1.4　破折号标在相应项目之间，占两个字位置，上下居中，不能中间断开分处上行之末和下行之首。

5.1.5　省略号占两个字位置，两个省略号连用时占四个字位置并须单独占一行。省略号不能中间断开分处上行之末和下行之首。

5.1.6　连接号中的短横线比汉字“-”略短，占半个字位置；一字线比汉字“—”略长，占一个字位置；浪纹线占一个字位置。连接号上下居中，不出现在一行之首。

5.1.7　间隔号标在需要隔开的项目之间，占半个字位置，上下居中，不出现在一行之首。

5.1.8　着重号和专名号标在相应文字的下边。

5.1.9　分隔号占半个字位置，不出现在一行之首或一行之末。

5.1.10　标点符号排在一行末尾时，若为全角字符则应占半角字符的宽度（即半个字位置），以使视觉效果更美观。

5.1.11　在实际编辑出版工作中，为排版美观、方便阅读等需要，或为避免某一小节最后一个汉字转行或出现在另外一页开头等情况（浪费版面及视觉效果差），可适当压缩标点符号所占用的空间。

5.2　竖排文稿标点符号的位置和书写形式

5.2.1　句号、问号、叹号、逗号、顿号、分号和冒号均置于相应文字之下偏右。

5.2.2　破折号、省略号、连接号、间隔号和分隔号置于相应文字之下居中，上下方向排列。

5.2.3　引号改用双引号“﹃”“﹄”和单引号“﹁”“﹂”，括号改用“︵”“︶”，标在相应项目的上下。

5.2.4　竖排文稿中使用浪线式书名号“﹏”，标在相应文字的左侧。

5.2.5　着重号标在相应文字的右侧，专名号标在相应文字的左侧。

5.2.6　横排文稿中关于某些标点不能居行首或行末的要求，同样适用于竖排文稿。

附　录　A

（规范性附录）

标点符号用法的补充规则

A.1　句号用法补充规则

图或表的短语式说明文字，中间可用逗号，但末尾不用句号。即使有时说明文字较长，前面的语段已出现句号，最后结尾处仍不用句号。

示例1：行进中的学生方队

示例2：经过治理，本市市容市貌焕然一新，这是某区街道一景

A.2　问号用法补充规则

使用问号应以句子表示疑问语气为依据，而并不根据句子中包含有疑问词。当含有疑问词的语段充当某种句子成分，而句子并不表示疑问语气时，句末不用问号。

示例1：他们的行为举止、审美趣味，甚至读什么书，坐什么车，都在媒体掌握之中。

示例2：谁也不见，什么也不吃，哪儿也不去。

示例3：我也不知道他究竟躲到什么地方去了。

A.3　逗号用法补充规则

用顿号表示较长、较多或较复杂的并列成分之间的停顿时，最后一个成分前可用"以及（及）"进行连接，"以及（及）"之前应用逗号。

示例：压力过大、工作时间过长、作息不规律，以及忽视营养均衡等，均会导致健康状况的下降。

A.4　顿号用法补充规则

A.4.1　表示含有顺序关系的并列各项间的停顿，用顿号，不用逗号。下例解释"对于"一词用法，"人""事物""行为"之间有顺序关系（即人和人、人和事物、人和行为、事物和事物、事物和行为、行为和行为等六种对待关系），各项之间应用顿号。

示例：〔对于〕表示人，事物，行为之间的相互对待关系。（误）

〔对于〕表示人、事物、行为之间的相互对待关系。（正）

A.4.2　用阿拉伯数字表示年月日的简写形式时，用短横线连接号，不用顿号。

示例：2010、03、02（误）

　　　2010-03-02（正）

A.5　分号用法补充规则

分项列举的各项有一项或多项已包含句号时，各项的末尾不能再用分号。

示例：本市先后建立起三大农业生产体系：一是建立甘蔗生产服务体系。成立糖业服务公司，主要给农民提供机耕等服务；二是建立蚕桑生产服务体系。……；三是建立热作服务体系。……。（误）

本市先后建立起三大农业生产体系：一是建立甘蔗生产服务体系。成立糖业服务公司，主要给农民提供机耕等服务。二是建立蚕桑生产服务体系。……。三是建立热作服务体系。……。（正）

A.6　冒号用法补充规则

A.6.1　冒号用在提示性话语之后引起下文。表面上类似但实际不是提示性话语的，其后用逗号。

示例1：郦道元《水经注》记载："沼西际山枕水，有唐叔虞祠。"（提示性话语）

示例2：据《苏州府志》载，苏州城内大小园林约有150多座，可算名副其实的园林之城。（非提示性话语）

A.6.2　冒号提示范围无论大小（一句话、几句话甚至几段话），都应与提示性话语保持一致（即在该范围的末尾要用句号点断）。应避免冒号涵盖范围过窄或过宽。

示例：艾滋病有三个传播途径：血液传播、性传播和母婴传播，日常接触是不会传播艾滋病的。（误）

　　　艾滋病有三个传播途径：血液传播、性传播和母婴传播。日常接触是不会传播艾滋病的。（正）

A.6.3　冒号应用在有停顿处，无停顿处不应用冒号。

示例1：他头也不抬，冷冷地问："你叫什么名字？"（有停顿）

示例2：这事你得拿主意，光说"不知道"怎么行？（无停顿）

A.7　引号用法补充规则

"丛刊""文库""系列""书系"等作为系列著作的选题名，宜用引号标引。当"丛刊"等为选题名的一部分时，放在引号之内，反之则放在引号之外。

示例1："汉译世界学术名著丛书"

示例2："中国哲学典籍文库"

示例3："20世纪心理学通览"丛书

A.8　括号用法补充规则

括号可分为句内括号和句外括号。句内括号用于注释句子里的某些词语，即本身就是句子的一部分，应紧跟在被注释的词语之后。句外括号则用于注释句子、句群或段落，即本身结构独立，不属于前面的句子、句群或段落，应位于所注释语段的句末点号之后。

示例：标点符号是辅助文字记录语言的符号，是书面语的有机组成部分，用来表示语句的停顿、语气以及标示某些成分（主要是词语）的特定性质和作用。（数学符号、货币符号、校勘符号等特殊领域的专门符号不属于标点符号。）

A.9　省略号用法补充规则

A.9.1　不能用多于两个省略号（多于 12 点）连在一起表示省略。省略号须与多点连续的连珠号相区别（后者主要是用于表示目录中标题和页码对应和连接的专门符号）。

A.9.2　省略号和“等”“等等”“什么的”等词语不能同时使用。在需要读出来的地方用“等”“等等”“什么的”等词语，不用省略号。

示例：含有铁质的食物有猪肝、大豆、油菜、菠菜……等。（误）

含有铁质的食物有猪肝、大豆、油菜、菠菜等。（正）

A.10　着重号用法补充规则

不应使用文字下加直线或波浪线等形式表示着重。文字下加直线为专名号形式（4.16）；文字下加浪纹线是特殊书名号（A.13.6）。着重号的形式统一为相应项目下加小圆点。

示例：下面对本文的理解，不正确的一项是（误）

下面对本文的理解，不正确的一项是（正）

A.11　连接号用法补充规则

浪纹线连接号用于标示数值范围时，在不引起歧义的情况下，前一数值附加符号或计量单位可省略。

示例：5 公斤~100 公斤（正）

5~100 公斤（正）

A.12　间隔号用法补充规则

当并列短语构成的标题中已用间隔号隔开时，不应再用“和”类连词。

示例：《水星·火星和金星》（误）

《水星·火星·金星》（正）

A.13　书名号用法补充规则

A.13.1　不能视为作品的课程、课题、奖品奖状、商标、证照、组织机构、会议、活动等名称，不应用书名号。下面均为书名号误用的示例：

示例 1：下学期本中心将开设《现代企业财务管理》《市场营销》两门课程。

示例 2：明天将召开《关于“两保两挂”的多视觉理论思考》课题立项会。

示例 3：本市将向 70 岁以上（含 70 岁）老年人颁发《敬老证》。

示例 4：本校共获得《最佳印象》《自我审美》《卡拉 OK》等六个奖杯。

示例5：《闪光》牌电池经久耐用。

示例6：《文史杂志社》编辑力量比较雄厚。

示例7：本市将召开《全国食用天然色素应用研讨会》。

示例8：本报将于今年暑假举行《墨宝杯》书法大赛。

A. 13. 2　有的名称应根据指称意义的不同确定是否用书名号。如文艺晚会指一项活动时，不用书名号；而特指一种节目名称时，可用书名号。再如展览作为一种文化传播的组织形式时，不用书名号；特定情况下将某项展览作为一种创作的作品时，可用书名号。

示例1：2008年重阳联欢晚会受到观众的称赞和好评。

示例2：本台将重播《2008年重阳联欢晚会》。

示例3："雪域明珠——中国西藏文化展"今天隆重开幕。

示例4：《大地飞歌艺术展》是一部大型现代艺术作品。

A. 13. 3　书名后面表示该作品所属类别的普通名词不标在书名号内。

示例：《我们》杂志

A. 13. 4　书名有时带有括注。如果括注是书名、篇名等的一部分，应放在书名号之内，反之则应放在书名号之外。

示例1：《琵琶行（并序）》

示例2：《中华人民共和国民事诉讼法（试行）》

示例3：《新政治协商会议筹备会组织条例（草案）》

示例4：《百科知识》（彩图本）

示例5：《人民日报》（海外版）

A. 13. 5　书名、篇名末尾如有叹号或问号，应放在书名号之内。

示例1：《日记何罪!》

示例2：《如何做到同工又同酬?》

A. 13. 6　在古籍或某些文史类著作中，为与专名号配合，书名号也可改用浪线式"~~~"，标注在书名下方。这可以看作是特殊的专名号或特殊的书名号。

A. 14　分隔号用法补充规则

分隔号又称正斜线号，须与反斜线号"\"相区别（后者主要是用于编写计算机程序的专门符号）。使用分隔号时，紧贴着分隔号的前后通常不用点号。

附 录 B

(资料性附录)

标点符号若干用法的说明

B.1 易混标点符号用法比较

B.1.1 逗号、顿号表示并列词语之间停顿的区别

逗号和顿号都表示停顿，但逗号表示的停顿长，顿号表示的停顿短。并列词语之间的停顿一般用顿号，但当并列词语较长或其后有语气词时，为了表示稍长一点的停顿，也可用逗号。

示例1：我喜欢吃的水果有苹果、桃子、香蕉和菠萝。

示例2：我们需要了解全局和局部的统一，必然和偶然的统一，本质和现象的统一。

示例3：看游记最难弄清位置和方向，前啊，后啊，左啊，右啊，看了半天，还是不明白。

B.1.2 逗号、顿号在表列举省略的“等”“等等”之类词语前的使用

并列成分之间用顿号，末尾的并列成分之后用“等”“等等”之类词语时，“等”类词前不用顿号或其他点号；并列成分之间用逗号，末尾的并列成分之后用“等”类词时，“等”类词前应用逗号。

示例1：现代生物学、物理学、化学、数学等基础科学的发展，带动了医学科学的进步。

示例2：写文章前要想好：文章主题是什么，用哪些材料，哪些详写，哪些略写，等等。

B.1.3 逗号、分号表示分句间停顿的区别

当复句的表述不复杂、层次不多，相连的分句语气比较紧凑、分句内部也没有使用逗号表示停顿时，分句间的停顿多用逗号。当用逗号不易分清多重复句内部的层次（如分句内部已有逗号），而用句号又可能割裂前后关系的地方，应用分号表示停顿。

示例1：她拿起钥匙，开了箱上的锁，又开了首饰盒上的锁，往老地方放钱。

示例2：纵比，即以一事物的各个发展阶段作比；横比，则以此事物与彼事物相比。

B.1.4 顿号、逗号、分号在标示层次关系时的区别

句内点号中，顿号表示的停顿最短、层次最低，通常只能表示并列词语之间的停顿；分号表示的停顿最长、层次最高，可以用来表示复句的第一层分句之间的停顿；逗号介于两者之间，既可表示并列词语之间的停顿，也可表示复句中分句之间的停顿。若分句内部已用逗号，分句之间就应用分号（见B.1.3示例2）。用分号隔开的几个并列分句不能由

逗号统领或总结。

示例1：有的学会烤烟，自己做挺讲究的纸烟和雪茄；有的学会蔬菜加工，做的番茄酱能吃到冬天；有的学会蔬菜腌渍、窖藏，使秋菜接上春菜。

示例2：动物吃植物的方式多种多样，有的是把整个植物吃掉，如原生动物；有的是把植物的大部分吃掉，如鼠类；有的是吃掉植物的要害部位，如鸟类吃掉植物的嫩芽。(误)。

动物吃植物的方式多种多样：有的是把整个植物吃掉，如原生动物；有的是把植物的大部分吃掉，如鼠类；有的是吃掉植物的要害部位，如鸟类吃掉植物的嫩芽。(正)。

B.1.5 冒号、逗号用于“说”“道”之类词语后的区别

位于引文之前的“说”“道”后用冒号。位于引文之后的“说”“道”分两种情况：处于句末时，其后用句号；“说”“道”后还有其他成分时，其后用逗号。插在话语中间的“说”“道”类词语后只能用逗号表示停顿。

示例1：他说：“晚上就来家里吃饭吧。”

示例2：“我真的很期待。”他说。

示例3：“我有件事忘了说……”他说，表情有点为难。

示例4：“现在请皇上脱下衣服，”两个骗子说，“好让我们为您换上新衣。”

B.1.6 不同点号表示停顿长短的排序

各种点号都表示说话时的停顿。句号、问号、叹号都表示句子完结，停顿虽长。分号用于复句的分句之间，停顿长度介于句末点号和逗号之间，而短于冒号。逗号表示一句话中间的停顿，又短于分号。顿号用于并列词语之间，停顿最短。通常情况下，各种点号表示的停顿由长到短为：句号=问号=叹号>冒号（指涵盖范围为一句话的冒号）>分号>逗号>顿号。

B.1.7 破折号与括号表示注释或补充说明时的区别

破折号用于表示比较重要的解释说明，这种补充是正文的一部分，可与前后文连读；而括号表示比较一般的解释说明，只是注释而非正文，可不与前后文连读。

示例1：在今年——农历虎年，必须取得比去年更大的成绩。

示例2：哈雷在牛顿思想的启发下，终于认出了他所关注的彗星（该星后人称为哈雷彗星）。

B.1.8 书名号、引号在“题为……”“以……为题”格式中的使用

“题为……”“以……为题”中的“题”，如果是诗文、图书、报告或其他作品可作为篇名、书名看待时，可用书名号；如果是写作、科研、辩论、谈话的主题，非特定作品的标题，应用引号。即“题为………”“以……为题”中的“题”应根据其类别分别按书名号和引号的用法处理。

示例1：有篇题为《柳宗元的诗》的文章，全文才2 000字，引文不实却达11处之多。

示例2：今天一个以“地球·人口·资源·环境”为题的大型宣传活动在此间举行。

示例3：《我的老师》写于1956年9月，是作者应《教师报》之约而写的。

示例4：“我的老师”这类题目，同学们也许都写过。

B.2　两个标点符号连用的说明

B.2.1　行文中表示引用的引号内外的标点用法

当引文完整且独立使用，或虽不独立使用但带有问号或叹号时，引号内句末点号应保留。除此之外，引号内不用句末点号。当引文处于句子停顿处（包括句子末尾）且引号内未使用点号时，引号外应使用点号；当引文位于非停顿处或者引号内已使用句末点号时，引号外不用点号。

示例1："沉舟侧畔千帆过，病树前头万木春。"他最喜欢这两句诗。

示例2：书价上涨令许多读者难以接受，有些人甚至发出"还买得起书吗？"的疑问。

示例3：他以"条件还不成熟，准备还不充分"为由，否决了我们的提议。

示例4：你这样"明日复明日"地要拖到什么时候？

示例5：司马迁为了完成《史记》的写作，使之"藏之名山"，忍受了人间最大的侮辱。

示例6：在施工中要始终坚持"把质量当生命"。

示例7："言之无文，行而不远"这句话，说明了文采的重要。

示例8：俗话说："墙头一根草，风吹两边倒。"用这句话来形容此辈再恰当不过。

B.2.2　行文中括号内外的标点用法

括号内行文末尾需要时可用问号、叹号和省略号。除此之外，句内括号行文末尾通常不用标点符号。句外括号行文末尾是否用句号由括号内的语段结构决定：若语段较长、内容复杂，应用句号。句内括号外是否用点号取决于括号所处位置：若句内括号处于句子停顿处，应用点号。句外括号外通常不用点号。

示例1：如果不采取（但应如何采取呢？）十分具体的控制措施，事态将进一步扩大。

示例2：3分钟过去了（仅仅才3分钟！），从眼前穿梭而过的出租车竟达32辆！

示例3：她介绍时用了一连串比喻（有的状如树枝，有的貌似星海……），非常形象。

示例4：科技协作合同（包括科研、试制、成果推广等）根据上级主管部门或有关部门的计划签订。

示例5：应把夏朝看作原始公社向奴隶制国家过渡时期。（龙山文化遗址里，也有俯身葬。俯身者很可能就是奴隶。）

示例6：问：你对你不喜欢的上司是什么态度？

答：感情上疏远，组织上服从。（掌声，笑声）

示例7：古汉语（特别是上古汉语），对于我来说，有着常人无法想象的吸引力。

示例8：由于这种推断尚未经过实践的考验，我们只能把它作为假设（或假说）提出来。

示例9：人际交往过程就是使用语词传达意义的过程。（严格说，这里的"语词"应为语词指号。）

B.2.3　破折号前后的标点用法

破折号之前通常不用点号；但根据句子结构和行文需要，有时也可分别使用句内点号或句末点号。破折号之后通常不会紧跟着使用其他点号；但当破折号表示语音的停顿或延长时，根据语气表达的需要，其后可紧接问号或叹号。

示例1：小妹说："我现在工作得挺好，老板对我不错，工资也挺高。——我能抽支烟吗?"（表示话题的转折）

示例2：我不是自然主义者，我主张文学高于现实，能够稍稍居高临下地去看现实，因为文学的任务不仅在于反映现实。光描写现存的事物还不够，还必须记住我们所希望的和可能产生的事物。必须使现象典型化。应该把微小而有代表性的事物写成重大的和典型的事物。——这就是文学的任务。（表示对前几句话的总结）

示例3："是他——?"石一川简直不敢相信自己的耳朵。

示例4："我终于考上大学啦！我终于考上啦——！"金石开兴奋得快要晕过去了。

B.2.4　省略号前后的标点用法

省略号之前通常不用点号。以下两种情况例外：省略号前的句子表示强烈语气、句末使用问号或叹号时；省略号前不用点号就无法标示停顿或表明结构关系时。省略号之后通常也不用点号，但当句末表达强烈的语气或感情时，可在省略号后用问号或叹号；当省略号后还有别的话、省略的文字和后面的话不连续且有停顿时，应在省略号后用点号；当表示特定格式的成分虚缺时，省略号后可用点号。

示例1：想起这些，我就觉得一辈子都对不起你。你对梁家的好，我感激不尽！……

示例2：他进来了，……一身军装，一张朴实的脸，站在我们面前显得很高大，很年轻。

示例3：这，这是……?

示例4：动物界的规矩比人类还多，野骆驼、野猪、黄羊……，直至塔里木兔、跳鼠，都是各行其路，决不混淆。

示例5：大火被渐渐扑灭，但一片片油污又旋即出现在遇难船旁……。清污船迅速赶来，并施放围栏以控制油污。

示例6：如果……，那么……。

B.3　序次语之后的标点用法

B.3.1　"第""其"字头序次语，或"首先""其次""最后"等做序次语时，后用逗号（见4.4.3.3）。

GB/T 15834—2011

中 华 人 民 共 和 国
国 家 标 准
标 点 符 号 用 法
GB/T 15834—2011
*
中国标准出版社出版发行
北京市朝阳区和平里西街甲2号(100013)
北京市西城区三里河北街16号(100045)
网址 www.spc.net.cn
总编室:(010)64275323　发行中心:(010)51780235
读者服务部:(010)68523946
中国标准出版社秦皇岛印刷厂印刷
各地新华书店经销
*
开本 880×1230　1/16　印张 1.75　字数 47 千字
2012年3月第一版　2012年3月第一次印刷
*
书号:155066·1-44562　定价　27.00 元

附录五

校对符号及其用法

常用校对符号一览表

符号作用	符号形态	符号在文中的用法示例	改正后的式样
改正		增高出版物质量。提	提高出版物质量
删除		提高出版物物质质量。	提高出版物质量
增补		必须搞好校工作。对	必须搞好校对工作
换损		坏字和模糊字要调换	坏字和模糊字要调换
改正上下角		16 =42 2 H2SO4 4 尼古拉。费帝 · 0.25 +0.25 =0。5 .	$16=4^2$ H_2SO_4 尼古拉·费帝 0.25 +0.25 =0.5
转正		你的做法真不对。	你的做法真不对。
对调		认真经验总结。 认真验结经总。	认真总结经验
转移		校对工作，提高出 版物质量要重视。 “……提高出版物质量 ”。以上引文均见中文新版《 列宁全集》。 编者　年　月 …… 各位编委：	要重视校对工作，提高出版物质量。 “……提高出版物质量。” 以上引文均见中文新版《列宁全集》。 编者　年　月 …… 各位编委：
接排		要重视校对工作， 提高出版物质量。	要重视校对工作，提高出版物质量。
另起段		完成了任务。明年……	完成了任务。 明年……

续表

上下移	或	序号 名称 数量 01 ××× 2	序号 名称 数量 01 ××× 2
左右移	或	要重视校对工 作，提高出版物质量。 34 56 5 欢呼 歌 唱	要重视校对工作，提高出 版物质量。 34 56 5 欢呼 歌 唱
排齐		校对工作非常重要 必须提高印刷 质量，缩短印刷周 期。 国家标准	校对工作非常重要 必须提高印刷 质量，缩短印刷周 期。 国家标准
排阶梯形		RH2	R_{H_2}
正图			
加大空距		一、校对程序 校对胶印读物、影印 书刊的注意事项：	一、校 对 程 序 校对胶印读物、影印 书刊的注意事项：
减小空距		二、校对程　序 校对胶印读物、影印 书刊的注意事项：	二、校对程序 校对胶印读物、影印 书刊的注意事项：
空1字距 空1/2字距 空1/3字距 空1/4字距		第一章 校对职责和方法 1. 责任校对	第一章　校对职责和方法 1. 责 任 校 对
分开		Goodmorning!	Good morning!

续表

保留	△	认真搞好校对工作	认真搞好校对工作
代替	○=	㊁色的程度不同，从淡㊁色到深㊁色具有多种层次，如天㊁色、湖㊁色、海㊁色、宝㊁色…… ○=蓝	蓝色的程度不同，从淡蓝色到深蓝色具有多种层次，如天蓝色、湖蓝色、海蓝色、宝蓝色……
说明	०००	**第一章　校对的职责** 改黑体	**第一章　校对的职责**

校对符号应用实例

(参考件)

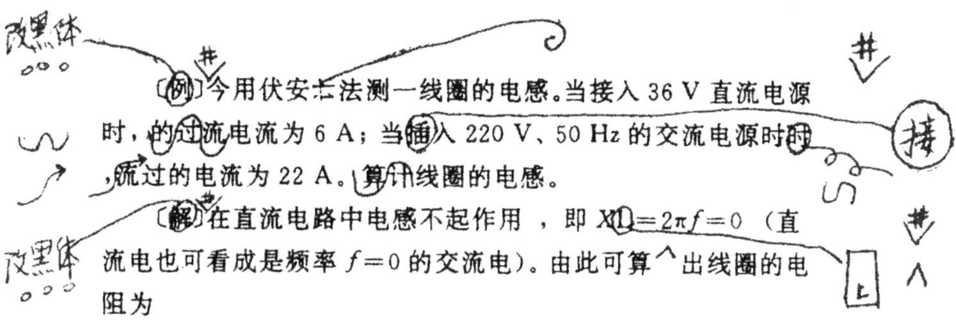

〔例〕今用伏安≐法测一线圈的电感。当接入 36 V 直流电源时，的过流电流为 6 A；当插入 220 V、50 Hz 的交流电源时时，流过的电流为 22 A。算计线圈的电感。

〔解〕在直流电路中电感不起作用 ，即 $X1=2\pi f=0$（直流电也可看成是频率 $f=0$ 的交流电）。由此可算出线圈的电阻为

$$R=\frac{U}{I}=\frac{36}{6}=6\Omega$$

接在交流电源上，线圈的阴抗为

$$Z=\frac{U}{I}=\frac{220}{22}=10\ \Omega$$

线圈的感抗为 $X_L=\sqrt{Z^2-R^2}=\sqrt{10^2-62}=8\ \Omega$

故线圈的电感为

$$L=\frac{X_L}{2\pi f}=\frac{8}{2\pi\times50}=0.025\ \text{H}=25\ \text{mH}$$

第七节　电 容 电 路

电容器接在直流电源上，如图 3-13 甲所示。电路呈断路状态。若把它接在交流电源上，情况就不一样。电容器极上的电荷与其两端电压的关系为 $q=c_{u_c}$。当电压 u 升高时，极板上